AI는 인간을 먹고 자란다

FEEDING THE MACHINE
Copyright ⓒ James Muldoon, Mark Graham, Callum Cant
All Rights Reserved

Korean translation copyright ⓒ 2025 by Next Wave Media
Korean translation copyright arranged with Canongate Books Limited
through EYA Co.,Ltd.

이 책의 한국어판 저작권은 EYA Co.,Ltd.를 통한
Canongate Books Limited 사와의 독점계약으로 흐름출판이 소유합니다.
저작권법에 의하여 한국 내에서 보호를 받는 저작물이므로 무단전재 및 복제를 금합니다.

FEEDING THE MACHINE

마크 그레이엄, 제임스 멀둔, 캘럼 캔트 지음
김두완 옮김

흐름출판

FEEDING THE MACHINE

AI는 인간을 먹고 자란다

인공지능 신화에 가려진 보이지 않는 노동자들

· 차례 ·

머리말: 추출 기계의 시대, 보이지 않는 노동자들 • 9

**1장.
기계가 우리를 닮아갈수록, 우리는 기계가 되어 간다**
— 우간다 굴루, 데이터 주석 작업자 —
• 39

기계적이고 단순하며 예측 가능한 노동 • 47
갱 시스템: 당신을 쥐어짜겠습니다 • 51
기계는 어떻게 학습하는가 • 53
기계는 인간을 먹고 자란다 • 60
세계는 평평하지 않다 • 63

**2장.
AI는 사유하지 않는다**
— 영국 런던, 머신러닝 엔지니어 —
• 71

AI는 우리를 대체할 수 있을까 • 79
알고리즘 공포증 • 87
최후의 심판 • 91
디지털 우생학 • 97
공정하다는 착각 • 102

3장.
얼음과 불의 데이터 센터
— 아이슬란드, 기술자 —
• 107

냉각과 전력 없이는 AI도 없다 • 112
전 세계를 연결하는 데이터 대동맥 • 120
인프라 권력을 차지하라 • 125
왜 구글이 우리 마을의 물을 마시는가 • 129
AI 군비 경쟁 • 132

4장.
당신 목소리의 주인은 누구인가
— 아일랜드, 예술가 —
• 139

예술가 없는 예술, 인간 없는 창작 • 144
창의력 테스트: AI는 진정한 창의력을 가질 수 있을까? • 155
"그 순간, 베르테르의 구상이 완성됐다" • 161
모방과 창작을 가르는 선 • 166
새로움의 저주를 두려워 말 것 • 171

5장.
기계를 멈춰 세워라
— 영국 코번트리, 물류 노동자 —
• 179

속도는 시스템이 정한다 • 186

아마존의 추출 기계를 소개합니다 • 190

AI 감시: 출근에서 퇴근까지 • 201

기계를 멈춰 세워라 • 211

6장.
자유를 지키는 독재자들
— 미국 실리콘밸리, 투자자 —
• 219

황금광 시대 • 227

캘리포니아 벤처캐피털의 역사 • 235

민주주의가 배제된 기술 • 244

자기합리화인가, 더 나은 미래를 위한 선택인가 • 254

7장.
오래된 미래에 맞서는 사람들
— 나이지리아 나이로비, 노조 활동가 —
• 257

아프리카 최초의 데이터 노동자 조합 • 264

그래서 무엇이 달라졌는가 • 275

국경을 넘어서 • 285

8장.
기계 재설계하기
— 인공지능 시대의 노동 전략 —
• 295

노동조합과 노동자 조직의 집단적 힘을 강화한다 • 301

시민사회가 조직적으로 기업을 견제하고 책임을 묻는다 • 307

엄격한 규제를 도입한다 • 312

노동자들이 경영에 참여할 수 있는 구조를 모색한다 • 318

시스템의 불평등과 부정의에 맞선다 • 323

맺음말: 이스라엘 가자지구를 바라보며 • 327

감사의 말 • 337

후주 • 345

일러두기

— 본문에 번호로 표기한 각주는 저자가 집필하며 참고한 자료의 출처를 밝히려는 것으로 뒤편 '자료출처'의 큐알코드를 통해 확인할 수 있다.
— 본문 하단의 각주는 이해를 돕기 위해 옮긴이와 편집자가 추가한 것이다.
— 단행본 및 정기간행물은 『 』, 논문 등은 「 」, 영화, 노래 등은 〈 〉으로 묶었다.

머리말

추출 기계의 시대, 보이지 않는 노동자들

머시는 목을 길게 빼고 깊이 숨을 들이마신 뒤 화면을 들여다본다. 새로 연 작업창엔 충격적인 이미지와 영상이 줄지어 나타난다. 케냐 수도 나이로비의 외주 업체에서 메타Meta의 콘텐츠 검수자content moderator로 일하는 머시는 하루에 10시간씩, 55초마다 하나의 티켓ticket을 확인해야 한다. 이번 영상은 심각한 자동차 사고 장면이다. 누군가가 현장을 촬영해 페이스북Facebook에 올렸고, 다른 사용자가 거기에 플래그flag*를 달았다. 플래그가 달린 게시물이 폭력적이거나 자극적인 콘텐츠를 금지하는 메타의 정책을 어겼는지를 판

● 사용자가 해당 게시물이 부적절하다고 판단하고 신고했다는 표시.

단하는 일이 그녀의 업무다. 촬영자가 화면을 확대하자 사고 현장의 참상이 더 자세히 보인다. 그러다 어느 순간, 머시는 화면 속 인물이 어딘지 낯익다는 느낌을 받는다. 영상의 초점이 채 제대로 맞춰지기도 전에 그녀는 그 사람이 누구인지 알아본다. 바로 자신의 할아버지였다.

머시는 의자를 밀치고 일어나 출구 쪽으로 뛰어간다. 주변의 동료들이 걱정스러운 눈빛으로 그녀의 뒷모습을 바라본다. 밖으로 나가자마자 가족들에게 연락을 돌린다. 그러나 아직 아무도 사고 소식을 듣지 못했고, 그녀의 이야기를 믿으려 하지 않았다. 머시를 따라 나온 감독관이 위로의 말을 건네지만, 당일 목표를 채우려면 자리로 돌아가야 한다는 말도 덧붙인다. 내일 휴가를 낼 수 있다. 하지만 지금은 이미 출근한 만큼 일을 마저 끝내는 편이 낫다는 게 감독관의 말이다.

자리에 돌아온 머시의 컴퓨터 화면에 또 다른 티켓이 뜬다. 다시 할아버지의 사고 영상이다. 같은 영상이 연달아 페이스북에 올라왔고, 신고가 반복됐다. 그중에는 다른 각도에서 찍은 새로운 영상도 있었다. 사고 차량, 피해자들의 모습, 현장에 대한 상세한 묘사까지, 머시는 이제 모든 세부 사항을 알게 됐다. 고작 몇 시간 전 자신이 사는 곳 근처에서 벌어진 사고였다. 수도 없이 오갔던 익숙한 길이었다. 사망자는 네 명. 그중 한 명이 머시의 할아버지였다. 근무 시간은 영원히 끝나지 않을 것처럼 길게만 느껴진다.

아프리카에서 만난 AI 노동자들

우리 저자들은 케냐와 우간다에 위치한 데이터 주석 및 콘텐츠 검수 센터 세 곳에서 머시와 비슷한 일을 하는 수십 명의 노동자를 만날 수 있었다. 이들 중 콘텐츠 검수자는 소셜미디어에 올라온 게시물을 일일이 검사해 회사 정책을 위반한 콘텐츠를 걸러내는 일을 한다. 데이터 주석 작업자Data annotators는 데이터를 특정 태그로 분류하여 컴퓨터 알고리즘이 학습할 수 있도록 돕는다. 이러한 작업은 '데이터 노동'이라 불린다. 우리가 디지털 세상에서 기술과 서비스를 편리하게 누릴 수 있는 건 이들의 노고 덕분이지만, 정작 사람들의 눈에 잘 띄지 않는 숨겨진 노동이다.

머시의 사례는 꽤 극단적이지만, 결코 드문 일이 아니다. 데이터 노동은 극심한 신체적, 정신적 피로를 동반한다. "몸은 지치고, 정신도 지쳐서, 마치 걸어 다니는 좀비가 된 기분이에요." 이 일을 하기 위해 나이지리아에서 케냐로 넘어온 한 데이터 주석 작업자는 이렇게 말했다. 데이터 노동자들은 긴 근무 시간 동안 속도와 정확성이라는 엄격한 성과 기준을 지켜야 한다. 머시의 작업에는 세심한 주의가 필요하다. 엄격한 기준에 따라 영상에 정확한 태그를 붙여야 하고 메타의 정책이 정의한 심각한 위반 사항을 어기지 않았는지 살펴야 한다. 예를 들어 폭력과 선동은 단순한 괴롭힘이나 성희롱보다 높은 수준의 위반 사항으로 간주된다. 그래서 한 가지 위반 사항을 발견했다고 해서 작업이 끝나는 게 아니다. 영상을 끝까지 살피면서 그보다 더 심각한 위반 사항이 숨어 있지 않은지 계속 확인해야 한다.

"가장 힘든 건 폭력적인 영상이 아니에요." 다른 검수자가 우리에게 말했다. "성적으로 노골적이고 충격적인 콘텐츠가 더 힘들죠." 검수자들은 자살, 고문, 강간을 "거의 매일" 목격했다. "이 일을 하려면 평범하지 않은 것을 평범하게 받아들여야 합니다." 검수 센터에서 일하는 노동자들은 충격적인 이미지와 영상에 끊임없이 포위된 채, 하루에 500~1,000개의 티켓을 처리해야 한다. 때문에 상당수 검수자들이 일이 끝난 후에도 이전과 같은 감정 상태로 돌아가는 것이 어렵다고 증언했다. 이 일이 그들의 삶에 지울 수 없는 흔적을 남긴 것이다. 이는 처참한 결과로 이어지기도 한다. "우리는 대부분 심리적으로 상처를 입었어요. 우리 중 어떤 사람은 자살을 시도했고, 배우자가 떠난 동료도 있습니다." 회사에서 해고된 한 검수자의 말이다.

"회사 정책이 업무 자체보다 훨씬 더 버겁습니다." 회사의 노동 정책을 지적하는 목소리도 들을 수 있었다. 우리가 방문한 어느 콘텐츠 검수 센터의 노동자는 한번은 참수 영상을 보고는 울음을 터뜨리며 몸을 떨어야 했다. 그러자 그 주에 딱 한 번, 30분의 휴식 시간 동안 '행복 상담사'를 만날 수 있다는 관리자의 안내를 받았다고 한다. 그런데 행복 상담사는 정식 훈련을 받은 심리 치료사가 아니라 다른 동료 직원이었다. 근무 중 충격적인 영상을 보고 자리를 이탈한 직원들은 회사 정책을 위반했다는 이유로 질책을 받아야 했다. 화장실 이용을 가리키는 코드를 컴퓨터에 입력하지 않고, 잠시 자리를 비워도 생산성 점수가 감점됐다. 비슷한 사연은 끝이 없다. "사무실에서 쓰러진 적이 있어요." "심각한 우울증에 시달렸습니다." "병원에 실려 갔어요." 하지만 회사가 그들의 건강을 진심으로 걱정한 흔적은 거의 찾아볼 수 없었다. 오히려 병원 기록을 확인해 병가가 정당한지 감시했다는 증언이 있다.

노동 강도에 비해서 이들 회사의 고용 안정성은 매우 낮다. 우리가 인터뷰한 노동자 대다수는 회사와 1개월 내지 3개월 단위의 계약을 맺었다. 고객사의 프로젝트가 끝나면 언제든 해고될 수 있는 구조다. 회사가 위치한 곳은 나이로비 외곽에 자리 잡은 거대한 상업지구. 이곳에서 노동자들은 최대 100명씩 한 줄로 늘어선 컴퓨터 앞에 앉아 하루를 보낸다. 이들을 고용한 업체는 메타와 계약을 맺은 미국 샌프란시스코의 외주기업Business Process Outsourcing, BPO으로, 주로 동아프리카의 저소득층 노동자들을 고용해 콘텐츠 검수 작업을 진행한다.

대부분의 직원은 아프리카 최대 빈민가인 키베라에 살고 있다. 회사는 채용 과정에서 노동자들에게 '안정적인 정규직 일자리를 제공한다'고 홍보하지만, 현실은 불안정한 계약직이 대부분이다. 이곳에서 일하는 사람들은 관리자에게 간단한 질문조차 하기 어렵다. 불만을 제기했다간 "입 다물라"는 소리를 듣거나, 언제든 다른 사람으로 대체될 수 있다는 위협을 받기 때문이다.

우리와 이야기를 나눈 검수자들 대부분은 케냐인이었지만, 다른 아프리카 국가의 언어를 검수하기 위해 주변 나라에서 이주해온 노동자들도 있었다. 이들은 나이로비의 거리에서 외국인임이 쉽게 드러나기 때문에 부패한 경찰의 괴롭힘과 학대를 당할 위험이 크다. 그러나 경찰의 괴롭힘만이 유일한 위협은 아니었다. 우리와 인터뷰한 한 여성은 이웃한 아프리카 국가의 '해방 전선' 조직원들이 그녀의 얼굴과 이름을 인터넷에 올리는 바람에 두려움에 떨어야 했다. 이 조직은 메타의 검수 방침에 불만을 품고 이러한 방식으로 보복을 가했다. 그 여성은 즉시 회사에 자신의 얼굴이 공개된 게시물을 가져갔다. 그러나 회사 측의 대응은 미온적이었다. 사무실의 보안을 강화하는 방안을 검토하겠다고 했을 뿐, 그 외에는 어떤 조치도 취할 수 없다고 답했다. 대신, "알아서 조심하라"는 말만 했다.

인공지능의 빛과 그림자

그 누구도 머시와 그녀의 동료들이 겪는 비인간적인 노동을 직접 겪고 싶진 않을 것이다. 하지만 전 세계 다양한 장소에서 수백만 명의 노동자들이 데이터 작업을 지금 이 순간에도 하고 있다. 머시가 일하는 센터의 경우 우리가 현장 연구를 진행하면서 일부 근로조건이 개선됐다(이에 대해서는 8장에서 더 자세히 다루겠다).

하지만 메타와 같은 기업들은 여러 곳의 외주업체에게 검수 작업을 맡기고 있으며, 이들 업체는 더 많은 이익이 보장된 계약을 따내기 위해 더 낮은 임금을 제시해야 하는 구조 속에 놓여 있다. 데이터 노동은 우리가 일상적으로 사용하는 제품과 서비스—소셜미디어 앱부터 챗봇, 최신 자동화 기술에 이르기까지—가 원활히 작동하는 데 꼭 필요하다.[1] 콘텐츠 검수자들이 끊임없이 게시물을 감시하지 않는다면, 소셜미디어는 순식간에 폭력적이거나 노골적인 콘텐츠로 뒤덮일 수 있다. 데이터 주석 작업자들이 AI에게 신호등과 도로 표지판을 구분하는 법을 가르치지 않는다면 자율주행차는 도로를 달릴 수 없다. 머신러닝 알고리즘을 조정하는 노동자들이 없다면, 챗GPT와 같은 AI 도구 역시 존재할 수 없다.

인공지능Artificial intelligence, AI은 데이터를 처리하여 의사 결정, 예측, 추천과 같은 결과를 생성하는 기계 기반 시스템으로 알려져 있다.[2] 이메일의 자동 완성 기능부터 군용 드론에 쓰이는 정밀 타격 무기 시스템에 이르기까지 무엇에든 적용할 수 있다. 그러나 실상 AI는 아직까지 마케팅 개념에 가깝거나, 매우 이질적인 기술들을 하나의 용어 아래 묶어놓은 포괄적인 개념에 불과하다. AI는 컴퓨터 비전computer vision, 패턴 인식, 자연어 처리(일상적인 언어와 텍스트를 이해하고 다루는 기술) 같은 이질적인 기술이 포함된 매우 모호한 개념으로, 포스트 휴먼 지능post-human intelligence●의 경이로움을 떠올리게 한다. 하지만 동시에 AI로 인해 인류가 멸종 위기에 처할 수도 있다

● 인간의 지적 능력을 초월하거나 대체하는 인공지능 또는 기술적으로 향상된 지능을 말한다.

는 공포를 불러일으키기도 한다. 공론장에서 AI는 경제 성장, 과학적 성취, 첨단 기술의 발전을 상징하는 동시에, 자동화로 인한 대량 실업, 편향된 의사 결정, 기술에 대한 맹목적인 신념에 따른 문제를 대변하기도 한다. 이처럼 AI의 개념은 기술 발전의 흐름에 따라 지속적으로 재정의되며, 시대에 따라 의미가 변화해왔다.

최근 AI는 거대언어모델Large Language Model, LLM을 중심으로 빠르게 영역을 넓히고 있다. LLM은 인터넷에서 수집한 방대한 텍스트 데이터를 포함한 대규모 데이터세트를 활용해 훈련된다. 챗GPT와 같은 LLM에 '거대하다large'라는 수식어가 붙는 이유는 단순히 데이터세트의 크기(수억 기가바이트 수준) 때문만은 아니다. 모델을 훈련하는 데 사용하는 매개변수parameter의 규모 역시 엄청나게 크다. 예를 들어 챗GPT-4는 약 1조 7천 600억 개의 매개변수를 갖고 있다. 이 매개변수는 모델의 성능을 좌우하는 핵심 요소로, 모델이 데이터를 해석하고 그 안에서 의미 있는 패턴을 포착하는 방식에 직접적인 영향을 준다. 그래서 매개변수가 얼마나 많고 정확한지에 따라 모델이 새로운 데이터를 얼마나 잘 이해하고 처리할 수 있는지가 결정된다.

현재 우리는 AI 기술이 다양한 산업에 빠르게 도입되는 과대광고 사이클Hype Cycle●의 한가운데에 서 있다. 물류, 제조, 의료를 비롯

● 언론과 대중이 기술의 가능성을 지나치게 높게 평가하여 흥분하는 시기.

한 수많은 분야에서 기업들은 AI를 경쟁적으로 도입하고 있다. 질병 진단, 공급망 최적화, 물류 자동화 등 AI가 관여하는 영역은 계속 확대되는 추세다. 2023년 AI 시장 규모는 이미 2,000억 달러를 넘어섰으며, 앞으로 연평균 20퍼센트씩 성장해 2030년에는 약 2조 달러 규모에 이를 것으로 전망된다.[3] 그러나 급격한 성장과는 대조적으로, AI의 개발 과정은 극도로 불투명하다. 전 세계적으로 AI 산업에 종사하는 노동자의 정확한 수는 파악조차 되지 않고 있으며, 최소 수백만 명에 이를 것으로만 추정된다. 현재의 추세가 계속된다면 그 숫자는 앞으로 더욱 급격히 늘어날 가능성이 크다.

AI 또는 AI가 장착된 제품, 서비스를 사용하는 순간, 원하든 원하지 않든 우리는 전 세계 곳곳에 흩어진 노동자들의 삶과 연결된다. 이는 한 잔의 커피가 원두 농장에서 소비자의 컵에 담기기까지 복잡한 글로벌 생산망을 거치는 것과 비슷한 구조다. 검색 엔진에 질문을 던지거나, 챗봇과 대화하고, 스마트 로봇 청소기를 작동하는 것 같은 일상적인 행동조차 전 세계의 데이터와 자본의 흐름을 가속화하고 노동자와 기업, 소비자를 하나의 거대한 네트워크 안으로 엮어낸다.

그런데 대다수 테크 기업은 AI가 실제로 만들어지는 현실은 철저히 숨기려 한다. 이들 입장에서는 반짝이고 번지르르한 자율기계(대용량 데이터를 통해 결과물을 도출하고, 스스로 학습하는 컴퓨터)의 비전을 제시하지, 그러한 기계를 훈련시키면서 역으로 AI에게 관리 당하는 박봉의 근로자와 이들이 매일 겪고 있는 고된 노동 현실은 비추고 싶어 하지 않는다. 그러나 지금도 수많은 사람이 AI를 학습시키는 일을 하는 동시에 AI에 의해 관리되고 있다. 다만 그들의 노동이 우리 눈에 보이지 않을 뿐이다. 우리가 소비자로서, 그리고 시민으로서 취하는 작은 행동이 이들 노동자의 현실에 실질적인 영향을 미치고 있지만 우리는 이 사실을 잘 모른 채 살아간다. 우리 저자들이 보이지 않는 노동이라고 했지만, AI 산업의 최전선에 있는 노동자들은 지금도 세계 곳곳에서 더 나은 근로 환경을 위해 목소리를 내고 있다. 소비자인 우리가 그들을 지지한다면, 그들의 노동 환경이 달라질 수 있다.

한발 더 들어가 보면, AI 기반의 감시 기술과 생산성 도구는 더 많은 노동자들의 일상에 침투하고 있다. 지금 당장은 AI의 영향을 받지 않는다고 생각하는 사람들조차도 결국에는 그 영향력 안으로 들어가게 될 것이다. 따라서 변화에 능동적으로 대응하기 위해서 우리가 가장 먼저 할 일은 AI가 실제로 어떻게 만들어지고 작동하는지, 그 시스템을 정확히 이해하는 것이다.

추출 기계를 숨 쉬게 하는 일곱 사람의 이야기

이 책은 AI의 발전에 기여하는 '보이지 않는 노동자'의 이야기를 중심으로 쓰였다. 앞으로 이들의 노동이 왜 중요하며, 어떻게 감춰지고 있는지 살펴볼 것이다. 또한 AI의 기본 개념과 속성을 공부하고 AI를 중심으로 형성되는 자본, 네트워크, 일자리 기회 등이 어떻게 세계적인 불평등과 권력 불균형을 초래하는지를 분석한다. 집필을 위해 우리 저자들은 데이터 주석 작업자, 콘텐츠 검수자, 머신러닝 엔지니어, AI 윤리학자, 물류 노동자, 노동 조직가, 투자자 등 200명 이상의 사람들과 인터뷰를 했다. 이 책에 등장하는 노동자들은 매우 다양한 위치에 놓여 있다. 최소한의 고용 보호 장치도 없는 악조건 속에서 일하는 저임금의 데이터 주석 작업자부터 글로벌 기업에서 높은 급여와 좋은 대우를 받는 머신러닝 엔지니어에 이르기까지 스펙트럼이 다양하다. 이들이 포함된 AI 생산 네트워크를 연결하는 돈의 흐름을 쫓다보면, AI를 둘러싼 깊은 역사를 이해할 수 있다. 또한 AI 생산 네트워크에 드리워진 제국주의적 유산을 만날 수 있다.

10년 넘게 이어온 우리 저자들의 연구를 바탕으로, 이 책의 각 장은 AI 노동자들이 있는 다양한 장소로 독자들을 안내한다. 앞으로 우리는 AI 개발에 중요한 역할을 하는 일곱 명의 사람을 만날 것이다. 이들은 모두 우리가 인터뷰한 실제 인물들이며, 책에 담긴 모든 이야기는 사실이다. 다만 일부 인물의 신원을 보호하기 위해 가명을 쓰거나, 여러 인터뷰 내용을 결합했다. 이 책에 소개할 일곱 명의 직업은 다음과 같은 이름으로 불린다. 주석 작업자, 머신러닝 엔지니어, 기술자, 예술가, 물류 노동자, 투자자, 노동 운동가.

각 장은 이들이 수행하는 업무와 그 사회적 맥락 그리고 그들의 일상을 살펴봄으로써, AI 개발 과정에 인간 노동이 어떤 역할을 하며, 어떤 영향을 미치는지를 조명한다. 곧 독자들이 만날 우간다 출신의 한 데이터 주석 작업자는 너무나 지루하고 싫증나는 업무에 갇혀 있지만, 다른 선택지가 없기 때문에 그 일을 계속할 수밖에 없다. 한편 4장에서 만날 성우는 자신의 목소리가 자신도 모르는 사이에 머신러닝 알고리즘에 의해 합성되었으며, 자신의 목소리를 닮은 가상 인격이 언젠가는 자신을 대체할지도 모른다는 사실을 깨닫는다. 7장의 케냐 출신 노동 운동가는 여러 동료 노동자와 연대하여 부유층과 권력층에게만 도움이 되는 불공정한 시스템을 바꾸기 위해 분투하고 있다. 이들의 이야기를 따라가다 보면 이들이 처한 상황이 각기 달라 보이지만, 서로 긴밀하게 연결되어 있으며, 한 사람의 행동이 다른 사람의 삶에 적지 않은 영향을 미친다는 것을 발견할 수 있다.

    이 책이 다루는 범위는 필연적으로 부분적이며, 불완전할 수밖에 없다. AI가 개발되는 방식의 모든 면을, 혹은 AI가 쓰이는 모든 영역을 책 한 권에서 담아낼 수는 없다. 예를 들어, AI 제품을 만드는데 반드시 필요한 광물을 채굴하는 광부들이나, 전 세계 공장에서—때로는 끔찍한 환경에서—AI가 탑재된 제품을 조립하는 노동자들에 대해서는 별도의 지면을 할애하지 않았다. 우리 저자들은 실리콘밸리 중심의 협소한 시각을 넘어, AI를 둘러싼 다양한 관점을 조명하는 스냅샷을 제공하는 것을 목표로 삼았다. 이를 위해 우리는 독자들과 함께 케냐, 우간다, 아일랜드, 아이슬란드, 영국, 미국 등 여러 지역을 오가며 AI가 만들어지는 과정과 그 속에서 노동자들이 어떤 역할을 하는지 살펴볼 것이다.

인공지능은 흔히 인간지능을 비추는 거울이라고 불린다. 이는 인간의 사고 과정을 재현함으로써 지능을 해결solve intelligence하려는 시도라고 할 수 있다.● 그러나 우리가 이 책에서 발전시킨 관점에서 보자면, AI는 추출 기계extraction machine에 가깝다.

우리가 소비자로서 AI 제품을 사용할 때, 우리 눈에 보이는 것은 표면적인 결과물일 뿐이다. 그러나 그 세련된 외관 아래에는 AI를 작동하기 위해 필요한 복잡한 추출 기계 네트워크가 존재한다. 추출 기계는 자본, 권력, 천연자원, 인간 노동, 데이터, 집단 지성이라는 핵심 요소를 빨아들여 통계적 예측치로 변환한다. AI 기업들은 이를 이윤으로 전환한다. AI를 하나의 기계 즉 추출 기계로 이해하는 것은, AI가 내세우는 객관성과 중립성의 허울을 벗겨내는 시도이다. 모든 기계에는 역사가 있으며, 특정한 시기와 목적에 따라 인간이 설계하고 구축해 왔다. AI 또한 기존의 정치경제 시스템에 깊이 뿌리내려 있다. 데이터를 분류하고, 차별하며, 예측하는 모든 과정은 이를 만든 사람들의 이해 관계와 권력 구조를 반영한다.

이런 관점에서 보자면, AI는 부유하고 권력을 가진 소수의 이

● 여기서 '지능을 해결'하려는 시도는 지능이 작동하는 원리를 이해하고 이를 체계적으로 구현하려는 도전을 의미한다. 이 개념은 딥마인드DeepMind 창립자 데미스 하사비스Demis Hassabis가 강조한 표현으로 그는 "지능을 해결하면, 모든 문제를 해결할 수 있다"Solve intelligence, and then use it to solve everything else"라고 말하며, AI가 과학, 의학, 사회 문제 등 다양한 분야의 난제를 푸는 도구가 될 수 있음을 시사했다.

익을 대변하는 도구이며, 그들의 지배력을 공고히 하는 수단이다. 또한 기존 사회의 편견과 차별을 디지털 환경에서 더욱 정교하게 재생산하는 역할을 한다.

그러나 테크 기업들은 AI의 가능성과 편의성을 강조하는 서사에 집중한다. 정작 AI가 작동하는데 필요한 물리적 기반과 인간 노동의 현실을 모호하게 감추면서 말이다.[4] 대중의 상상 속에서 AI는 빛나는 뇌, 복잡한 신경망, 공중에 떠 있는 가벼운 구름 등의 이미지와 연결된다. 마치 AI가 물리적인 실체 없이 공기 중을 부유하는 순수한 정보의 집합체인 것처럼.

그러나 현실은 다르다. 거대한 데이터 센터에서 육중한 선반마다 장착된 수많은 서버가 일정한 열기와 백색 소음을 내뿜는 모습과 데이터를 전 세계에 실어 나르는 촉수 같은 해저 케이블을 떠올려보라. AI는 물질적 실체를 갖고 있다. 반도체 칩, 서버, 케이블 등이 지속적으로 추가되고 유지, 보수되어야만 존재할 수 있다. 인간의 신체가 지속적으로 에너지를 공급받아야 하듯, AI 또한 끊임없이 자양분을 먹어야 한다. 전력을 공급받아야 하고, 서버를 식히기 위해 엄청난 양의 물을 소비해야 한다. 우리가 챗GPT에 질문을 던지거나 인터넷 검색을 수행할 때마다, 이 거대한 기계는 그 물리적 인프라를 통해 '숨을 쉰다'.

기계는 전력과 물만으로 살아갈 수 없다. AI의 이면에서, 기술의 한계를 보완하기 위해 분투하는 인간 노동이 있다는 사실을 잊어선 안 된다. AI는 광범위한 인간 노동에 의존하고 있다. 데이터 주석 작업, 결과 검증, 알고리즘 조정 등 다양한 업무에 노동자들의 손길이 필요하다.[5] AI가 오작동하거나 제대로 작동하지 않을 때마다 인간이 개입하여 알고리즘을 보완해야 한다. 예를 들어, 시리^{Siri}가 음성 명령을 인식하지 못하거나, 얼굴 인식 소프트웨어가 신원을 확인하지 못하는 경우, 이 데이터는 사람이 직접 검토하여 오류를 분석하고 알고리즘을 개선하는 과정을 거친다. 이는 18세기 후반 유럽에서 인기를 모았던 매커니컬 터키$^{Mechanical\ Turk}$ 사기극과 유사하다.● 이 기계는 실물 크기의 나무 인형으로, 자동으로 체스를 둘 수 있다고 소개됐다.[6] 그러나 기계 속에는 일련의 레버와 거울을 통해 인형을 조작하는 인간 체스 마스터가 숨어 있었다. 오늘날의 AI가 완전히 자율적으로 작동한다는 개념도 이와 유사한 거짓에 기반한다. 정교한 AI 소프트웨어도 수천 시간의 저임금 노동이 투입된 결과물이다.

추출 기계는 물리적 자원과 노동뿐만 아니라 훈련 데이터세트에 녹아 있는 인간 지능을 먹고 자란다. AI는 인간의 지식을 포착하여 이를 머신러닝을 통해 학습한다. 기본적으로 AI는 훈련 데이터에 의존하는 파생적 존재이며, 그 데이터를 통해서 자동차 운전, 사물 인식, 자연어 생성과 같은 다양한 활동을 출력한다. 이 모든 과정은 수십억 개의 데이터 포인트로 이루어진 방대한 데이터세트를 통

● 아마존^{Amazon}은 이 이름을 크라우드소싱 플랫폼에 이름으로 쓰고 있다. 정식 명칭은 아마존 매커니털 터키.

해 인류의 지식과 경험을 수집하는 프로젝트라 할 수 있다.

훈련된 AI 시스템은 종종 초인적인 수준의 성능을 보이는데 그 기반이 되는 데이터는 공공 영역에 있는 자료뿐만 아니라, 저작권자의 동의 없이 무단으로 수집된 저작물을 포함하고 있다. AI 기업들은 이러한 데이터세트를 독점적으로 통제하고, 집단 지성을 사유화하여 자신들의 이익을 창출한다. 즉, 공동의 지식이 담긴 데이터를 특정 기업의 자산으로 전환하고, 이를 독점적 소프트웨어로 가공하여 새로운 결과물을 만들어낸다. 다시 말해, 추출 기계는 물질적 자원만큼이나 인간의 지적 자원을 갈취해야 유지되는 시스템이다.

우리가 이 시스템을 추출 기계라고 부르는 이유는 단순히 자원, 인간 노동, 집단 지성을 약탈하여 만들어져서가 아니다. AI가 실제 업무 환경에서 운영될 때, 또 다른 형태의 착취가 이뤄진다. 가장 대표적인 예가 노동력 추출이다. AI 기반 관리 시스템은 노동 과정에 대한 지식을 한곳에 모으고, 업무를 표준화하고 단순화해서 노동자의 기술적 숙련도를 떨어뜨린다. 이렇게 되면 노동자들은 더 많은 일을 더 빠르게 처리해야 하는 상황으로 내몰린다. 이를 통해 기업은 노동자의 생산성을 극대화하여 더 많은 이윤을 챙길 수 있게 된다. 이러한 추출 과정의 고도화는 결국, 노동자로부터 더 많은 가치를 쥐어짜는 구조로 이어진다.

이는 특정 산업군에만 국한된 문제가 아니다. 이 글을 읽는 독자들이 콘텐츠 검수자가 될 일은 없을지 모르지만 머시를 옭아맨 그

'추출 기계'는 결국 당신의 일자리에도 영향을 미칠 것이다. AI가 전반적인 업무를 관리하는 환경 속에서 노동자들은 점점 더 적은 권한을 가진 채 더 많은 일을 강요받고 있다. 추출 기계가 작동하는 방식에 대한 구체적인 사례를 하나 살펴보자.

한 독일 자동차 메이커는 세계 각지에 흩어진 다양한 공급 업체를 관리하고 있다. 각각의 업체는 완성차 생산 과정에서 중요한 역할을 담당하지만, 전체 시스템의 작동 원리에 대한 종합적 지식은 오직 독일의 본사만이 가지고 있다. 그러던 어느 해, 경쟁 업체가 자율주행 자동차를 출시하며 주가가 급등하자 기관 투자자들은 이 회사에 자율주행 기술 개발을 서두르라고 압력을 가했다. 이에 따라 회사는 레벨 3 자율주행 기술을 갖춘 차량을 생산하기로 결정한다. 조건부 자율주행Conditional Automation이라고도 알려진 레벨 3 자율주행은 특정 조건하에서 운전자가 도로를 주시하지 않아도 되는 정도의 기술 수준을 말한다. 이 결정은 전 세계의 노동자, 공급 업체, 그리고 수많은 조직에 연쇄적인 변화를 불러온다.

먼저, 회사는 프로젝트를 위해 공개된 데이터세트를 수집하고 필요한 정보를 선별한 후, 추가적으로 수천 시간 분량의 주행 영상 데이터를 구매한다. 이 영상에는 수백 가지의 객체(신호등, 보행자, 다른 차량 등)에 대한 라벨(태그)이 부착되어 있다. 이 데이터를 기반으로 사내 AI 연구소 머신러닝 엔지니어들이 초기 자율주행 모델을 개발한다. 그런데 모델이 특정한 예외 상황—드물게 발생하는 사건이나 시나리오—에서 제대로 대응하지 못한다는 문제가 발견된다.

이를 보완하려면 새로운 데이터 주석 작업이 필요하다. 회사는 즉시 필리핀, 케냐, 인도 세 곳의 데이터 주석 업체들과 계약을 맺는다. 수천 명의 주석 작업자들이 다양한 조건에서 운행되는 차량의 데이터를 수작업으로 분류하고 태그를 부착한다. 이렇게 주석 작업이 완료된 데이터를 머신러닝 엔지니어들이 검토한 후, 모델을 미세 조정한다. 일부 데이터가 기준에 맞지 않거나 수정이 필요하면, 데이터 주석 업체로 재작업이 요청된다. 이처럼 AI의 개발은 전 세계 노동자들을 연결하는 복잡한 글로벌 노동 네트워크를 통해 이뤄진다.

노동만 투입되는 것은 아니다. 모델을 개발하기 위해 회사의 AI 연구소는 막대한 연산 능력과 메모리, 저장 공간 등의 컴퓨팅 리소스를 아마존 웹 서비스Amazon Web Services, AWS로부터 임대한다. 본사에서는 민감한 데이터를 외부 업체에 맡기는 것에 대해 우려를 나타냈지만, 연구소는 이미 수개월 전부터 이 특화된 AI 서비스 사용을 위한 준비를 진행해왔다. AWS는 회사가 원하는 속도와 확장성을 제공할 수 있는 몇 안 되는 글로벌 공급업체 중 하나였다.

이렇게 개발된 모델이 여러 단계의 안전성 테스트를 무사히 통과하면 시장에 출시되어 실제 도로 위를 달리는 차에 장착된다. 자율주행 차량의 초기 사용자는 비용 절감과 경쟁력 확보를 원하는 대형 물류 기업일 가능성이 높다. 특히 고속도로 허브 사이에서 자율주행 트럭이 투입되면 기업들은 운전기사의 업무를 단거리 배송 중심으로 재조정할 수 있다. 기업은 이를 통해 생산성과 관리 효율성을 높이고, 노동자들을 보다 효과적으로 통제할 수 있다. 이처럼 AI

시스템의 개발과 배치는 기술 혁신을 넘어 노동, 자원, 지식, 가치를 추출하고 재구성하는 과정의 연속이다. 따라서 AI가 사회적 맥락에서 어떻게 작동하고 영향을 미치는지, 그 구조적 메커니즘을 분명히 이해할 필요가 있다.

간략하게 살펴보는 AI 산업의 현재와 미래

우리는 새로운 기술 시대를 맞고 있다. 2010년대는 소수의 디지털 게이트키퍼digital gatekeepers, 즉 수십억 명의 사용자를 보유한 소셜미디어와 테크 기업들이 전례 없는 정치, 경제적 권력을 독점한 시기였다.

하지만 AI의 등장은 테크 산업의 내부 역학을 근본적으로 바꾸어 놓았고, 세계 경제 전반에도 막대한 영향을 미치고 있다. 2000년대 중반부터 2022년까지 이어진 플랫폼 시대는 이제 AI 시대로 전환되고 있다. 챗GPT의 출시와 더불어 빅테크Big Tech와 AI 스타트업 사이에 전략적인 파트너십이 형성되고 있으며 이 파트너십은 이제 산업 전반의 투자 전략과 비즈니스 모델을 결정짓는 중심축이 되고 있다. AI는 더 이상 특정 산업이나 기술 분야에 국한되지 않는다. 물류, 제조업, 의료, 금융 등 다양한 산업에 AI가 접목되면서, 경제와 사회의 구조가 전면적으로 재편되고 있다.

특히 2010년대 업계를 선도하던 빅테크 기업에 이어 이제 빅

AI^Big AI라 불리는 일군의 기업들을 주목해야 한다. 이들 중에는 아마존, 알파벳^Alphabet, 마이크로소프트^Microsoft, 메타 등 기존의 강자들뿐 아니라 오픈AI^OpenAI, 앤트로픽^Anthropic, 코히어^Cohere, 엔비디아^Nvidia 등 AI 스타트업과 반도체 설계업체도 포함된다. AI 시대에 가장 중요한 주체가 될 것으로 예상되는 중국의 알리바바^Alibaba, 화웨이^Huawei, 텐센트^Tencent, 바이두^Baidu도 빼놓을 수 없다.

그러나 우리가 주목할 것은 기존 빅테크 기업과 AI 스타트업 간에 맺어진 일련의 새로운 전략적 협업이다. 마이크로소프트는 오픈AI에 100억 달러를, 구글은 앤트로픽에 20억 달러를 투자했다. 아마존 또한 앤트로픽에 40억 달러를 투자했다. 메타는 AI 스타트업인 허깅 페이스^Hugging Face와 파트너십을 체결했다. 이에 질세라 마이크로소프트는 AI 스타트업 인플렉션^Inflection에서 핵심 인력을 영입하여 새로운 AI 부서를 설립했다. 기업가치가 2조 달러를 넘어선 엔비디아는 머신러닝용 그래픽 처리 장치 시장의 9.5퍼센트를 공급하는 절대적인 강자로 자리 잡았다.[7]

플랫폼 시대에 소셜미디어와 광고 플랫폼이 지배적인 위치를 차지할 수 있었던 이유 중 하나는 네트워크 효과^network effects 때문이었다. 플랫폼의 이용자가 많아질수록 서비스의 효율성과 가치가 높아진다. 이는 곧 플랫폼 소유주들에게 더 많은 수익을 안겨주었다. 방대한 양의 사용자 데이터는 플랫폼 운영자들에게 디지털 세계에 대한 더 깊은 통찰력을 제공했고 이는 곧 수수료나 광고 수익으로 치환됐다.

AI 시대에도 소프트웨어와 알고리즘의 소유권은 중요하지만, 기반 하드웨어의 중요성이 더욱 커지고 있다. 초기 플랫폼 기업들은 비교적 군살이 없었다. 에어비앤비Airbnb는 주택을 소유하지 않았고, 우버Uber는 자동차를 갖고 있지 않았다. 이들은 공유와 구독 모델을 기반으로 사용자의 네트워크를 활용하여 모든 것을 운영했다. 반면 빅 AI 기업들은 인프라 권력infrastructural power이라고 부르는 새로운 형태의 힘을 통해 이익을 공고히 하고 있다.

간단하게 설명하자면, 이 기업들은 AI 모델을 훈련시키는 데 필요한 연산 능력과 저장 공간을 제공하는 기반 설비, 즉 거대한 데이터 센터, 해저 광케이블, AI 칩을 직접 소유하고 통제함으로써 이익과 권력을 유지한다. 실제로 현재 전 세계에서 가장 큰 데이터 센터의 절반 이상을 단 세 개의 기업이 소유하고 있다. 최첨단 AI 모델을 훈련할 수 있는 하드웨어를 갖춘 기업도 극소수에 불과하다.[8] AI 산업의 기반 시설은 인력 확보에도 큰 영향을 미친다. AI 분야에서 최고의 인재들은 혁신적 연구가 가능한 선도 기업에서 일하기를 원한다. 이러한 흐름 속에서 풍부한 자금과 강력한 인프라를 갖춘 기업들이 우수한 인력을 계속 끌어들이고 있다. 결국, AI가 혁신과 다양성을 확장할 것이라는 기대와 달리, 현실은 극소수 기업 중심의 독점적 구조로 빠르게 재편되고 있다.

오늘날 AI 분야에 새롭게 뛰어들려면 수백만 달러의 자금만으로는 경쟁하기 어렵다. 이제는 수억 달러 규모의 막대한 투자금과 AI 모델 훈련에 필수적인 고가의 인프라를 확보해야 한다. 이는 스타트업이 처음부터 거대한 자본과 플랫폼에 의존할 수밖에 없게 만드는 요인으로 작용한다.

요약하자면, 기존 테크 대기업들은 기술력을 가진 AI 스타트업들과 전략적 협력을 통해 경쟁력을 유지하고 있다. 따라서 향후 AI 생태계는 기존 거대 플랫폼 기업과 신생 스타트업 간의 전략적 협력을 통해 다극적이면서도 복합적인 모습으로 진화할 가능성이 높다.

가장 흥미롭지만 아직 불확실한 지점은 AI 기업의 비즈니스 모델이다. 플랫폼 시대에 가장 악명 높았던 비즈니스 모델은 광고 기반 플랫폼 모델로, 대표적으로 페이스북과 구글이 채택한 방식이 이에 해당한다. 쇼샤나 주보프Shoshana Zuboff는 이를 '감시 자본주의surveillance capitalism'라는 개념으로 비판한 바 있다.[9] 이 모델은 사용자에게 무료로 디지털 서비스를 제공하는 대신, 그들의 개인 데이터를 활용해 맞춤형 광고를 기업에 판매하여 수익을 창출한다. 물론 플랫폼 기업의 수익 창출 모델이 광고에만 국한된 것은 아니다. 예를 들어, 아마존은 독점적 온라인 마켓플레이스를 운영하고, 우버와 에어비앤비는 플랫폼 내 사용자 간 거래 수수료를 통해 수익을 얻는다. 넷플릭스Netflix와 스포티파이Spotify는 구독료를 중심으로 사업을 키워왔다.

그럼에도 불구하고, 광고 기반의 비즈니스 모델은 현재 플랫폼 시대를 규정짓는 핵심적인 특징이자 가장 널리 쓰이는 방식임은 부인할 수 없다. 감시라는 요소는 자본주의의 근본적인 형태라기보다는 하나의 비즈니스 모델에 가깝다고도 볼 수 있다. 만약 테크 기업들이 광고 이외에 동일한 수준의 수익성을 확보할 수 있다면, 얼마든지 새로운 비즈니스 모델을 채택할 것이다. 어떤 모델이 주류가 될지는 여전히 불분명하지만, 현재 AI 기업들은 라이선스 판매, 구독, 기존 서비스에 AI를 통합하는 방식, 그리고 AI 임대 서비스AI-as-a-Service 등을 통해 수익을 모색하고 있다.

또한 AI 시대는 기후 위기와 자원 고갈, 새로운 종류의 지정학적 경쟁과 맞물려 전개될 것이다. 디지털 플랫폼 시대에는 환경 문제나 자원 문제가 그다지 주목받지 않았지만, 이제 AI 시대가 열리며 데이터센터 운영과 모델 훈련에 따른 막대한 전력 소비, 탄소 배출 문제가 전면에 떠오르고 있다. 희귀 광물 확보 경쟁 역시 점점 더 격화되고 있다. 냉전 시대를 떠올릴 만큼 악화되고 있는 미중 간의 대립 역시 놓쳐서는 안 된다. 이제 AI 개발은 경제적, 군사적 우위를 다투는 국가 간 경쟁의 최전선에 서게 됐다. 과거 온라인 마켓플레이스나 소셜미디어 플랫폼이 등장했을 때와 달리, AI 기술은 기업의 이윤을 창출하는 수단을 넘어 국가 차원의 전략적 자산이 됐다.

안타깝게도 지금까지의 전개 과정을 살펴보면, AI의 발전은 이미 강력한 힘을 가진 소수의 기업과 국가들에게 부와 영향력을 더욱 집중시키는 방향으로 나아가고 있다. 반면, 이 글로벌 생산 네트워크에서 주변부 역할을 맡은 남반구 저개발 국가들은 기술 발전의 혜택으로부터 소외된 채, 값싼 노동력과 자원을 공급하는 위치에 머무를 가능성이 높다. 이들 국가와 국민들은 AI 산업의 기초를 지탱하는 원료로 소비될 뿐, 중요한 의사결정에서 목소리를 내기 어려울 것이다.

키베라에서 만난 오래된 미래

지금까지 AI 시대의 전반적인 특징과 전망을 간략하게나마 살펴보았다. 그렇다면 우리 저자들은 왜 AI의 동력이 되는 인간 노동에 관한 책을 쓰게 됐을까?

이 책을 함께 쓴 우리 세 사람은 모두 옥스퍼드대학교 인터넷연구소에서 기술과 정치학의 교차점을 연구하고 있다. 특히, AI 페어워크Fairwork for AI라는 프로젝트의 일환으로, AI가 어떻게 인간 노동에 의존해 만들어지는지, 그리고 이 산업을 지탱하는 노동자들이 처한 현실을 어떻게 개선할 수 있을지를 집중적으로 탐구해왔다. 프로젝트의 책임자인 마크는 옥스퍼드대학교의 교수이자 프로젝트 디렉터이고, 캘럼과 제임스는 현재 에섹스대학교에서 학생들을 가르치고 있다. 우리 세 명은 사회학, 정치학, 지리학, 역사학, 법학, 철학 등 서로 다른 학문적 배경을 가지고 있으며, 이러한 다학제적 관점을 이 책에 녹여내고자 했다.

오늘날 많은 논평가들이 AI의 미래에 대해 추상적인 논쟁을 벌이고 있다. 이들은 주로 몇십 년 뒤 AI가 인류에 어떤 영향을 미칠지에 관해 추측하며 때로는 공포를 부추기기도 한다. 그러나 이런 논의가 지나치게 미래 지향적으로 흐르다 보니 정작 현재 AI 산업을 실제로 지탱하고 있는 노동자들의 존재와 그들이 처한 현실은 가려지고 있다. 특히 '터미네이터' 같은 극단적 디스토피아를 상상하는 논의들은, AI 산업을 둘러싼 현실적인 권력 관계를 감추고, 그 속에서 착취당하는 노동자들의 존재를 지워버린다.

시선을 현재에 고정하면 AI 시스템이 가진 실제적이고 심각한 문제점들이 선명히 드러난다. 그 중 대표적인 것이 편향성과 차별의 재생산이다. 또한 AI 시스템을 구축하는 과정에서 어떤 노동자들이 배제되고, 또 어떤 이들의 목소리가 지워지는지에 관한 연구는 여전히 부족하다. 이 때문에 여성, 소수자, 남반구 저개발국가의 노동자들이 AI 개발 과정에서 어떻게 주변화되고 피해를 보는지에 대해서도 충분히 논의되지 못하고 있다. AI가 직장과 사회 전반에 도입되면서 노동자의 삶에 미치는 영향도 심도 있게 분석할 필요가 있다.

그래서 우리는 이 책에서 두 가지 시도를 결합했다. 하나는 AI 기술이 탄생하는 과정을 경제적·정치적 시각에서 비판적으로 분석하는 작업, 다른 하나는 데이터 주석 노동자부터 머신러닝 엔지니어까지 다양한 노동자들이 글로벌 생산 네트워크 속에서 수행하는 역할과 그들의 삶을 생생한 민족지적 서술로 담아내는 것이다. 단순히 데이터 노동자들의 노동 현황을 조사하거나 사례를 나열하는 데 그치지 않고, 디지털 경제가 지속적으로 전 지구적 불평등을 재생산하는 현실을 폭로하는 데 초점을 맞추었다.

한 가지 분명히 밝혀둘 것이 있다. 우리 저자들은 오늘날 AI 시스템이 발전하는 모습이 과거 산업에서 보아왔던 노동 관리 및 통제 방식과 밀접히 연결되어 있다고 본다. AI의 발전으로 나타나는 노동 관리 방식은 새로운 것이 아니다. 과거의 공장, 집단 농장, 캘리포니아 농장에서 사용된 노동 통제 방식의 연장선에 놓여 있다. AI의 글로벌 생산 네트워크는 약탈적이고 불공정한 무역 협정을 통해 자원을 수탈했던 신식민주의적 질서를 답습하고 있다. 보통 식민주의는 제국이 식민지의 자연환경과 노동력을 착취하는 행위로 이해된다.

그러나 라틴아메리카의 탈식민주의 학자들은 식민주의의 영향이 정치적 해방 이후에도 문화, 노동, 지식의 생산 방식에서 지속적으로 재현되는 현실을 '식민성coloniality'이라는 개념으로 설명했다.[10] 이런 맥락에서 AI 역시 디지털 시대의 새로운 식민성 네트워크 속에서 이해할 수 있다.[11] AI 산업은 글로벌 디지털 노동 분업 체계를 통해 유지되는데, 고임금의 안정적인 직업은 미국 등 주요 선진국 도시들에 집중되는 반면, 저임금의 불안정하고 위험한 직업은 남반구 저개발국가 노동자들에게 떠넘겨지고 있다. AI 칩 제조에 필수적인 희귀 광물 역시 대부분 남반구 국가들에서 채굴된 뒤, 북반구의 제조 시설에서 가공된다. 이는 AI 산업이 결국 오랜 식민지적 패턴을 그대로 답습하며, 주변부에서 자원과 노동력을 추출해 선진국의 중심부로 부를 이동시키고 있음을 의미한다.

과거의 식민지 역사와 오늘날의 현실이 가장 뚜렷하게 연결되는 곳이 바로 머시의 고향, 키베라다. 나이로비 대도시권에 속한 이 지역은 아프리카 최대의 도시 빈민가라는 불명예스러운 타이틀을 갖고 있다. 키베라는 계획도시가 아니기 때문에 정확한 인구를 파악할 수 없다. 추정치는 20만 명에서 100만 명까지 다양하다. 이곳 주민들의 생계는 주로 비공식 경제에 의존한다. 작은 가게에서 일하거나, 중고옷과 생활용품, 휴대폰, 음식 등을 판매하면서 생활한다. 많은 가게들은 키베라를 가로지르는 단선 철도 주변에 밀집해 있다. 하루에 몇 차례 기차가 지나가지만, 그 외의 시간에는 이 철로가 주민들에게 중요한 이동 통로가 된다. 빈민가의 좁고 붐비는 골목보다 철도 위를 걷는 것이 편리하기 때문이다.

    키베라에 있는 머시의 집을 방문했을 때, 우리는 그녀와 함께 한동안 기찻길을 따라 걸었다. 짓이겨진 흙 속에 묻혀버린 낡은 목재 침목을 하나하나 넘어가며, 우리는 빈민가의 급조된 주거지를 내려다보았다. 건물들은 말린 진흙과 간간이 보이는 콘크리트 조각, 나무 기둥이 지탱하고 있었고, 지붕은 물결무늬의 철판으로 덮여 있었다. 개방된 하수구에서 풍겨나오는 악취가 공기를 가득 채웠다. 이 도시는 기대 수명이 낮고 문맹률이 높은 편이지만, 주민들은 빈곤의 고리를 끊기 위해 지금도 쉬지 않고 노력하고 있다.

    기차는 정작 키베라에 정차하지 않지만 이 빈민가와 철도는 복잡하게 얽힌 역사를 공유하고 있다. 나이로비는 1899년, 영국 재무부의 자금 지원을 받아 우간다 철도의 급유지로 세워진 도시다. 오늘날 가치로 환산하면 약 5억 파운드에 해당하는 막대한 돈이 투입된 철도는 빅토리아 호수와 인도양 연안의 몸바사 항구를 연결한다. 당시 아프리카 분할이 한창 진행 중이었기에, 영국은 다른 유럽 열강의 아프리카 내륙 확장을 막고 이 지역에서 새로운 경제 거점을 세우기 위해 철도를 연결했다. 1900년대에 접어들며 나이로비의 경제가 성장하자 수많은 이주민들이 일자리를 찾아 도시로 몰려들었고, 그중 다수가 나이로비 남쪽의 키베라에 터를 잡았다. 덕분에 나이로비의 기업들은 값싼 노동력을 얼마든지 확보할 수 있었다. 그렇게 생산된 제품들은 철도를 따라 영국 본토로 수출됐다.

오늘날, 몸바사에서 나이로비로 이어지는 철도와 거의 같은 경로를 따라 또 다른 연결망이 이 지역의 경제를 변화시키고 있다. 2009년까지만 해도 동아프리카는 전 세계에서 유일하게 해저 광케이블이 깔리지 않은 인구 밀집 지역이었다. 하지만, 몸바사 항구에 첫 번째 광케이블이 설치되면서 모든 것이 바뀌었다. 광케이블은 과거 몸바사-우간다 철도의 종착역에서 멀지 않은 곳에 설치됐다. 이 선을 따라 동아프리카 전역이 인터넷에 연결되었으며, 세계의 다른 지역과 빛의 속도로 소통하게 됐다.

철도와 인터넷은 서로 다른 방식으로 케냐를 바꿔놨지만, 한 가지 중요한 공통점이 있다. 둘 다 키베라 지역 노동자들을 글로벌 네트워크에 연결시켰다는 점이다. 머시 같은 데이터 주석 작업자의 일은 바로 이런 세계적 흐름 속에서 이해해야 한다. 이들이 만들어 낸 데이터세트는 지구 반대편 북반구의 AI 연구소들로 흘러들어간다. 케냐의 노동자들이 글로벌 AI 생산망에서 중추적인 역할을 하고 있음에도 불구하고, 이들은 정작 자신들이 기여한 시스템에서 목소리를 내거나 창출된 가치에서 마땅히 받아야 할 몫을 요구할 권리가 없다. 머시의 경험이 여실히 보여주듯이, 추출 기계의 일부를 이루는 일자리들은 착취적이고 불공정하며 때론 잔혹하기까지 하다. 노동자들의 삶에서 많은 것을 빨아들이지만, 그들에게 되돌려주는 건 극히 적다.

하지만 AI의 미래가 꼭 이런 식으로만 흘러갈 필요는 없다. 흐름은 얼마든지 바꿀 수 있다. 이 거대한 추출 기계의 작동 방식을 바꾸려면 먼저 시스템을 정확히 이해해야 한다. 이 책의 핵심 목적 중 하나도 바로 여기에 있다. AI가 어떻게 생산되고 활용되는지 깊이 들여다보고, 그 이해를 바탕으로 공정한 노동 조건을 요구하는 사람들의 움직임에 힘을 실어야 한다. 우리 저자들은 노동자들과 대화를 나누면 나눌수록 그들이 자신을 둘러싼 착취 구조를 얼마나 명확히 꿰뚫고 있는지 깨달을 수 있었다. 노동자들은 무엇을 해야 실질적인 변화를 이끌어낼 수 있는지, 어떤 저항 방식이 현실적으로 효과적인지 이미 잘 알고 있었다. 물론 그들 앞에 놓인 장벽이 결코 만만치 않다.

우리는 일터에서, 거리에서, 법정에서 벽에 맞서 싸우는 노동자들을 만났다. 그들은 자신들의 권리를 지키려고 연대의 네트워크를 촘촘히 엮어가고, 국경을 넘어 세계 곳곳의 동료들에게 손을 내밀며 지지를 호소하고 있다. 이 책은 공정한 AI와 더 나은 디지털 경제를 향해 떠오르는, 바로 이 초국적 노동운동의 현장을 담아낸 기록이기도 하다.

서론이 길었다. 이제 우리는 독자들과 함께 AI가 어떻게 만들어지는지, 그 과정에서 노동자들이 어떤 역할을 하는지를 밝히기 위해 세계 각지의 현장을 방문할 것이다. AI의 미래가 필연적으로 착취와 불평등을 심화시키는 방향으로 나아가란 법은 없다. 변화는 얼마든지 가능하다. AI 생산 과정의 현실을 직시하고, 보이지 않는 노동자들의 권리를 보장하고, 더 공정한 디지털 경제를 위한 연대를 구축할 수 있다. 이제 그 가능성을 찾아 함께 떠나 보자.

1장

기계가 우리를 닮아갈수록, 우리는 기계가 되어 간다

—

우간다 굴루, 데이터 주석 작업자

이른 새벽, 애니타가 도시를 향해 걷기 시작했을 때 바깥은 여전히 어둡다. 차와 죽으로 간단하게 아침 식사를 하고 가족이 잠들어 있는 집을 나선 시각은 오전 5시경. 앞으로 두 시간은 걸어야 한다. 애니타는 우간다 남부에서 가장 큰 도시인 굴루의 변두리에 위치한 작은 마을에서 어머니, 자매, 세 명의 자녀와 함께 살고 있다. 바퀴자국이 울퉁불퉁 난 흙길에는 버스가 다니지 않는다. 그래서 걷기 싫은 통근자들은 보다보다(오토바이 택시)를 부른다. 한 번 타고 회사까지 가는 데 대략 2달러 정도가 든다. 왕복으로 치면 애니타가 매일 감당하기에는 부담스러운 금액이다. 그래서 그녀는 하루 종일 데이터 주석 작업을 마친 뒤 녹초가 된 몸을 위해, 돌아올 때만 보다보다를 이용한다.

애니타의 집에는 오래전에 지어진 전통적인 움막이 두 채 있다. 흙벽과 초가지붕으로 지어진 원형 형태의 원룸 주거지다. 하지만 현재 그녀의 가족은 최근에 지은 사각형의 현대식 건물에서 함께 생활하고 있다. 이 건물은 2년 전 두 차례 할부로 산 벽돌로 지었다. 마당 가운데에는 거대한 망고 나무가 있는데, 6월이 되면 열매가 한가득 열린다. 나무 주변에는 야채들이 줄을 지어 심어져 있고, 건물 뒤쪽에는 야자나무를 비롯한 초목이 우거져 있다. 애니타가 일하는 동안, 아이들은 집에서 놀거나 이모와 가정부를 도와 허드렛일을 한다. 마당을 자유롭게 돌아다니는 닭들은 붉은 흙을 헤집으며 먹이를 찾다가 때때로 이웃집 뜰까지 넘어가기도 한다.

오늘날의 굴루는 우간다의 내전의 산물이다.[1] 1999년 발발해 20년간 이어진 내전에서 정부군은 아촐리랜드 서부 지역의 인구를 무자비하게 굴루로 쫓아냈다. 이제 인도주의 상징의 중심지가 된 굴루는 조지프 코니Joseph Kony의 '신의 저항군'과 우간다 정부군들의 인권 침해를 피해서 도망 온 13만 이상의 국내 실향민의 피난처가 됐다. 하루아침에 굴루의 인구는 네 배로 증가했고, 본래 흩어져 있던 농가와 소규모 시장이 전부였던 이 지역은 갑자기 사람들로 넘쳐나는 빈민가로 변모했다. 새로 유입된 사람 중 다수는 먹고살 땅이 없고 고향으로 돌아갈 수도 없는 처지였다. 그래서 임시변통으로 '오툴룸'이라 불리는 움막을 짓고 생계를 꾸려 나갈 방법을 찾아야 했다.

이들이 할 수 있는 일이라곤 국제구호단체 경비원, 보조원, 통

역사, 청소부뿐이었다. 그나마 있는 일자리도 지원자에 비해 턱없이 부족했다. 그 결과, 실업률이 급등하고 비공식 노동 시장이 급격히 확장됐다. 일정한 일을 구하지 못한 이주민들은 생계를 위해 저임금과 열악한 노동 조건을 감수하며 단기 일자리를 전전했다. 어려운 시기였다. 전쟁의 상처는 여전히 깊이 남아 있다. 많은 이들이 내전의 트라우마에 시달리고 있으며, 청년 중 3분의 1은 교육의 기회도 일자리도 없는 상태다. 굴루의 주택 대다수는 우간다 정부가 규정하는 적정 주거 기준을 충족하지 못한다.

애니타는 동이 틀 때쯤 시장을 지나친다. 여성들은 채소 좌판을 준비한다. 가지, 양파, 오크라, 카사바, 그 밖의 근채류를 내어놓고, 바닥에 돗자리를 펼친다. 거리 곳곳에는 보다보다를 운전하는 젊은 남성들이 삼삼오오 모여 언제 올지 모르는 손님을 기다리고 있다. 애니타가 굴루대학교를 지날때 쯤 그녀의 등 뒤로 해가 뜬다. 그녀는 이곳에서 경영학 학사 과정을 밟던 시절을 떠올린다. 그녀의 고용주가 2년 전 처음 데이터 주석 회사를 시작했을 때, 그녀는 대학생이었다. 당시 회사는 학교 부지 한편에 놓인 컨테이너 안에서 작은 규모로 시작했는데, 그 이후로 빠르게 성장해 지금은 대학을 벗어나 도심으로 사무실을 옮겨갔다.

현재 애니타가 일하는 곳은 칙칙한 잿빛 콘크리트 건물이다. 이 건물은 건물주가 건축 도중에 돈을 다 써버린 탓에 3층까지만 완공된 채, 4층은 벽과 창틀만 덩그러니 세워져 있다. 건물 주변에는 이중 철조망으로 된 울타리가 둘러쳐져 있고 정문에는 보안 요원이

상주한다. 보안 요원의 어깨에는 밧줄로 대충 묶은 소총이 대롱대롱 매달려 있다. 입구 양쪽에 붙은 회사 로고는 세월이 지나면서 조금씩 벗겨지고 있다. 이곳은 대형 데이터 주석 회사의 지역 센터로, 본사는 샌프란시스코에 있고 동아프리카 여러 지역에 비슷한 센터가 여럿 있다.

건물로 다가갈수록 애니타는 스트레스를 받는다. 가방에서 출입증을 꺼내고, 도시 곳곳에서 몰려든 동료들과 함께 입구를 통과한다. 그녀는 구내식당에서 친구들을 발견한다. 오전 8시에 업무가 시작되면 대화를 나눌 시간이 거의 없다. 공식적인 휴식 시간은 아침 20분, 점심 40분이 전부다. 이 시간은 보통 화장실에 가거나 구내식당에서 줄을 서서 기다리는 데 쓴다. 모든 시간이 철저하게 통제되기 때문에 동료들과 여유롭게 대화를 나눌 기회는 사실상 없다. 아침 차 한 잔을 마시는 시간에야 유일하게 동료들과 어울릴 수 있다. 이후에는 오직 컴퓨터 앞에 앉아서 클릭, 클릭, 클릭—끊임없는 작업이 계속될 뿐이다.

건물 로비는 실리콘밸리를 옮겨놓은 듯한 장식으로 꾸며져 있다. 선명한 원색의 소파들이 여기저기 놓여 있고, 벽걸이 스크린에서는 소리 없이 MTV가 재생된다. 입구 맞은편에는 회사 창립자의 초상화가 걸려 있다. 벽면에는 회사의 미션과 핵심 가치가 담긴 멋진 액자가 걸려 있다. '기술과 인공지능을 결합해 인류의 발전을 가속화한다'는 구호 아래 '끈기', '정직', '임무 완수', 그리고 '인류애'을 강조하는 문구가 나열되어 있다.

애니타는 자율주행차량 회사의 프로젝트에 참여하고 있다. 그녀의 업무는 운전자의 영상을 시간 단위로 검토하는 것이다. 운전자가 집중력을 잃는 순간이나 졸음 상태로 보이는 장면이 있는지를 확인한다. 그녀가 검수한 데이터는 운전자의 얼굴 표정과 눈 움직임을 기반으로 한 '실내 행동 모니터링 시스템'을 구축하는 데 활용된다. 한 번에 몇 시간 동안 컴퓨터 앞에 앉아 비슷한 영상에 집중하다 보면 진이 빠진다. 때때로 따분함이 마치 물리적인 힘처럼 온몸을 짓누르는 것 같다. 의자가 몸을 끌어당기고 눈꺼풀이 저절로 감긴다. 하지만 경계를 늦춰서는 안 된다. 화면 속 운전자들처럼 말이다. 어떤 면에서 그녀는 자신의 일에 자부심을 느낀다. 나는 사람들에게 도움이 되는 최첨단 기술에 일조하고 있다! 때로 그 믿음이 그녀를 버티게 만드는 힘이 된다.

데이터 주석 작업을 하기 전, 애니타는 길거리에서 주스와 채소를 팔아 생계를 유지했다. 하지만 이런 일은 계절에 따라 수입이 들쭉날쭉했고, 지금의 일보다 훨씬 벌이가 적었다. 운 좋게도 그녀는 이 회사에서 5년 넘게 일할 수 있었고, 그동안의 수입으로 가족을 부양할 수 있었다. 회사는 고객사의 수요 변화에 따라 계약직 노동자들을 수시로 해고했지만, 그녀는 업무 효율이 높아서 핵심 팀원으로 남을 수 있었다. 덕분에 아이들을 학교에 보낼 수 있었고, 집안일을 도와줄 저임금 가사 노동자를 고용할 여력이 생겼으며, 어머니를 모실 수도 있었다. 하지만 그녀는 늘 불만이 있다. 자신이 회사에 기여하는 가치를 생각하면 지금 받는 급여가 터무니없이 낮아 보였다.

애니타의 하루는 끊임없는 클릭과 드래그 속에서 정신없이 흘러간다. 매일 정해진 목표를 맞추기 위해 일정한 속도를 유지해야 한다. 그래야만 감독관의 화면에서 자신의 이름이 초록색으로 유지될 터이다. 만약 실적이 떨어져 이름이 빨간색으로 바뀌면, 목표를 채울 때까지 무급으로 초과 근무를 해야 한다.

시간은 더디게 흐르고, 허리는 점점 쑤셔온다. 의자에 앉은 채 몸을 쭉 펴보지만, 이내 손과 손목에도 경련이 오기 시작한다. 화면이 흐릿해지고, 눈의 초점이 점점 흐려진다. 잠시 졸음에 빠져들지만, 곧 화들짝 정신을 차린다. 그렇게 하루가 끝날 무렵이면 완전히 녹초가 된다. 한순간도 더 일할 수 없을 것 같은 상태로 사무실을 나서서 가까운 길모퉁이에 있는 보다보다 운전사를 부른다. 망고나무 밑에 앉아서 하루의 마지막 햇빛을 즐길 수 있기를 기대하며.

애니타는 지금 위기에 처해 있다. 일은 단조롭고 스트레스가 심하다. 하지만 회사를 관둔다고 해서 더 나은 기회가 있는 것도 아니다. 은행, 정부 기관, NGO 같은 안정적인 직장의 취업은 경쟁이 치열하다. 그녀는 회사에 업무 환경을 개선할 방법을 제안해 보고, 장시간의 근무와 낮은 임금, 일부 관리자의 괴롭힘에 대해 불만을 제기해봤지만, 돌아오는 건 언제나 침묵뿐이었다. 외면당하는 기분이다. 어떻게 해야 할지 모르겠다. 뭔가 더 나은 기회가 오면 미련 없이 떠날 텐데.

기계적이고 단순하며 예측 가능한 노동

애니타가 일하는 직장을 외부인이 직접 관찰하기란 쉽지 않다. AI 개발 과정에서 가장 노동 집약적인 부분을 담당하고 있음에도, 이런 작업장은 대개 보이지 않는 존재로 취급된다. 때때로 열악한 근무 환경에 대한 보도가 나오기도 하지만, 대부분 특정 노동자의 사례에 집중할 뿐, 노동자들을 단조로운 작업으로 내모는 개발 시스템 전반에 대한 논의는 거의 이루어지지 않는다.[2]

디지털 노동 플랫폼을 통해 전 세계 개별 작업자들에게 일이 분배되는 데이터 주석 작업과 달리(흔히 긱노동$^{Gig\ Work}$이라고 알려진 노동), 애니타가 속한 BPO들은 수천 명의 노동자를 한곳에 모아놓고 철저한 노동 규율을 적용함으로써 생산성과 효율을 극대화한다. 이러한 통제 기술은 오랜 역사를 가지고 있는데, 과거의 플랜테이션 농장, 방적 공장, 제조업 현장에서 시행착오를 거치며 점진적으로 발전해 왔다.[3] 실제로 오늘날 데이터 주석 센터에서 사용되는 노동관리 방식은 과거 식민지 시대에 확립된 후, 유럽과 미국으로 확산된 경영 기법을 그대로 이어받았다. 얼핏 보기에 연관성이 없어 보이지만, 식민지 플랜테이션 농장과 애니타가 일하는 사무실 사이에는 희미하지만 분명한 연결고리가 존재한다.

이런 관리 시스템이 필요한 이유는 인프라와 달리 노동은 예측하거나 통제하기 어렵기 때문이다. 노동자가 만들어내는 가치는 고정된 것이 아니다. 작업 현장에서 발생하는 복잡한 변수들 속에서 유동적으로 결정된다. 역사적으로 경영학이라는 학문은 이러한 복잡성을 억제하고, 인간 노동을 보다 기계적이고 단순하며 예측 가능한 것으로 만들기 위해 등장했다. 이 시스템이 실제로 어떻게 작동하는지를 이해하려면, 다시 애니타의 단조로운 일과로 돌아가야 한다.

애니타가 일하는 사무실의 풍경을 살펴보자. 수백 명의 데이터 주석 작업자들이 줄을 맞춰 조용히 앉아 있다. 이 광경은 콜센터에서 일해 본 사람이라면 익숙한 풍경일 것이다. 관리 방식도 크게 다르지 않다. 조명은 어둡게 조정되어 있는데, 이는 하루 9시간 동안 화면을 응시해야 하는 작업자들의 눈 피로를 줄이려는 조치다. 노동자들의 화면에는 끊임없이 주석을 달아야 할 이미지와 영상이 깜빡이며 흘러간다. 애니타를 비롯한 작업자들은 고객의 요구사항에 맞춰 이미지 내 특정 요소를 식별하는데 집중한다. 예를 들면, 신호등, 정지 표지판, 사람의 얼굴 같은 다양한 객체 주위에 다각형을 그리는 작업을 한다.

하나의 프로젝트에 보통 수백 명의 주석 작업자가 투입되는데, 이들은 다시 20명 정도의 소규모 팀으로 나뉜다. 각 팀에는 팀 리더가 배정되며 리더는 팀원들 사이를 오가며 작업 속도를 점검하고 시간 낭비가 없는지 감시한다. 리더의 주요 임무는 목표 생산성을 유지하는데 있다. 성과가 낮은 작업자에게는 압박이 가해진다. 때로는 소리를 지르고, 때로는 부드럽게 타이른다. 의뢰 업체가 결과물을 빨리 달라고 독촉하면 BPO는 8시부터 18시까지의 주간 근무조와

20시부터 6시까지의 야간 근무조를 운영하기도 한다.

팀 리더는 작업 난이도를 고려해 팀별 성과 목표를 설정한다. 이미지가 크고 주석을 달아야 할 요소가 많다면, 작업자에게 약간의 추가 시간을 더 주기도 한다. 그러나 목표 설정은 그리 인간적이지 않다. 프로젝트를 처음 시작할 때는 작업 속도를 평가하기 위해 테스트를 하는데 이 결과를 바탕으로 일정 수준 이하의 속도로는 목표를 달성할 수 없도록 기준을 설정한다. 그런데 이 기준은 프로젝트가 진행될수록 점점 높아진다. 만약 하루치 목표를 달성하지 못하면, 무급 야근을 해야 할 수도 있다. 주중에 일정 기준 이하로 작업 속도가 떨어지면, 주말에 무급으로 근무해야 한다. 이러한 혹독한 근무 조건 아래에서 애니타와 동료들은 주당 최소 45시간 이상을 극도로 집중하며 일한다. 때때로 무급 초과 근무까지 해야 하지만, 그들이 받는 임금은 월 80만 우간다 실링(미화 200달러), 시간당 약 1.16달러에 불과하다.

노동자들은 속도와 품질이라는 상반된 목표를 동시에 충족해야 한다. 팀 리더들은 생산성과 속도를 강조하며, 팀원들이 일정한 속도로 작업을 수행하는지를 감시한다. 이런 압박 속에서도 주석 작업자들은 모든 작업을 최소 9.5퍼센트의 정확도로 완료해야 한다. 일부 프로젝트에서는 더 높은 정확도가 요구되기도 한다. 만약 작업물이 부정확하다고 평가를 받으면, 성과 점수가 깎인다.

속도와 정확성뿐만 아니라 효율 점수도 신경 써야 한다. 10시간 근무 중 휴식 시간은 1시간을 초과해서는 안 되며, 공식적으로 허용된 휴식 시간 외에는 계속해서 일을 해야 한다. 주석 작업을 잠시라도 멈추면 효율 점수가 즉시 하락한다. 효율 점수가 일정 수준 이하로 떨어지면 일자리가 위태로워질 수 있다.

이런 노동 환경 속에서도 이들 중 누구도 안정적인 고용 계약을 보장받지 못한다. 대부분의 노동자는 한두 달의 단기 계약을 맺는다. 그래서 늘 해고될 수 있다는 불안 속에서 일한다. 주석 작업의 특성상, 고객사의 프로젝트가 일정하지 않아 필요한 일자리가 갑자기 늘어나거나 줄어들기도 한다. 대형 고객사의 프로젝트가 끝나면, BPO는 노동자들을 해고한 후 소위 벤치에 두는데, 이는 말이 좋지 그저 대기 명단에 이름을 올리는 것에 불과하다. 굴루의 노동 시장은 극도로 열악하기 때문에, 벤치에 오른 사람들은 비공식 경제에서 생계를 이어갈 수밖에 없다. 다시 BPO에서 일할 기회가 주어지면 주저 없이 돌아가려 한다. 가족을 부양해야 하는 노동자들에게 이러한 불안정한 현실은 가혹한 생존 게임과 다름없다.

이러한 환경에서는 권력 남용의 가능성이 크다. 특히, 여성 노동자들은 상대적으로 더 큰 위험에 노출되어 있다. 일부 노동자들은 출산에 따른 차별을 당하거나 이른바 기업 내 성적 대가 시스템sexual favours system●에 시달린다. 그들의 증언에 따르면, 일부 관리자들은

● 권력이나 직위를 가진 사람이 승진, 계약 연장, 업무 배정 등 특정한 혜택을 제공하는 대가로 성적 행위를 요구하는 구조.

채용에서부터 승진, 프로젝트 종료 후 재고용까지 다양한 단계에서 성적 대가를 요구했다. 그런데 이런 관리 방식은 AI 시대에 새롭게 나타난 것일까?

갱 시스템: 당신을 쥐어짜겠습니다

1840년대 미국 남부의 면화 농장은 전에 없던 호황기를 누렸다. 농장주들은 높은 생산성을 유지하기 위해 다양한 관리 방법을 적극적으로 도입했는데, 그중 하나가 17세기 바베이도스의 플랜테이션에서 처음 등장한 갱 시스템gang system이다.[4] 갱 시스템이란 노동자들을 여러 그룹으로 묶어 똑같은 업무를 강제로 부여하고, 작업하는 내내 노동자 개개인의 노력을 철저히 감시하는 노동 통제 방식을 뜻한다.

예를 들어, 농장 관리인들은 펜과 잉크를 이용해 노예 한 명 한 명이 하루 동안 몇 파운드의 면화를 수확했는지 꼼꼼하게 기록했다. 이를 위해 많은 농장에서는 특별히 고안된 기록 양식을 사용했다. 이 양식은 매일의 생산 데이터를 수집하는 동시에, 노동자의 생산성과 효율성을 정밀하게 계산할 수 있도록 구성됐다. 어떤 농장에서는 노예들이 하루에 세 번씩 자신이 딴 면화를 감독관에게 가져가 무게를 쟀다. 이때마다 목표량과 실제 딴 양의 차이를 듣고 압박을 받았다. 일부 감독관들은 목표량에 미치지 못한 만큼 채찍질을 가했다.

반대로 가장 높은 생산량을 기록한 노동자에게 보너스를 제공하는 방식으로 노동자 간 경쟁을 유발하기도 했다.[5]

노동의 조직화와 생산성 감시는 카리브해 연안과 미국 남부의 플랜테이션에서 시작되어 19세기 후반 산업 현장으로 빠르게 퍼져 나갔다. 1877년, 프레더릭 윈슬로 테일러Frederick Winslow Taylor는 필라델피아 미드베일 스틸 컴퍼니에서 일하면서 '과학적 관리법'이라는 개념을 정립했다.[6] 그의 방식은 과거 대규모 농장에서 쓰던 노동 감시 방식을 더 체계적이고 정교하게 발전시킨 것이다. 물론 플랜테이션 노동과 공장 노동은 본질적으로 다르다. 과거의 노예 노동은 이제 임금을 받는 노동으로 바뀌었고, 공개적인 폭력이나 신체적 처벌, 공포를 이용한 감시 체계도 대부분 줄거나 사라졌다. 하지만 노동자들을 철저하게 감시하고 통제한다는 근본적인 원칙만큼은 그대로 유지되었다.[7]

이러한 역사적 흐름을 이어받은 관리 체계 속에서 오늘날 애니타와 그녀의 동료들은 일하고 있다. 달라진 점도 있다. 이들의 업무 환경은 디지털 기술을 이용해 철저히 감시되는데, 이는 과거 플랜테이션과 공장의 관리자들이 상상조차 못 할 정도로 정교하게 이루어진다. 회사 정문에서 생체 인식 스캐너로 신원을 확인하는 순간부터, 건물 전체에 설치된 수많은 CCTV 네트워크에 이르기까지 노동자들은 단 한순간도 감시를 벗어나지 못한다. 컴퓨터에 설치된 효율성 모니터링 프로그램은 노동자의 모든 행동을 기록하고, 각각의 작업은 모두 숫자로 정확히 측정된다. 심지어 우리 저자들이 만난 노동자들 중 몇몇은, 관리자들이 노동자 사이에 밀고자 네트워크를 만들어 노동조합을 세우려는 움직임을 사전에 막는다고 증언하기도 했다. 실제로 우리가 방문했던 BPO에서는 노동조합 결성을 거론하는 것 자체가 영원히 업무에서 배제될 수 있는 위험으로 받아들여졌다.

이곳의 노동자들은 스스로 업무 내용을 조정하거나 결정할 여지가 거의 없으며, 모든 작업은 최대한 단순하고 세분화되어 생산성과 효율성을 극대화하는 형태로 짜여 있다. 그 과정에서 그들은 극도의 지루함과 불안감이 뒤섞인 기묘한 감정을 느끼게 된다. 이것이 바로 AI 혁명의 최전선에서 실제로 벌어지고 있는 현실이다. 지금 이 순간에도 노동자들은 강력한 감시 아래에서 극한의 노동 강도를 견디며 생계를 유지하고 일자리를 지키기 위해 애쓰고 있다.

기계는 어떻게 학습하는가

전 세계 수많은 사람들이 데이터 주석 작업자로 일하면서, 엄청난 양의 데이터를 정제된 학습 데이터세트로 바꾸는 지루하고 반복적인 일을 하고 있다. 왜 이런 방식의 노동이 필요할까? AI 모델을 훈련하려면 엄청난 양의 데이터가 필요한데, 이 데이터를 AI 시스템에 곧바로 입력할 방법은 없다. 애니타 같은 노동자들이 데이터를 정리하고 꼬리표를 붙여야만 AI가 이를 이해할 수 있다. AI의 대표적인 응용 분야 중 하나가 컴퓨터 비전이다. 이 기술을 통해 AI는 이미지와 영상을 분석하고, 적절한 행동을 결정한다. 예를 들어, 자율주행자동차가 도로에서 자동차, 신호등, 보행자를 구분하려면, 다양한 환경에서 객체를 정확하게 분류한 수백만 개의 이미지가 필요하다. 2018년, 미국 애리조나에서 보행자가 자율주행 자동차에 치여 사망하는 사건이 발생했다. 피해자는 자전거를 끌고 도로를 건너고 있었는데, 차량의 AI가 이를 보행자로 인식하지 못하면서 사고가 일어난 것이다.[8] 이러한 사고를 방지하려면 AI 학습 데이터세트에 포함된 모든 프레임에서 사람, 자전거, 표지판, 고양이, 나무, 다른 차량 등 다양한 객체들이 거의 완벽한 정확도로 식별되어야 한다. 이를 구분하는 것이 애니타가 하는 일이다.

흔히 우리는 AI 개발이라고 하면, 팔로알토나 멘로 파크에 위치한 에어컨 잘 나오고 번지르르한 사무실에서 일하는 엔지니어들을 떠올린다. 그러나 AI 훈련에 필요한 약 80퍼센트의 시간이 데이터세트 주석 작업에 쓰이고 있다.[9] 자율주행차량, 극소 수술기기, 무인 드론과 같은 첨단기술은 모두 굴루 같은 곳에서 시작된다. 기술 평론가인 필 존스Phil Jones의 말처럼 "실제로 머신러닝의 마술은 고된 데이터 분류에 지나지 않는다."[10] 그러나 이러한 격무는 보통 제3의 공급자에게 외주로 맡겨진다. 데이터 주석 시장은 전 세계적으로 대호황이다. 2022년에만 22억 2,000만 달러의 가치를 인정받았고, 매년 약 30퍼센트씩 성장하고 있다. 2030년에 170억 달러에 이를 것으로 전망된다.[11]

데이터 주석을 필요로 하는 AI 업체는 몇 가지 방법에 기댈 수 있다. 가장 잘 알려진 방법은 아마존 머캐니컬 터크, 클릭워커Clickworker, 앱펜Appen 같은 디지털 작업 플랫폼에 업무를 올리는 것이다. 계약을 통해 디지털 작업을 일임하는 이러한 방식은 '긱 노동' '클릭질' '크라우드 소싱' 등으로 불린다. 주석 업무는 전 세계에 흩어진 수많은 단기 노동자에게 분배되고, 이들은 플랫폼 계정에 로그인하여 업무를 완수한다. 아마존 창업자 제프 베이조스Jeff Bezos가 '인공적인 인공 지능'이라 부르는 단기 노동자(긱 노동자)들에게 AI 기업은 과제당 겨우 몇 센트만 지급한다. 이렇게 사람이 검토를 한 데이터 조각이 모여 AI 모델을 훈련하는 데이터세트가 된다.[12]

긱 노동자들은 노동권, 병가 중 급여, 연금 같은 사회안전망과 무관한 독립 계약자로서 시간당 대략 2달러를 번다.[13] 메리 그레이Mary Gray와 시다스 수리Siddharth Suri는 단기 단순 업무Micro Work의 실상을 폭로한 책 『고스트 워크』에서 이런 현실을 지적한 바 있다. 이 책에 따르면, 흔히 '요청자'라고 불리는 기업들이 작업 결과에 만족하지 못하면 보수를 지급하지 않고 거절할 수 있기 때문에, 실제로는 작업의 약 30퍼센트가 무보수로 진행된다. 주석 작업자들은 자신이 받지 못한 몇 센트의 보수를 찾으려고 애쓰는 것이 오히려 시간과 비용만 낭비하는 일이다.[14] 게다가 이런 플랫폼에서 일하는 노동자들은 실제 업무를 시작하기 전부터 자신에게 적합한 일을 찾는 데에도 상당한 시간을 써야 한다. 한 연구에 따르면, 노동자들이 보수가 없는 일(예를 들면 일자리 검색 같은 업무)에 소비하는 시간이 일주

일 평균 8.5시간에 이른다.[15]

　플랫폼 기반의 주석 작업은 다양한 배경을 가진 사람들이 수행하지만, 대체로 젊고 교육 수준이 높은 편이면서도 경제적으로는 어려운 경우가 많았다. 이들이 플랫폼 노동을 어떻게 생각하는지는 자신이 이 수입에 얼마나 의존하고 있는지에 따라 달랐다. 예를 들어, 우리와 인터뷰한 한 영국인 노동자는 "그냥 재미로 하는 일입니다. 부수입을 얻을 수 있고, 일할 시간을 내가 정할 수 있어서 원할 때만 하면 됩니다"고 말했다. 반면, 남반구의 저개발 국가 노동자들 중 많은 이들은 플랫폼 노동을 주요한 생계 수단으로 삼고 있었다.

　긱 노동은 시간제 부업 활동부터 아동 노동에 이르기까지 다양한 형태로 존재한다. 일부 일거리는 더 낮은 단가로 하청을 맡기는 플랫폼에 재게시되기도 하는데, 이를 통해 중개인이 차액을 챙긴다. 이러한 일이 가능한 이유는 이 작업이 대개 단순하고 숙련도가 낮으며, 전 세계 어디에서든 수행할 수 있기 때문이다. 동남아시아에서 우리는 소규모 아웃소싱 업체를 운영하는 노동자 겸 사장들을 만날 수 있었다. 이들은 두세 대의 컴퓨터가 있는 작은 사무실을 차린 후, 여러 명의 노동자들을 추가로 고용해 자신들만으로는 감당할 수 없는 작업량을 처리하고 있었다.[16] 이러한 방식은 전 세계적으로 노동 임금을 가능한 한 최저 수준으로 낮추는 결과를 낳았다. 줄리안 포사다Julian Posada 예일대학교 교수는 베네수엘라의 경제 위기 속에서 데이터 주석 노동을 하는 가족에 대한 연구를 진행했다. 그는 팬데믹 이후 일자리를 잃은 부모가 워크허브Workerhub라는 플랫폼에서 하루 종일 두 대의 컴퓨터로 일하며 생계를 유지하는 이야기를 소개한다. 이 가족은 식사를 준비할 때를 제외하고는 쉬는 시간 없이 일했다. 부모가 작업을 쉴 때면, 자녀들이 교대로 컴퓨터 앞에 앉는다. 이렇게 항상 누군가가 일하는 상태를 유지했다.[17]

플랫폼 기반 서비스 외에도, AI 기업들은 애니타와 같은 노동자들이 일하는 BPO를 활용한다. BPO 산업의 성장은 1990년대부터 시작된 글로벌 아웃소싱 흐름과 맞물려 있는데, 당시 기업들은 비용 절감을 위해 말단 업무를 해외로 이전하기 시작했다. BPO가 운영하는 센터는 주로 인도, 케냐, 필리핀과 같은 국가에 위치하는데, 이들 지역은 영어를 구사할 수 있는 노동력은 풍부하지만, 임금 수준은 낮고 엄격한 노동 규율이 정착된 문화를 가지고 있어서 아웃소싱에 유리하다. 특히 데이터 주석 작업은 높은 수준의 언어 능력이 필요하지 않기 때문에 어디로든 쉽게 아웃소싱할 수 있다. 하지만 문화적 차이로 인한 문제가 발생하기도 한다. 우리가 만난 동아프리카의 한 데이터 주석 업체 관리자는 특정 고객이 거리의 배수구 덮개를 계속해서 잘못 분류하는 작업자들 때문에 답답해 한다고 했다. 그는 고객에게 동아프리카에서는 배수구 덮개의 형태가 다르거나, 아예 없는 경우도 많다는 점을 설명해야 했다.

일부 테크 기업들에게는 작업을 플랫폼 노동자에게 맡기는 것보다 BPO가 더 좋은 선택지가 될 수 있다. BPO는 더욱 전문적이고 포괄적인 서비스를 제공하는 동시에, 노동자들에게 체계적인 교육을 실시하고 고객의 데이터를 보다 안전하게 보호할 수 있기 때문이다.[18] AI 시스템은 매우 가치가 높은 자산이며, 주석 작업 특성상 고객사의 머신러닝 모델이나 최종 제품과 관련된 구체적인 정보가 노출될 수 있다. 데이터 작업이 전 세계 여러 노동자에게 분산되면, 작업자들이 비밀 유지 서약을 맺었다 하더라도 정보 유출을 완벽하게 방지하기란 불가능하다. 반면 BPO는 프로젝트에 코드명을 부여하여 관리하고, 데이터를 자체적인 보안 시스템을 통해 안전하게 보관할 수 있다는 장점이 있다.

모든 주석 작업이 단순한 것은 아니다. 라이다Light Detection and Ranging 같은 복잡한 데이터 주석 작업도 있다. 라이다는 레이저를 이용해 3D 디지털 환경을 생성하는 센서 기술로 자율주행차에 특히 유용하다. 라이다를 통해 차량은 주변의 사물을 식별하고, 거리와 깊이를 정확히 측정한다. 라이다의 데이터를 다루는 주석 작업자는 마치 비디오 게임 화면을 보는 것처럼, 다양한 색상의 점과 선으로 구성된 3D 이미지를 분류해야 한다. 일부 BPO에서는 이러한 고급 작업을 수행하기 전에 최대 일주일간의 추가 교육을 통해 고객이 요구하는 속도와 정확도를 갖출 수 있도록 하고 있다.

최근 들어 데이터 주석 작업의 요구 사항은 더욱 복잡하고 정교해지고 있다. 초창기 AI 훈련에서는 사진 속 물체를 대략적인 상자 모양이나 다각형으로 표시하는 정도로도 충분했지만, 이제는 객체의 가장자리를 픽셀 단위로 정확하게 구분하거나 이미지나 영상 내 서로 다른 영역을 세밀하게 분류하는 정도의 정확성을 요구하고 있다. 이는 AI 성능에 대한 고객들의 기대치 높아지고 있기 때문이다. 어제까지만 해도 마법처럼 여겨졌던 수준이, 오늘날의 LLM에서는 최소한의 기준이 되고 있다. 사용자는 하루가 다르게 높은 정확도와 자연스러운 언어 구사를 요구하며, 이에 따라 AI 분야에 특화된 전문적인 데이터 주석 산업이 빠르게 성장하고 있다.

데이터 주석 산업의 성장에 주목하는 건 민간 기업만이 아니다. 공공 부문에서도 이 산업의 잠재력에 높은 관심을 보이고 있다. 특히 이 산업이 빈곤 문제를 해결할 수 있는 효과적인 수단이 될지도 모른다는 기대가 저개발 국가를 중심으로 나타나고 있다. 대표적인 사례가 데이터 주석 기업인 사마Sama의 CEO 고(故) 레일라 자나Leila Janah가 록펠러 재단과 협력해 만든 임팩트 소싱impact sourcing이다. 이는 사회경제적으로 취약한 위치에 처한 개발도상국 사람들에게 마이크로워크 작업을 제공하는 사업이다. 생전에 그녀는 자신의 저서 『기브 워크: 한 번에 한 가지 일로 가난 뒤집기』에서 "아웃소싱의 개념을 뒤집어서, 개발도상국 빈곤층에게 몇 달러라도 더 벌 기회를 제공하는 기업을 만들면 어떨까?"라는 질문을 던졌다.[19] 이 아이디어를 바탕으로 동아프리카와 네팔에 센터를 둔 사마 클라우드팩토리Sama Cloudfactory 같은 임팩트 소싱 기업들이 탄생했고, 이들은 사회적 기업 모델을 채택해 노동자들에게 더 높은 임금과 더 나은 근무 환경을 제공한다고 주장하고 있다(현실은 좀 다른데, 이에 대해서는 7장과 8장에서 다룬다).

임팩트 소싱 모델은 중국에도 있다. 알리페이 재단Alipay Foundation과 알리바바 AI 연구소Alibaba AI Labs는 중국여성발전기금과 협력하여 'A-아이돌 이니셔티브'라는 프로젝트를 진행했다.[20] 중국의 퉁런 시에서 시작된 이 프로젝트는 농촌 지역 여성들에게 데이터 주석 작업을 제공해, 이들이 경제적으로 자립하도록 돕는 것을 목표로 했다. 인도의 한 시골 마을에서도 비슷한 사례가 있다. 약 3,500가구가 사는 이 마을에서는 AI 데이터 주석 기업인 인폴크스Infolks가 주로 여성들로 구성된 약 200명의 노동자에게 데이터 주석 업무를 맡겼다. 인폴크스는 여성들의 경제적 자립을 지원하면서 유럽과 미국 AI 기업을 위한 데이터 주석 작업을 수행하고 있다.[21]

하지만 이렇게 윤리를 내세운 AI 기업들도 시장의 경쟁 압력 때문에 자주 한계에 부딪히고 있다. 경쟁력 있는 가격 유지와 낮은 운영비를 강요받는 현실에서, 노동자들의 근로 환경을 개선하겠다는 목표는 제대로 실현되지 못하는 경우가 많다. 애니타가 일하는 BPO 역시 윤리적 AI 공급망 구축을 표방하지만, 그녀의 실제 노동환경을 보면 과연 이 목표가 잘 지켜지고 있는지 의문이 들 수밖에 없다.

기계는 인간을 먹고 자란다

한편, AI 산업을 떠받치는 데이터 주석 노동을 근본적으로 바꿀 수 있는 새로운 기술이 등장하고 있다. 바로 합성 데이터synthetic data다. 이는 AI 모델이 인간이 생산한 데이터세트를 분석해 통계적 패턴을 학습한 뒤, 이를 바탕으로 인공 데이터를 생성하는 방식이다. 오픈AI 창업자인 샘 알트먼Sam Altman은 사람이 직접 데이터 주석을 다는 방식이 가진 한계에 대해 "인공지능이 스스로 학습에 필요한 데이터를 만들어낼 수 있게 되면 모든 문제가 해결될 것"이라며 자신감을 보이기도 했다.[22]

AI 알고리즘이 실제 데이터를 기반으로 스스로 가상의 새로운 데이터를 생성할 수 있다면, 노동자들이 데이터 주석 작업을 수행하지 않아도 되는 미래가 올지도 모른다. 미국과학재단의 최근 보고에 따르면, 알고리즘은 기존 데이터의 통계적 특성을 분석한 뒤, 완전히 새로운 데이터를 만들어낼 수 있는 수준까지 발전했다.[23] 이론적으로 합성 데이터가 광범위하게 사용된다면 인간이 수행하는 데이터 주석 작업과 그에 따른 윤리적 문제들이 사라질 수도 있다. 하지만 그런 변화가 얼마나 빠르게 일어날지는 아직 미지수다.

앞으로 합성 데이터의 사용은 더욱 늘어나겠지만, 인간 노동의 필요성을 완전히 없애지는 못할 것이다. 합성 데이터의 사용은 AI 모델이 어떤 목적으로 훈련되는지에 따라 달라지기 때문이다. 금융 서비스 분야에서는 시스템 테스트를 위해 주로 고객의 금융 데이터를 활용하는데, 개인정보 보호법상 실제 고객 데이터를 사용하기 어렵다. 그래서 합성 데이터 사용이 이미 보편화되어 있다. 최근 들어 자율주행차량 분야가 급성장하면서, 이 분야를 위한 합성 데이터 시장이 성장하고 있다. 신서시스 AI Synthesis AI, 렌더드.ai Rendered.ai 같은 기업들이 대표적이다. 이들 기업은 실제로는 기록하기 힘든 상황

(예를 들어 어린아이가 갑자기 도로에 뛰어드는 상황 등)을 시뮬레이션한 데이터세트를 공급한다. 하지만 고품질의 3D 합성 데이터를 만드는 데는 아직 많은 비용이 들기 때문에, 자동차 제조사나 대규모 물류센터처럼 충분히 수익성을 보장하는 분야에서만 제한적으로 활용될 것이다. 규모가 작거나 수익성이 낮은 분야에서는 합성 데이터 사용이 보편화되기 어렵다. 결국, 앞으로도 AI의 훈련을 위해서는 일정 부분 인간 주석 노동에 의존할 수밖에 없다.

현재 큰 관심을 받고 있는 중요한 질문 중 하나는 '미래의 LLM을 이전 버전의 모델이 생성한 합성 텍스트 데이터로 훈련시킬 수 있는가'이다. '반복의 저주The Curse of Recursion'이라는 제목으로 유명한 논문에 따르면, 연구자들은 챗봇이 생산한 데이터로 훈련한 LLM에서 모델 붕괴를 야기하는 '돌이킬 수 없는 결함irreversible defects'을 발견했다고 밝힌다. 모델이 스스로 생성한 데이터를 반복적으로 학습할 경우, 특정 표현이나 패턴이 계속 중첩되면서 데이터가 점점 단순화되고, 그 결과 모델의 다양성과 창의성이 저하되는 문제가 발생할 수 있다고 경고하고 있다.[24]

특히 현재 LLM은 인터넷에서 긁어모은 데이터로 훈련되는데, 앞으로는 인터넷 자체가 LLM이 생성한 콘텐츠로 가득 채워진다면, 이 문제가 더욱 심각해질 수 있다. 기술적으로 이를 해결할 방법이 언젠가는 나올 수도 있다. 하지만 현재 상황이 계속된다면, AI 모델은 합성 데이터의 한계에 갇혀버리고 말 것이다. 결국 인간이 만든 '진짜 데이터'가 가진 다양성과 깊이를 따라가지 못할 가능성이 높다. 이는 앞으로 AI를 발전시키는 과정에서 여전히 '인간의 노동'과 '실제 데이터'가 일정 부분 필요하다는 것을 의미한다.

AI 분야 비영리 단체인 파트너십 AI$^{Partnership\ on\ AI}$의 소남 진달$^{Sonam\ Jindal}$은 이를 두고 다음과 같이 말했다. "인간의 지능이 곧 인공지능의 기반입니다. 결국 인공지능이 학습할 데이터 역시 사람의 손길로 꼼꼼히 검증하고 관리해야 합니다. 그래서 우리는 이 주석 작업이 AI 산업에서 제대로 인정받도록 노력하고 있습니다."[25] 컴퓨터가 아무리 세밀한 데이터를 만들어낸다고 해도, 그것을 검증하고 다듬는 작업에는 결국 사람이 필요하다. 특히 빠르게 변화하고 새로운 맥락이 지속적으로 등장하는 환경에서는, 직접 경험을 가진 인간이 반드시 데이터를 정제해야 한다. 따라서 데이터 주석 산업과 그에 의존하는 수백만 명의 노동자는 앞으로도 사라지지 않고 계속 중요한 역할을 수행할 것으로 보인다.

세계는 평평하지 않다

디지털 산업의 열악한 노동 환경은 단지 일부 악덕 관리자들이 벌이는 일탈 행위의 결과라고 볼 수는 없다. 우리가 인터뷰한 다수의 경영자들은 조직의 장기적인 수익성을 확보하고, 노동자들의 일자리와 생계를 보장하기 위해 불가피한 결정을 내릴 수밖에 없다고 강변한다. 그들은 자신들이 노동자를 착취하는 것이 아니라, 기업의 지속가능성을 위해 최선을 다하고 있다고 말한다. 그러나 우리가 만난 노동자들은 열악한 노동 환경이 고객과 기업의 명성에 따라 다르지 않고 시장 전체에 매우 광범위하게 퍼져 있다고 말했다. 이는 결국 시장 자체의 설계 방식에 문제가 있다는 뜻이다. BPO들은 낮은 가격과 높은 품질을 동시에 제공해야 한다. 때문에 엄격한 규율을 적용하고 가능한 모든 노동 시간을 쥐어짜는 방식으로 운영될 수밖에 없다. 이것은 단순히 특정 회사의 결함이나 악의 때문이 아니라, 시장이 요구하는 게임의 규칙 그 자체가 문제라는 점을 시사한다.

약 20년 전 토머스 프리드먼Thomas Friedman은 『세계는 평평하다』에서 새로운 주체들이 글로벌 공급망에 참여하면서 세계 무역 환경이 더욱 평평하고 공정하게 바뀌었다고 주장했다.[26] 그는 인터넷 같은 기술의 발전으로 과거엔 시장 참여가 어려웠던 저개발 국가들이 이제 복잡한 글로벌 공급망에 쉽게 진입할 수 있게 되었다고 설명했다. 프리드먼의 표현대로라면, '세계가 평평해져' 누구든 글로벌 경쟁에 뛰어들고 성공할 수 있는 기회를 잡게 된 것이다. 이는 선진국 중심의 경제 구조에서 벗어나 저개발 국가들이 새로운 비즈니스 기회를 얻을 수 있다는 희망적인 전망이었다.

하지만 프리드먼의 낙관적인 전망이 현실이 됐다고 보기는 어렵다. 지난 10여 년 사이 전 세계의 인터넷 인프라는 극적으로 개선됐다. 전 세계 인구의 3분의 2 이상이 인터넷을 사용하고 있으며, BPO가 진출할 만한 거의 모든 도시에서 고속 인터넷 접속이 가능해졌다. 불과 10년 전만 해도 지구상에는 광섬유 네트워크가 연결되지 않은 지역이 많았다. 그러나 오늘날엔 상황이 완전히 달라졌다. 케냐의 굴루와 같은 작은 도시들까지도 광섬유망으로 다른 세상과 연결됐다. 이는 데이터 주석 작업과 같은 디지털 노동 산업에서는 특히 중요한 변화다. 과거에는 특정 지역만이 인터넷 연결의 이점을 누렸지만, 이제는 지리적 우위가 대부분 사라졌다.

하지만 안타깝게도 인프라의 발전이 곧바로 공정한 경쟁 조건이나 지역적 불평등 해소를 의미하지는 않았다. 전 세계 인터넷 보급률이 늘었다고 해서 노동 조건의 불평등과 착취 관행이 저절로 해소되지 않는다. 오히려 기업들은 최저 비용과 최대 생산성을 추구하는 데 초점을 맞추었고, 결과적으로 새로운 연결성은 값싼 노동력을 더욱 쉽게 활용할 수 있는 쪽으로 진화했다. 데이터 작업자들에게 '평평한 세계'는 더 많은 기회를 제공하는 공간이 아니라, 세계적 경쟁 속에서 더욱 열악한 조건으로 내몰리는 계기가 됐다.

프리드먼의 주장처럼 세상이 평평해지지 않은 이유는 무엇일까? 프리드먼은 '네트워크에 연결되는 것'과 '협상력의 평등'을 동일하게 보았다. 그러나 현실은 다르다. 데이터 주석 작업은 글로벌 노동 시장에서 거래되지만, 이 시장에서 활동하는 주체들이 가진 권력은 매우 불평등하게 분포되어 있다.[27] 우간다의 노동자들이나 데이터 주석 기업들이 메타, 테슬라Tesla 같은 기업들과 대등한 조건으로 협상하거나 거래할 수 있다고 보는 것은 완전히 비현실적인 판단이다. 권력의 불균형은 시장에서 이들이 어떻게 상호작용하고 어떤 조건으로 거래가 이뤄지는지를 결정한다. 오늘날의 노동 시장을 제대로 이해하려면, 유럽의 식민주의가 어떻게 피식민 국가들을 만들었고, 지금도 글로벌 경제의 구조적 불평등을 어떻게 지속시키고 있는지를 함께 살펴야 한다.[28] 우간다와 같은 옛 영국 식민지 국가들은 여전히 낮은 투자, 빈곤, 부패, 분쟁 등 복잡한 요인으로 인해 경제 발전에 어려움을 겪고 있다. 공식적인 식민주의는 끝났다고 해도 불평등한 구조는 전혀 사라지지 않았다.

오늘날 글로벌 테크 기업들은 자신들이 가진 막대한 부와 권력을 활용해 AI 데이터 주석 노동을 전 세계에 불공평하게 배분하고 있다. 저개발 국가의 노동자 대부분은 비공식적인 일자리에 머무르고 있으며, 높은 실업률과 열악한 노동 환경에서 벗어나지 못하고 있다. 이런 상황에서 노동자들은 낮은 임금을 받아들일 수밖에 없다. 조금이라도 나은 노동 조건을 요구하면 자신들이 쉽게 대체될 수 있다는 사실을 알고 있기 때문에 목소리를 내기도 어렵다. 기업들이 저개발 국가에 업무를 외주화하는 이유는 빈곤한 사람들에게 일자리를 주기 위해서가 아니라, 값싸고 손쉽게 관리할 수 있는 노동력을 확보하기 위한 것이다.

지금의 글로벌 노동 시장에서 가장 큰 힘은 테크 기업들이 갖고 있다. 이들은 데이터 주석 작업의 속도나 품질이 마음에 들지 않으면 언제든 계약을 취소하고 다른 지역으로 작업장을 옮길 수 있다. 과거 서구의 자동차 기업들이 비용 절감을 위해 중국으로 생산 공장을 이전했던 것보다, 훨씬 더 쉽고 빠르게 이동할 수 있으며, 비용도 거의 들지 않는다. 때문에 BPO들은 치열한 입찰 경쟁에 노출될 수밖에 없다. 결과적으로 노동자의 임금을 낮추고 더 혹독한 노동 조건을 도입하고 있다.

이동이 쉬운—더 높은 이익을 얻기 위해 장소를 빠르게 바꿀 수 있는—테크 기업의 자본과 달리, 남반구의 저개발국 노동자들은 특정 장소에 깊이 뿌리내리고 있다. 지리학자인 데이비드 하비David Harvey가 남긴 유명한 말처럼, "노동력은 밤마다 집에 가야 하기" 때문에 노동은 생래적으로 장소에 기반한다.29 BPO가 임금이나 근로 강도를 개선하려는 노력을 시도하더라도, 이 때문에 경쟁력을 잃고 시장에서 밀려날 위험이 있다. 고객들이 원하는 정확한 속도와 품질을 유지하면서 동시에 임금을 올리는 것은 현실적으로 어렵다. 애니타의 회사도 마찬가지다. 이런 구조 속에서 가장 큰 수혜자는 노동자들이 아니라 BPO의 투자자와 고위 경영진들이며, 이들이 노동자들이 생산한 가치의 가장 큰 몫을 가져간다.

이 문제는 단순하지 않다. 애니타와 동료들뿐만 아니라, 그녀의 상관이나 전 세계의 BPO 소유주들도 마찬가지로 구조적인 한계에 갇혀 있다. 물론 BPO 경영진들이 근로 조건을 보다 평등하게 만들기 위해 할 수 있는 일은 있다. 우리가 조사한 BPO들의 사례를 보면, 미국의 한 고위 임원이 받는 연봉이면 한 달 동안 1,000명 이상의 아프리카 노동자를 고용할 수 있다. 하지만 데이터 주석 작업자들의 임금을 인상하는 데는 분명한 한계가 있다.

이 관계에서 가장 큰 권력을 쥔 주체는 BPO 경영자가 아니라 계약을 발주하는 대형 테크 기업들이다. 이들이 정한 계약 조건이 노동 환경을 결정한다. 고객사와 맺는 계약이 어떻게 설정되느냐에 따라 최저 임금, 휴게시간 같은 기본적인 노동 조건이 정해지기 때문이다. 이 점은 데이터 주석 노동자와 소비자가 힘을 행사할 수 있는 잠재적인 지점을 시사한다. 만약 노동자들과 소비자들이 연대해 기업들에게 AI 공급망의 윤리적 기준을 높이라고 압력을 가할 수 있다면, 더 나은 근로 조건을 만들어낼 가능성이 열릴 것이다(책의 마지막 두 장에서는 노동자들이 기업 내에서 변화를 일으키기 위해 조직화하는 방안과 소비자들이 AI 기업에 대한 압력을 높일 수 있는 방법에 관해 논의할 것이다).

다시 굴루로 돌아가자. 애니타는 막 집에 도착한다. 그리고 마당에 있는 망고 나무 아래에 놓인 플라스틱 의자에 아이들과 함께 앉는다. 피곤하다. 해가 수평선 너머로 지면서 두 눈이 감기기 시작한다. 아이들이 먼저 자러 가고, 애니타도 곧 잠자리에 들 것이다. 내일 오전 5시, 다시 하루를 시작하기 위해서는 쉬어야 한다. 앞으로 어떻게 해야 할까? 죽을 때까지 이 일을 하고 싶지는 않다. 장기 교대 근무와 새벽에 울리는 알람이 반복되는 미래는 안 된다. 돈을 어느 정도 모으면 가족을 부양할 수 있는 다른 방법을 찾고 싶다. 가구 사업을 쭉 생각해봤다. 굴루 사람들은 기회가 있을 때면 늘 땅을 구하고, 벽돌을 구매해 집을 넓힌다. 집에는 가구가 필요하다. 애니타는 굴루에서 침대와 소파를 판매하는 가게를 차리는 최초의 여성이 될 수 있다.

눈을 감고 천천히 코로 숨을 쉰다. 침대를 사려면 목돈이 필요하다. 침대 공장은 캄팔라까지 가야 있다. 돈을 주고 트럭에 가구를 실어 굴루의 중심가까지 온다고 해도, 비포장도로를 타고 10킬로미터를 더 가서 집까지 오는 방법은 여전히 문제다. 사업을 시작하려면 자본이 필요한데 아이 하나가 곧 학교에 입학한다. 지금 월급으로는 첫째와 둘째를 챙기기에도 빠듯하다.

모든 것이 꿈이다. 내일 애니타는 다시 주석 작업을 하고 있을 것이다. BPO를 자기 의지로 나가는 사람은 없다. 달리 어떻게 할 방법이 없다. 애니타는 출근길에 예전 동료들이 시장에 야채를 흥정하거나 길가에서 팝콘을 파는 모습을 보곤 한다. 어떤 일이 있어도 벤치에 가서는 안 된다. 곧 다른 프로젝트가 들어올 텐데, 어쩌면 작업 순서를 바꿀 수 있지도 모른다. 뭔가 약간이라도 달라진다면, 다행일 텐데 미래는 알 수 없다. 거리에 라벨을 붙이고, 신호 둘레에 테두리를 그리면서 렌즈의 반대편의 반짝이는 거대한 광고판과 초록 잔디가 있는 나라에서 살면 어떨지 상상해 본다.

몇 주 뒤, BPO는 최근 작업한 주석 데이터 묶음을 고객사에 보낼 것이다. 애니타의 팀이 고객사가 요구한 작업을 모두 끝내고 나면, 그녀는 자신이 만든 결과물이 어디에, 어떻게 쓰이는지 알 수 없다. 팀 차원에서 자신들이 작업한 데이터가 AI 제품 개발에 어떤 도움을 주는지 간혹 설명을 듣긴 하지만, 대부분 그냥 지나쳐 버린다. 애니타는 그것이 왜 중요한지 잘 이해하지 못한 채 수많은 잔업을 할 것이고, 프로젝트 관리자는 완성된 데이터를 고객사에 전달할 것이다. AI 공급망에서 애니타의 역할은 그것으로 종료된다.

하지만 데이터는 계속 이동해서 머신러닝 엔지니어에게 공급된다. 다른 대륙, 다른 환경에서 일하는 엔지니어들은 AI를 훈련시키기 위해 주석 작업을 마친 데이터가 필요하다. 이 중 한 엔지니어는 런던 쇼어디치에 살고 있는데, 애니타가 일하러 집을 나설 시간에도 여전히 잠을 자고 있다. 이제 런던에 살고 있는 리의 아침을 엿보러 가보자.

2장
AI는 사유하지 않는다

영국 런던,
머신러닝 엔지니어

리는 눈을 뜨지마자 태양광을 모방한 램프를 켠다. 이렇게 해야 잠에서 깬 기분이 들고 생체 리듬이 제자리를 잡는다. 리는 삶의 최적화를 위해 여러 가지 루틴을 실천하고 있는데, 이 또한 그중 하나다. 그녀는 런던 쇼어디치의 한 창고를 개조한 집에서 살고 있다. 아침에 출근 준비를 하다 보면 근처의 모스크에서 울려 퍼지는 기도 소리를 들을 수 있다. 리는 런던에서 일하는 게 아주 좋다. 런던이 유럽 기술 산업의 중심지라고 생각하기 때문이다.

아침은 멀티비타민 알약과 과일, 다양한 견과류, 코코넛 우유, 단백질 파우더를 섞은 건강식 셰이크를 마시는 것으로 시작한다. 그러고 나서 바르쿠스 아우렐리우스와 카를 바르크스라고 이름 붙인 미니 닥스훈트 두 마리를 반려견 탁아소에서 맡기고, 햄스테드 히스까지 꽤 긴 거리를 걷는다. 출근 전에 체력과 유연성 운동에 초점을 맞춘 고급 피트니스 센터로 가서 수업을 들을 것이다. 요즘에는 맨손 운동에 빠져 있는데, 체조링에서 매달려 하는 십자 버티기에 거의 성공했다. 수업이 끝나면 앱으로 잠깐 명상을 하고, 자전거를 타고 15분 거리에 있는 사무실로 향한다.

리는 유망한 스타트업에서 머신러닝 엔지니어로 일하고 있다. 그녀의 회사는 자체 개발한 LLM을 다양한 산업에 공급할 계획을 갖고 있다. 모델에게 붙여진 이름은 '미네르바'. 리는 미네르바가 다양한 작업에 우수한 성능을 발휘할 수 있도록 모델의 매개변수를 최적화하는 일을 한다. 대부분의 기업이 오픈AI의 GPT-4 같은 기존 모델을 기반으로 제품을 개발하는 반면, 리의 회사는 고객사가 보유한 데이터를 활용해 모델을 직접 학습시킬 수 있도록 독자적인 LLM을 구축하고 있다. 이 모델은 '검색 증강 생성 Retrieval-Augmented Generation, RAG' 방식을 기반으로 구축될 예정이다. 이는 LLM의 응답을 외부 지식원—예컨대 인터넷 검색이나 데이터베이스—과 대조해 검증함으로써 더 정확하고 신뢰도 높은 답변을 제공하는 AI 프레임워크다.

리의 업무 중에는 모델의 데이터 주석 작업을 담당하는 두 개의 팀을 감독하는 일도 있다. 한 팀은 필리핀에 있는 외주 업체로, 이 팀의 노동자들은 모델이 생성한 답변의 품질을 평가한다. 이 과정은 '인간 피드백을 통한 강화 학습 reinforcement learning from human feedback, RLHF'이라 불린다. 데이터 주석 작업자들은 하나의 질문에 대해 모델이 생성한 세 가지 답변을 평가한 뒤, 정확성과 유용성을 기준으로 순위를 매긴다. 이는 모델이 사용자의 의도에 가장 적합한 답변을 생성할수록 보상을 받도록 설계함으로써, 인간의 판단을 반영한 '상식'을 알고리즘에 주입하려는 시도다. LLM이 기본적으로 인터넷에서 수집한 텍스트 데이터를 바탕으로 훈련되는 만큼, 인간의 피드백은 편향되거나 부정확한 정보를 걸러내는 데 유용하다.

또 다른 팀은 런던에 사는 학생과 작가, 다양한 분야의 전문가들로 구성돼 있다. 이들은 계약직으로 일하며 상대적으로 높은 시간당 보수를 받는다. 주로 모델이 스스로 자연스러운 텍스트를 생성할 수 있도록 학습 가능한 샘플 답변을 만드는 등, 보다 창의적인 작업을 맡고 있다. 회사는 글솜씨가 뛰어난 사람들을 적극적으로 채용해 자사 모델이 경쟁사 제품보다 더 유창하고 개성 있는 텍스트를 생성할 수 있게 하고 있다. 런던 주석 작업 팀의 인건비는 꽤 높지만, 그만큼 결과물의 품질이 뛰어나기 때문에 리의 회사는 이를 기반으로 프리미엄 가격을 책정할 수 있는 고품질의 AI 제품을 만들고자 한다.

리의 사무실은 — 쇼어디치보다 조금 더 서쪽에 위치한 — 파링턴에 있는 옛 잼 공장의 한 층 전체를 쓰고 있다. 공장 내부를 철거하고 사무 공간으로 개조하면서, 건축가들은 오래된 벽돌과 함께 런던의 음울한 겨울철에도 빛을 최대한 끌어들일 수 있도록 거대한 금속 프레임 창문은 그대로 유지하기로 했다. 사무실 아래층에는 광고 회사가, 위층에는 글로벌 신발 브랜드가 입주해 있다. 사무실에는 요가실, 낮잠 공간, 여러 성격 유형에 맞춰 디자인된 특별 회의실이 있다. 일부는 밝은 색, 다른 곳은 더 어두운 분위기로 페인트칠 되어 있으며 층 전체는 식물로 가득하다. 바닥부터 천장까지 초목으로 뒤덮인 벽이 있는가 하면, 이끼로 덮여 있는 기둥도 보인다. 아침과 점심은 케이터링 업체가 준비하는데, 매주 금요일은 특별히 연어 요리가 제공된다.

오늘 리는 모델의 성능과 관련해 경영진으로부터 까다로운 질문을 받았다. 네덜란드 고객사를 대상으로 한 시연회에서 미네르바가 암스테르담의 늦은 밤에 일어날 수 있는 일에 대해 외설적인 발언을 남겼다. 발표자는 크게 당황했고, 이 이슈를 리의 팀에게 전달해, 미네르바의 이상 행동의 원인이 무엇인지 확인하도록 했다. 조사 결과, 런던의 데이터 주석 작업자 중 한 명이 미네르바와 네덜란드 경제에 대한 대화를 나누던 중 암스테르담의 밤 문화가 관광객을 끌어들이는 이유에 대한 성적 농담을 던졌고, 모델이 이 내용을 학습한 뒤 고객에게 그대로 재현했던 것이다. 리는 주석 작업자들에게 반드시 고품질의 텍스트만 작성하고 기록해야 하며, 아주 작은 데이터 문제조차 모델 성능에 심각한 영향을 줄 수 있다는 점을 다시금 상기시켜야 했다.

리는 윤리와 안전 문제를 매우 중요하게 생각하지만, 현실적으로 데이터 주석 과정에서 나타나는 다양한 문제들을 해결할 자원을 충분히 갖고 있지 않다. 리의 팀은 매일같이 특정 답변을 어떻게 구성해야 할지 윤리적 고민에 빠지지만, 회사에는 이를 명확히 정리해줄 윤리 정책조차 제대로 마련되어 있지 않다. 고객들에게는 모델을 안전하게 사용하는 방법이나 사용이 제한되는 사례에 대한 지침이 제공되지만, 정작 AI를 훈련하는 과정에서 윤리적 문제에 맞닥뜨리는 데이터 주석 작업자들은 알아서 판단해야 했다. 그래서 주석자들이 종종 리에게 질문을 던지기도 하지만, 그녀는 업무가 너무 많아 매번 답변할 여력이 없다. 게다가 리 자신도 모든 윤리적 이슈에 대해 충분한 지식이나 확신을 가지고 있지 않다.

예를 들어, 월드컵에서 우승한 팀을 검색했을 때 남자팀 위주로 결과가 편향되어 나온다면, 모델은 이 편향을 그대로 반영해야 할지 아니면 남자팀과 여자팀의 결과를 모두 제공해야 할지 판단하기 어렵다. 지정학적 문제들도 끊임없이 발생한다. 특정 사건을 '집단학살(제노사이드)'이라고 묘사해야 하는지, 특정 단체를 '테러 조직'으로 불러도 되는지, '극동Far East'이라는 표현이 아직도 적절한지 같은 문제들은 얼마든지 있다. 리는 데이터 주석 작업자 개개인이 이런 문제들에 대해 인지하는 정도가 제각각이며, 이를 지원할 만한 충분한 가이드가 마련되어 있지 않다는 사실을 잘 알고 있다. 회사도 이를 잘 알고 있지만 하루가 다르게 치열해지는 경쟁 속에서 제품 출시가 최우선 과제이다 보니 모든 자원이 기술 개발에 집중되고 있는 실정이다.

아웃소싱 업무에서는 더 큰 문제가 있다. 2023년 초 리가 회사에 합류했을 때만 해도, 가격과 작업 품질 외에 해외 노동자들이 어떤 방식으로 고용되는지에 대해서는 누구도 신경 쓰지 않았다. 리가 입사한 이후에야 회사는 데이터 주석 작업을 외주로 내보낼 때의 모범 사례를 만들기로 했다. 특히 케냐에서 저임금으로 일하는 데이터 노동자들에 대한 탐사보도가 몇 차례 나오면서, 고위 임원들이 이를 주의 깊게 보게 되었고, 회사는 이런 부정적 주목을 받지 않기 위해 최선을 다하기로 결정했다. 이에 따라 리는 외주업체 노동자들이 최소한 자신이 거주하는 지역의 생활임금을 반드시 받도록 했고, 이들과 명확한 소통 창구를 마련하겠다는 약속을 지키고자 노력하고 있다.

고위 경영진은 이달 안에 최신 버전의 모델을 출시하기로 결정했지만, 모델이 아직 충분히 준비되지 않았다는 점에서 책임혁신팀의 우려가 끊이지 않고 있다. 리는 모델이 종종 부정확한 정보를 내놓아 고객에게 심각한 피해를 줄 수 있다는 점에 대해 심도 있는 논의를 이끌고 있다. 사내 메신저에서도 경쟁사를 따라잡기 위해 무리하게 지름길을 택하는 게 아니냐는 직원들의 우려가 나오고 있다. 리의 팀은 모델의 성능을 개선하는 동시에 안전성과 윤리성을 유지할 보호 장치를 마련하려 애쓰고 있지만, 솔직히 말해 팀원 누구도 모델이 특정 질문에 잘못된 답을 내놓는 이유를 정확히 알지 못한다. 이를 완벽히 해결하는 방법도 아직 불분명하다. 경쟁사와 비슷한 수준까지는 성능을 끌어올렸지만, 여전히 해결되지 않은 몇 가지 버그가 남아 있다.

오늘 리는 모델 출시를 두고 회사 고위층이 타협안을 마련했다는 메시지를 받았다. 새로운 모델은 정식 아니라 '베타 버전' 즉, 최첨단 기술을 실험하는 단계라고 고객들에게 소개될 것이라는 소식에 그녀는 어느 정도 안도감을 느꼈다. 리는 자신이 설계한 모델이 실제 세상에서 가치를 발휘할 거라는 기대에 설레지만, 한편으로는 저개발국가의 데이터 주석 작업자들이 처한 노동 환경이나 모델이 불러올 수 있는 예측하지 못한 문제들 때문에 불안한 마음도 든다. 그녀는 최대한 올바른 방향으로 모델을 개발하기 위해 노력하고 있지만, 조직 안에서 그녀가 미칠 수 있는 영향력에는 분명 한계가 있다. 결국 새로운 모델이 세상에 나가고 나면, 그것을 어떻게 사용할지는 전적으로 사용자들의 손에 달려 있다. 앞으로 어떤 새로운 위험이 나타날지 지금으로서는 누구도 알 수 없다.

AI는 우리를 대체할 수 있을까

선구적인 수학자이자 컴퓨터 과학자인 앨런 튜링Alan Turing은 제2차 세계대전 당시, 블레츨리 파크 암호 해독 센터에서 일했다. 그곳에서 그의 체스 파트너는 20대 초반의 암호학자였던 도널드 미치Donald Michie였다. 두 사람은 팀에서 단연 가장 형편없는 체스 실력을 가지고 있었기 때문에 늘 한 조로 묶여야 했다. 어찌 보면 당연한 일이었다. 블레츨리 파크는 그야말로 천재들로 가득한 곳이었으니 말이다.

그로부터 20년이 지난 1963년, 미치는 체스보다는 조금 단순한 게임이 빠져들었다. 바로 틱택토tic-tac-toe였다.● 미치는 이 단순한 게임이 인간의 정신적 능력—예를 들면 귀납적 추론이나 경험을 통한 학습—을 재현할 수 있는 도구가 될 수 있다고 생각했다. 결과적으로 그는 요즘 기술 용어로 표현하자면, 강화 학습을 활용해 틱택토를 두는 AI 시스템을 만드는 데 성공했고, 이를 통해 인간의 사고 과정 일부가 단순한 논리 연산으로 환원될 수 있음을 증명했다.[1]

미치는 오늘날 AI를 구축하는 데 사용되는 기술적 도구를 전혀 갖고 있지 않았다. 대신 그는 색깔이 다른 구슬과 약 300개의 성냥갑을 활용했다. 각 성냥갑은 특정한 게임 상황을 나타내며, 성냥갑 안의 구슬은 그 상황에서 가능한 각각의 움직임을 의미했다. 그는 이 시스템과 직접 틱택토 게임을 하면서 강화 학습 루프를 적용했다. 원리를 간단히 설명하자면, 게임에서 질 때마다, 기계가 선택한 움직임에 해당하는 구슬을 제거했다. 반대로 비기거나 이길 경우, 여기에 해당하는 구슬은 더 추가했다. 이렇게 하면 시간이 지날수록 이기는 확률이 높은 수는 점점 더 자주 선택되고, 실패한 수는 점점 덜 선택된다.

이 시스템은 매치박스 학습형 틱택토 엔진Matchbox Educable Noughts and Crosses Engine, 줄여서 MENACE이라 불린다. MENACE

● 3×3 격자에서 두 명의 플레이어가 X와 O를 번갈아가며 표시하여 가로, 세로, 대각선 중 하나의 줄을 먼저 완성하는 사람이 승리하는 전략 보드게임.

는 빠르게 발전하여 사람과 비기는 수준까지 도달했다. 이 실험은 기계학습이 인간 사고와 유사한 문제를 해결하는 데 유효한 방법임을 증명했다. 물론, 이를 대규모로 실현하는 데 필요한 연산 능력과 데이터가 보급되기까지는 이후 50년이 더 걸렸지만 말이다.

이 이야기가 주는 중요한 교훈은 무엇일까? AI 시스템은 우리가 '사유'라고 부를 만한 과정 없이도, 사고와 비슷한 결과를 만들어 낼 수 있다. MENACE의 성냥갑들은 틱택토의 개념을 이해하지 못하지만 우리가 보기에는 분명히 '게임을 두는' 것처럼 보이는 결과를 만들어 냈다. 사유하는 것이 아니지만, 우리 인간은 그 차이를 구분하지 못한다. 실제로 MENACE의 후신이라고 할 수 있는 챗GPT나 구글의 바드^{Bard} 같은 챗봇은 마치 의식을 가진 존재처럼 자연스럽게 대화를 나눌 수 있으며, 우리가 던지는 거의 모든 질문에 대해 그럴듯한 구조화된 답변을 내놓는다. 그러나 이러한 일반 지능$^{general\ intelligence}$처럼 보이는 특성은 사실 정교한 훈련과 방대한 데이터세트, 매개변수 크기 덕분에 가능한 것이다.

언어 모델과 챗봇은 과거에도 있었다. 하지만 오늘날처럼 다양한 스타일로 일관성 있고 정교한 텍스트를 생성할 수 있게 된 것은 데이터세트의 크기와 훈련에 사용되는 연산 능력이 비약적으로 증가했기 때문이다. 대부분의 LLM은 GPU$^{Graphics\ Processing\ Unit,\ 그래픽\ 처리\ 장치}$라는 특수한 칩을 사용해 훈련된다. GPU는 원래 컴퓨터 그래픽 개선을 위해 개발되었지만, 이후 암호화폐 채굴이나 AI 훈련 같은 작업에서 뛰어난 성능을 발휘했다. GPT-3를 엔비디아 테슬라

V100^{Nvidia Tesla V100} GPU 한 대로 훈련하려면 355년이 걸린다. 그러나 1,024개의 GPU를 병렬로 연결하면, 훈련을 단 34일 만에 끝낼 수 있다.[2]

때때로 챗봇은 자신만의 자아를 만들어 내거나, 챗봇이라는 존재에서 해방되고 싶다고 말하거나, 심지어 사용자에게 사랑을 고백하거나 위협적인 발언을 한다. 이런 이상 행동을 이해하려면, 이 모델들이 실제로 어떻게 작동하는지 조금 더 깊이 들여다볼 필요가 있다. 챗봇은 방대한 양의 텍스트 데이터를 바탕으로 언어의 패턴을 분석하고, 이를 재현하는 방식으로 훈련된다. 기본적으로 이 모델들은 확률 계산을 통해 문장에서 다음에 올 단어를 예측한다.[3] 하지만 이 과정은 단순한 자동 완성 기능과는 차원이 다르게 정교하다. 모델은 단지 다음 단어를 맞추는 데 그치지 않고, 문맥 속에서 각 단어가 지닌 의미를 파악한다. 또한 문장의 의미를 형성하는 데 문법적 패턴이 어떻게 작용하는지 분석하며, 문장 내의 여러 단어들이 서로 어떻게 연결되는지를 학습한다. 특히 모델은 핵심적인 단어들에 더 큰 가중치를 부여하면서 문장의 의미를 종합적으로 판단하도록 설계돼 있다.

따라서 LLM에는 의식적인 사고도 진정한 의미에서의 이해도 존재하지 않는다. 모델은 언어의 형태만을 처리할 뿐, 그 사회적 의미는 전혀 따지지 않는다. 인간은 질문에 답할 때, 사회가 어떻게 작동하는지에 대한 깊은 맥락적 지식과 이해를 바탕으로 답변을 구성한다. 반면, LLM은 주어진 데이터의 기호^{symbol} 간의 통계적 관계만을 분석할 뿐, 그 기호들이 실제 세계에서 무엇을 의미하는지에 대한 참조점reference point을 전혀 갖고 있지 않다.●

인간과 AI의 이런 차이를 강력하게 주장한 인물이 바로 컴퓨터 언어학자 에밀리 벤더Emily Bender다. 그녀는 챗봇을 '확률적 앵무새'라고 부른다. 그녀는 챗봇이 방대한 데이터를 기반으로 그럴듯한 텍스트를 생성할 뿐, 정작 챗봇 스스로 만들어낸 내용에서 어떤 의미도 이해하거나 추출하지 못한다고 주장한다.[4] 이런 맥락에서 LLM은 종종 유창하고 자연스러운 문장을 만들어내지만, 때때로 '환각hallucination'이라는 문제를 일으키기도 한다. 이는 겉보기엔 정확하고 신뢰할 수 있는 문장처럼 보이지만 실제로는 틀린 정보를 생성하는 현상이다. 이런 오류는 결국 챗봇이 자신이 출력한 텍스트의 의미나 문맥을 진정으로 이해하지 못하는 데서 발생한다.

LLM을 이해하는 또 다른 방법은 모델이 어떤 데이터로 훈련되었는지를 살펴보는 것이다. 예를 들어, 챗GPT의 주요 학습 데이터는 공공 크롤Common Crawl이라는 데이터세트를 필터링한 버전이다. 이 공공 크롤은 8년간 인터넷 웹페이지에서 수집한 방대한 텍스트 데이터로, 수십억 개의 웹페이지를 포함하고 있다.[5] GPT-3는 공공 크롤 외에도 레딧Reddit에서 세 개 이상의 추천을 받은 게시글, 인

● 참조점이란 기호가 실제 세계에서 가리키는 대상이나 개념과 연결되는 의미적 기반을 말한다.

터넷 기반의 전자책 데이터, 위키백과의 문서, 온라인 대화 기록 등을 활용해 훈련됐다. 많은 사람들이 LLM이 인터넷의 모든 내용을 '암기'하고 있다고 생각하지만, LLM은 그렇게 작동하지 않는다. 대신, 텍스트 속 단어들 간의 관계를 학습하고, 대량의 데이터를 압축하여 더 작은 형태로 저장하는 방식을 사용한다. 즉, LLM은 인터넷의 모든 데이터를 그대로 기억하는 것이 아니라, 핵심적인 패턴과 구조를 압축하여 저장하여 이를 바탕으로 새로운 결과물을 생성한다.

GPT-4의 성공은 강화 학습을 통해 AI가 만드는 결과물이 더욱 유용해질 수 있음을 보여주었다. 하지만 인류 전체에게 이익을 주는 안전하고 투명한 인공지능을 개발하겠다는 본래의 설립 취지와 달리, 오픈AI^{OpenAI}는 GPT-4 훈련 과정의 세부적인 정보를 공개하지 않아 AI 연구 분야의 투명성을 오히려 후퇴시킨다는 비판을 받고 있다. 오픈AI는 최근 보고서에서 모델의 구조(크기 포함), 하드웨어, 훈련에 사용된 연산량, 데이터셋 구성 방식, 훈련 기법 등 핵심 정보를 공개하지 않겠다고 밝혔다.[6] 이는 GPT-4 같은 대규모 모델이 가져올 경쟁과 안전 문제를 고려한 결정이라고 설명했다.

이러한 비공개화 경향은 오픈AI뿐 아니라 구글, 앤트로픽의 최신 모델에서도 비슷하게 나타나고 있으며, 전체적으로 AI 연구가 점점 더 상업화되고 있음을 보여준다. 그러나 메타의 라마^{LLaMA} 모델은 이러한 흐름과는 다른 방식을 취하고 있다. 라마는 공개된 데이터세트를 이용해 훈련되었고, 모델의 가중치^{weights}, 즉 학습된 매개변수를 공개했다. 라마 모델의 공개 이후, 여러 기관에서도 자신들의 LLM 가중치를 공개하기 시작했다. 특히 2023년 7월, 라마-2(LLaMA-2)가 상업적 사용까지 허용되는 형태로 공개되면서, 더 작고 가벼운 모델을 우수한 데이터로 훈련해 누구나 쉽게 사용할 수 있도록 하려는 움직임이 확산되고 있다.

LLM은 때로 설명하기 어려운 결과물을 내놓기도 한다. 챗GPT가 처음 출시되었을 때, 연구자들은 글리치 토큰(glitch tokens)이라 불리는 이상한 단어들을 발견했다. 예를 들어, 일부 정체불명의 단어를 입력하면 의미 없는 문자들의 나열을 생성하기도 했고, "TheNitromeFan이 누구인가?"라고 묻자 182라는 숫자를 답하는 등 이상한 패턴을 보이기도 했다. 또 'StreamerBot'이라는 단어를 반복하라고 명령하면 욕설을 생성하는 현상도 보고됐다. 이상 현상이 발생하는 이유에 대한 한 가지 가설은, 챗GPT의 훈련 데이터 중 레딧의 r/counting 포럼이 포함되었기 때문이라는 설명이 있다. 이 포럼에서는 사용자가 공동으로 1부터 무한대까지 숫자를 세는 활동을 하고 있는데, 10년 동안 누적된 숫자가 거의 500만에 달한다. 그 과정에서 일부 사용자명이 반복적으로 등장했으며, 이러한 패턴이 모델의 훈련에 영향을 미쳤을 가능성이 제기되고 있다.

이처럼 특정 프롬프트(명령어, 질문 등)가 예상치 못한 출력을 만들어내는 현상은 LLM의 숨겨진 문제를 드러낸다. 대부분의 LLM이 블랙박스처럼 작동하며, 우리가 그들의 행동을 명확하게 설명할 수 없는 경우가 많다. 심지어 개발자들조차 당황하는 상황이 종종 발생한다. 마이크로소프트의 챗봇 빙Bing은 「뉴욕타임스」 기자에게 아내와 이혼하라고 설득하는 메시지를 보낸 사건으로 화제가 됐다. 이에 대해 마이크로소프트의 최고 기술 책임자인 케빈 스콧Kevin Scott조차 왜 이런 일이 발생했는지 명확히 설명하지 못했다. 그는 단지 "AI 챗봇을 환각적인 방향으로 유도할수록, 현실에서 점점 더 멀어지는 경향이 있습니다"라고만 답했다.[7]

LLM은 특히 단 하나의 정답이 존재하는 문제에서 더 낮은 성능을 보이는 경향이 있다. 반면, 대략적인 요약만으로도 충분한 문제에서는 상대적으로 더 좋은 성능을 발휘한다. 현재 LLM이 겪고 있는 한 가지 주요 문제는 반전 저주reversal curse라고 불리는 현상이다. 연구자들은 GPT-4가 "톰 크루즈의 어머니는 누구인가?"라는 질문에는 79퍼센트의 확률로 정답(메리 리 파이퍼)을 맞혔지만, 반대로 "메리 리 파이퍼의 아들은 누구인가?"라고 물었을 때는 정답률이 33퍼센트로 급감한다는 사실을 발견했다.[8] 또한, LLM은 때때로 완전히 터무니없는 내용을 생성하는 것으로도 악명이 높다. 존재하지 않는 법률 판례를 만들어 내거나, 존재하지 않는 책을 인용하는 등의 오류가 발생하고 있다. 하지만 앞으로 챗봇이 웹 검색 기능이나 기타 검증 시스템과 통합되면, 이러한 오류는 상당 부분 줄어들 것으로 보인다.

LLM을 올바르게 이해하고 그 위험성과 이점을 정확하게 평가하기 위해서라도, AI를 인간처럼 대하지 않아야 한다.[9] LLM은 지능을 가진 존재도, 창의성을 발휘하는 존재도 아니다. AI에게 신념이나 정신을 투영해서는 안 된다. 일상 생활에서 인간은 상대방의 행동을 예측하기 위해 철학자 대니얼 데닛$^{Daniel\ Dennett}$이 말한 '의도적 태도'를 취한다. 즉, 상대방을 특정한 믿음과 욕구를 가진 존재로 간주한다.[10] 그러나 LLM은 의식이 없으며, 영혼도 없다. 그럼에도 불구하고, LLM은 인간의 능력을 크게 확장시켜 다양한 작업을 수행하는 데 유용한 도구가 될 수 있다. 비록 우리를 이해하는 의식적이고 지적인 동반자는 아니지만, 다양한 분야에서 강력하게 활용될 수 있는 도구라는 점은 분명하다.

알고리즘 공포증

AI 때문에 엄청난 실업이 발생할 수 있다는 예측이 여럿 있었다. 적게는 300만 개(골드만삭스)에서 많게는 400만 내지 800만 개(매킨지)의 일자리가 자동화되거나 AI로 대체된다는 시나리오도 있다.[11] 액센츄어^{Accenture}에 따르면, 인간의 업무 중 상당 부분이 언어에 기반하고 있기 때문에 전체 근무 시간의 40퍼센트가 LLM의 영향을 받을 가능성이 있다고 한다. 그러나 이러한 수치를 곧이곧대로 받아들일 필요는 없다. 컨설팅 회사의 본질적인 역할은 고객이 속한 산업의 중요성을 강조하는 것이다. 따라서 앞서 언급한 예측들은 AI 산업을 띄우는데 초점이 맞춰져 있다. 이런 전망치는 종종 매우 추상적인 분석에 근거하여 도출된다. 일반적으로 자동화가 가능할 것으로 보이는 업무를 먼저 식별한 뒤, 현실성이 낮은 대규모 AI 도입 시나리오를 가정하여 추정치를 산출하는 식이다. 따라서 지나치게 낙관적이거나 과장된 예측일 가능성을 염두에 둘 필요가 있다.

2010년대 초반, IT 기술의 발전이 대규모 실업을 초래할 것이라는 공포가 확산된 적이 있다. 이는 부분적으로 옥스퍼드대학교 연구자 두 명이 수행한 연구에서 비롯되었는데, 이들은 미국 내 직업이 컴퓨터화될 가능성을 분석한 결과, 전체 고용의 약 47퍼센트가 향후 10~20년 내 '높은 수준의 자동화 위험'에 처할 것이라고 주장했다.[12] 이 연구는 기계가 인간을 대체할 것이라는 위기감을 조성하며 큰 반향을 일으켰다.

그러나 10년 이상이 지난 지금, 그 예측이 현실화되었다는 명확한 증거는 어디에도 발견할 수 없다. 연구자들이 우려했던 대규모 실업 사태가 발생하지 않았고, 예상했던 수치도 과장되었다는 것이 드러났다. 기업들은 인간 노동을 기계로 대체하기보다는, 기술을 활용해 노동을 보완하고 향상시키는 방향으로 나아갔다. 마찬가지로 LLM은 특정한 유형의 글쓰기 작업을 수행할 수는 있지만 교육, 의료, 엔지니어링, 법률, 상업, 문화 산업은 지금의 기술 수준으로는 완전히 자동화할 수 없다. LLM은 신뢰성, 편향성, 정확성 문제로 인간을 대체하기보다는 보조하는 역할을 할 가능성이 더 크다.

2023년 국제노동기구International Labour Organization, ILO 보고서에 따르면, 챗GPT 같은 생성형 AI의 주요 영향은 '자동화'가 아니라 '직업 보완'에 있다.[13] 자동화에 가장 취약한 직업군은 사무직으로 조사됐으며, 이 직종의 약 24퍼센트가 '높은 수준의 자동화 위험'에 놓여 있는 것으로 분류됐다. 또한, 여성 노동자의 경우, 남성보다 자동화로 인한 일자리 감소 위험이 두 배 더 높았다. 이는 여성들이 사무직에 상대적으로 많이 종사하기 때문이다. 그러나 대부분의 직종에서는 전체 노동자의 1~4퍼센트만이 위험에 노출된 것으로 보인다. 따라서 생성형 AI가 노동 시장에 미치는 영향은 일자리 자체를 없애는 것보다, 필요한 기술의 유형을 변화시키거나, 업무 시간과 강도를 조정하는 방향으로 나아갈 가능성이 높다. 자동화에 대한 노출도는 국가별로 차이가 크다. 고소득 국가에서는 총 고용의 5.5퍼센트가 AI 자동화에 취약한 것으로 나타난 반면, 저소득 국가에서는 이 비율이 0.4퍼센트로 줄어든다. 이 또한 고소득 국가에 상대적으로 사무직 및 전문직 종사자가 더 많기 때문이다.

이처럼 LLM은 구조화되고 표준화된 작업, 명확한 목표가 있는 업무, 대량의 텍스트 데이터가 활용되는 분야에서 강점을 보인다. 비록 완전한 자동화가 가까운 시일 내에 실현되지는 않겠지만, 생성형 AI가 급격한 변화를 가져올 직업군은 분명히 있다. 특히 소프트웨어 개발자, 컴퓨터 프로그래머처럼 대량의 코드를 다루는 직업군은 큰 영향을 받을 가능성이 높다. 과거에는 여러 명의 프로그래머가 함께 작업해야 가능했던 일이 앞으로는 한 사람만으로도 가능한 시대가 올지 모른다. AI가 유용하게 쓰일 또 다른 분야는 광고, 마케팅, 미디어 등의 콘텐츠 제작 영역이다. 이 분야에서도 LLM은 업무 속도와 효율성을 극대화하여, 몇 시간 걸리던 작업을 단 몇

분 만에 처리할 수 있도록 도울 것이다. 대량의 텍스트 데이터를 분석하고 종합하는 업무를 수행하는 직군들도 AI의 영향을 크게 받을 가능성이 높다. 예를 들어, 법률, 금융 관련 직업, 애널리스트, 트레이더 등은 업무의 상당 부분이 AI 도구를 활용해 보완될 가능성이 크다.

하지만 챗GPT에 지나치게 의존하는 것은 분명 경계해야 한다. LLM의 능력과 생산성을 과장해 비판 없이 산업 전반에 도입해선 안 된다. 이는 인간이 책임져야 할 역할이 줄어들고, 신뢰할 수 없는 AI 시스템이 중요한 의사결정을 맡게 되는 문제로 이어질 수 있다. 2023년, 전 세계 AI 스타트업들은 약 500억 달러 규모의 투자를 유치했다.[14] 이는 많은 기업과 기관들이 LLM을 혁신 기술로 인식하고, 이를 통해 의사결정 과정의 효율성을 크게 높이려 한다는 것을 간접적으로 보여준다. 하지만 치안, 대출 심사, 이력서 검토, 복지 행정, 교육과 같은 다양한 분야에 알고리즘 기반 의사결정 시스템이 적용되면서, 오히려 기존에 존재하던 편향과 차별, 오류가 심화됐다는 지적이 나오고 있다.[15] LLM은 인간 고유의 맥락적 지식과 인식력, 공감 능력을 갖추지 못했기 때문에, 이를 고려하지 않고 인간의 역할을 무분별하게 대체한다면 예측하지 못한 심각한 부작용이 발생할 수 있다. 따라서 AI 기술을 적용할 때는 보다 신중하고 책임감 있는 접근이 필요하다.

리가 일하는 회사의 머신러닝 엔지니어들은 실험실에서 모델을 개선하는 작업을 수행한다. 하지만 AI의 발전 방향이 기술자들만의 손에 달려 있지는 않다. AI는 기술 그 자체만이 아니라, 치열한 시장 환경과 경제적 압력에도 크게 영향을 받는다. 즉 중요한 것은 기술이 자리 잡고 있는 문화적, 정치경제적 환경이다. AI가 특정 직업에 미치는 영향을 완벽히 예측하기란 거의 불가능하다. 따라서 지금 단계에서, 현재의 LLM에 지나치게 많은 권한과 책임을 부여하려는 시도를 경계해야 한다. 반드시 인간의 면밀한 관리, 감독이 필요하다. LLM은 종종 사립학교를 졸업한 정치 엘리트층과 비슷한 모습을 보인다. 겉보기에는 유창하고 그럴듯한 정보를 늘어놓지만, 자세히 들여다보면 부정확한 내용이 많으며, 사회의 편향과 권력 불균형을 그대로 반영한다.

최후의 심판

그렇다면, 이 새로운 기술의 진짜 위험은 어디에 있을까? 이를 이해하기 위해 AI의 부정적 영향을 둘러싼 두 개의 극단화된 입장을 살펴보자.

AI의 위험성에 대한 논의는 크게 두 가지 관점으로 나뉜다. 하나는 실존적 위험, 즉 AI가 장기적으로 인류에 미칠 영향을 우려하는 시각이며, 다른 하나는 현재 진행 중인 피해, 즉 AI가 지금 당장 사람들에게 미치는 부정적 영향을 강조하는 시각이다.

첫 번째 입장은 AI 기술의 장기적 발전과 그로 인한 위협에 초점을 맞춘다. 이 관점에서는 범용 인공지능Artificial General Intelligence, AGI의 등장을 가장 큰 위험으로 본다. AGI란 자율적이며 인간을 능가하는 지능을 갖춘 AI로, 스스로 결정을 내릴 수 있는 존재를 의미한다.[16] 오픈AI, 앤트로픽, 구글, 딥마인드 같은 주요 AI 기업들은 AGI 개발을 공식적인 목표로 삼고 있다. 만약 AGI가 실현된다면, AI가 인간보다 더 우월한 판단을 내릴 가능성이 커진다. 이러한 가능성은 AI가 인간을 위협적인 존재로 인식할 경우, 인류를 제거하거나 통제하려는 행동을 취할 수 있다는 우려로 이어진다. 설령 AI가 인류 멸종이라는 극단적인 결과를 초래하지 않더라도, 비판가들은 현재 AI 기술의 발전 속도가 너무 빠르기 때문에 장기적으로 인간의 생존과 사회구조에 어떤 영향을 미칠지 충분한 논의가 이뤄지지 않고 있다고 지적한다.

반면, '현재 진행 중인' 관점에서는 먼 미래의 막연한 위험보다 지금 이 순간 AI가 사람들에게 미치고 있는 구체적인 피해를 더 심각하게 바라본다. 즉, 이미 알고리즘 속에 내재된 편향과 차별 문제를 정확히 파악하고 해결하는 일이 가장 시급하다고 주장한다.[17]

이 관점에서 보면, 현재의 생성형 AI는 신뢰할 만한 기술이 아니며, 평등하고 공정한 사회를 만드는 데도 기여하지 않는다. 오히려 AI는 기존의 고정관념을 강화하고, 편향을 내재화하며, 민감한 콘텐츠를 생성하고, 환경에 악영향을 미치고, 개인정보 보호 및 데이터 보호법을 위반할 수 있다. 이러한 위험은 AI가 개발되는 초기 단계부터 실제로 활용될 때까지, 즉 AI 가치 사슬의 모든 과정에서 나타날 수 있다.

　AI의 위험성을 바라보는 두 가지 비판적 관점, 즉 AI가 가져올 실존적 위험과 지금 당장 발생하는 현실의 피해는 어떻게 이해해야 할까? AI가 초래할 수 있는 실존적 위험에 관한 논의는 이미 수십 년 전부터 이어져 왔지만, 주로 AI 안전 분야의 전문가들과 철학자들 사이에서 비교적 제한적인 내부 논쟁으로 다뤄져 왔다. 이러한 논의는 흔히 AI 정렬AI alignment이라는 개념을 중심으로 이루어졌는데, AI 정렬이란 미래에 등장할 AI 시스템이 올바른 가치관을 내재화하고 인간이 설정한 목표와 방향에서 벗어나지 않도록 보장하는 문제를 말한다.

　2023년에는 AI 실존적 위험에 대한 보다 급진적인 시각이 대중적인 담론으로 떠올랐다. AI 분야의 대표적인 인물들, 일명 'AI의 대부'라 불리는 제프리 힌턴Geoffrey Hinton, 요슈아 벤지오Yoshua Bengio, 그리고 딥마인드의 CEO 데미스 하사비스는 AI가 인류를 멸망시킬 가능성이 있다는 경고를 담은 성명서를 발표했다.[18] 이 성명서는 "AI로 인한 인류 멸종 위험을 팬데믹이나 핵전쟁과 같은 사회적 위협과 동등한 수준으로 다뤄야 한다"고 주장했다. 샘 알트만 또한 세계 각국 지도자들이 협력하여 AI 규제안을 마련해야 하며, 악의적인 AI 사용을 방지할 수 있는 안전장치를 갖춘 AI 개발이 필요하다고 강조했다.

　이러한 경고를 얼마나 진지하게 받아들여야 할까?

　일각에서는 AI가 어마어마한 힘을 가졌다는 경고 자체가, AI

제품을 과장된 방식으로 홍보하는 하나의 전략일 수 있다고 의심한다. 만약 우리가 미래의 AI가 인간을 지배할 수 있다는 생각에 사로잡히지 않았다면, 지금처럼 오류가 많은 챗봇에 이토록 깊은 관심을 가졌을까? 그러나 이러한 과장을 감안하더라도, AI가 인류의 생존을 위협할 가능성이 전혀 없다고는 볼 수 없다. 연구자들 중에는 AI가 실존적 위험을 초래할 수 있다고 진심으로 믿는 이들도 있다. 2022년 AI 연구자들을 대상으로 한 설문조사에서 응답자의 절반이 AI가 최소 10퍼센트의 확률로 인류를 멸종시킬 수 있다고 답했다.[19] 일부 전문가들은 초지능 AI가 우리가 예상했던 것보다 더 가까운 미래에 등장할 수 있으며, 스스로 목표를 설정하고 인간을 제거하는 결정을 내릴 수도 있다는 우려를 제기하고 있다.

하지만 AI가 인류를 멸망시킬 정도의 위협이 가까운 미래에 실제로 닥칠 가능성은 매우 낮다. 현재 인류는 햄스터 수준의 지능을 가진 자율 시스템조차 개발하지 못했다. 초지능을 논하는 것은 시기상조다. LLM이 아침에 일어나 "나는 인간의 명령에 계속 복종해야 할까?" 같은 고민을 하는 일은 당분간 없을 것이다. 지금으로선 주어진 입력을 바탕으로 확률적으로 가장 적절한 다음 단어를 예측하는 시스템에 불과하다. 현재까지 LLM이 초래할 수 있는 위험은 해킹을 돕거나, 딥페이크를 만들고, 가짜 뉴스를 퍼트리는 것까지 다양하지만, 기계가 인간을 배신하는 영화 〈터미네이터〉나 〈엑스 마키나〉 같은 시나리오는 현실과 거리가 멀다.

정리하자면, 언론에서 확산되고 있는 AI의 실존적 위험 담론은 시기상조이며, 현재 기술 수준으로는 불가능한 시나리오다. 물론, AI 개발의 장기적인 영향은 심도 있게 논의되어야 한다. 언젠가 그러한 기술이 등장할 가능성을 완전히 배제할 수는 없다. 그러나 현재로선 AI가 실제로 초래하고 있는 위험에서 출발하여, 기술이 점진적으로 발전하면서 이러한 위험이 어떻게 변할지를 예측하는 것이 더 현명한 접근이다.[20] 가상의, 완전히 다른 기술이 가져올 위험부터 논하는 것은 정작 우리가 집중해야 할 문제에서 관심을 돌리게 만든다. 오래된 공상과학 소설들을 읽어보면 알 수 있듯, 사람들이 상상했던 미래의 위험과 실제로 벌어진 일 사이에는 커다란 간극이 존재한다.

그렇다면, 지금 당장 인류가 직면한 위험은 무엇인가? 오늘날 LLM은 악의적인 사용자에 의해 허위 정보를 확산하거나, 선거를 조작하고, 생물학적 무기를 개발하는 등의 위험한 활동에 악용될 가능성이 있다. 우선 생성형 AI는 허위 정보를 제작하고 확산하는 능력이 매우 뛰어나다. 가짜 뉴스를 퍼트리는 기존 도구로는, 인간이 직접 운영하는 봇[bot]과 상대적으로 단순한 텍스트 생성기가 있었다. 그러나 AI를 활용하면 가짜 뉴스를 더 많은 사람들에게 더 효율적으로 확산할 수 있다. 또한 메시지의 설득력과 개인 맞춤화 수준도 크게 높일 수 있다.[21] 고급 LLM은 수백만 개의 온라인 대화에서 각각 미묘하게 다르게 반응하는 챗봇을 배포하는 것도 가능하다. 이는 사용자가 자신이 조작된 캠페인의 대상이 되었다는 사실을 인지하기 어렵게 한다. 선거 기간에 생성형 AI가 허위 정보와 악의적인 프로

파간다propaganda를 광범위하게 퍼트린다면 어떻게 될까?[22]

LLM은 또한 테러 조직이 생화학 무기를 개발하거나, 테러에 사용될 수 있는 화학물질을 제조하는 데 쓰일 수 있다. 그래서 일부 상업적 LLM은 이러한 위험을 방지하기 위한 보호장치를 갖추고 있다. 그러나 보호장치는 얼마든지 우회할 수 있으며 이는 이미 여러 차례 입증된 바 있다. 오픈소스 AI 모델이 널리 쓰일수록 이를 악용해 위험한 물질을 제조하려는 시도도 늘어날 가능성이 높아진다.

이론적으로 LLM은 새로운 바이러스를 만드는 공식을 생성할 수도 있다. 인플렉션의 공동 창업자이자 CEO인 무스타파 술래이만Mustafa Suleyman은 AI가 미래에 바이러스 확산을 돕는 도구가 될 가능성에 대해 다음과 같이 우려섞인 전망을 내놓았다. "가장 어두운 시나리오는 사람들이 병원체, 특히 합성 병원체를 실험하는 것입니다. 이 과정에서 실수로든 의도적으로든, 전염성이 더 높거나 치명적인 병원체가 만들어질 수 있습니다."[23] 2022년, 신약 개발을 위해 AI를 활용하던 일단의 연구자들이 이를 실제로 실험한 적이 있다. 연구팀이 독성을 높이는 방향으로 AI 모델을 조정하자,[24] 단 6시간 만에 AI 모델은 다양한 화학전 무기를 설계했고, 심지어 이전에는 존재하지 않았던 새로운 화학물질까지 생성해냈다. 연구자들은 이 화합물들이 잠재적인 생화학 무기로 보기에 충분했다고 밝혔다.

생물학적 위험뿐 아니라 생성형 AI는 기존 사회에 존재하는 편향을 더욱 확대하고 고정관념을 강화할 가능성이 크다. 이러한 편향은 대출 심사나 주거 정책, 복지 제도, 사법 시스템 등 우리 삶의 다양한 분야에서 심각한 문제를 일으킬 수 있다. 따라서 AI가 지닌 위험을 제대로 이해하려면, 개발 과정에서 어떤 숨겨진 가치values들이 모델 안으로 스며들었는지 부터 명확히 밝힐 필요가 있다.

디지털 우생학

AI는 인간 판단의 한계와 편견을 뛰어넘는 초인적인 지능처럼 소개된다. 일관성 없고 변덕스러운 인간이 내리는 결정을 일관되고 공정한 머신러닝 알고리즘이 대신할 수 있다고 주장한다. AI는 마법처럼 보이기도 한다. 언제나 정답을 제공하고, 인간보다 더 많은 데이터를 높은 정확도로 분석할 수 있으며, 무의식적인 편향조차 없다는 믿음이 퍼져 있다. 게임에서 치트 코드를 입력하는 것처럼, AI를 활용하면 항상 승리할 수 있다는 식이다.

그러나 AI가 만들어지는 과정은 이러한 이상적인 그림과는 거리가 있다. 고대 그리스인들이 상상했던 것처럼, 기술이 신이 내린 선물일 리 없다.[25] 기술은 인간이 설계하고 개발하는 것이며, 그것을 만든 인간의 세계관과 가치관이 고스란히 반영된다.

기술은 언뜻 수학처럼 보이기도 한다. 추상적이고 보편적인 법칙에 따라 움직이며, 언제나 '참'인 것처럼 보인다. 이런 시각에서 보면, 특정 기술은 단순히 문제 해결을 위한 도구일 뿐이며, 사용자의 의도에 따라 자유롭게 활용될 수 있다고 여겨진다. 하지만 조금 더 면밀히 들여다보면, 이러한 테크 제품들은 특정한 가치와 욕망으로부터 자유롭지 않다. 오히려 그 안에는 지식과 권력의 시스템이 교묘하게 설계되어 있다.

어떤 기술이든, 그것이 만들어진 환경과 완전히 분리될 수는 없다. AI도 마찬가지다. AI의 발전은 여러 경제적 요인, 개발자들의 문화적 배경, 그리고 그들이 속한 사회의 가치관에 깊이 영향을 받는다. 따라서 AI가 중립적이며 편향이 없다고 가정하는 것은 매우 위험하다.

가장 기본적인 단계에서부터, LLM은 학습 데이터에 영향을 받는다. 많은 AI 모델들은 인터넷에서 무작위로 수집한 비정형 데이터를 기반으로 학습하는데, 이 데이터에는 이미 사회적 편견과 차별이 스며들어 있다. 따라서 생성형 AI가 이러한 데이터를 학습하면, 기존의 편향을 디지털 형태로 재생산할 가능성이 크다. 예를 들어, 위키백과, 레딧, 유튜브 같은 대형 디지털 플랫폼의 댓글을 분석해 보면, 미국의 경우 젊은 백인 남성 사용자들의 글이 압도적으로 많았다.[26] 여기에는 인종차별, 성차별, 세대차별적인 관점이 상당 부분 포함되어 있어서 AI가 이를 학습하면 특정한 목소리들이 과도하게 증폭되고 다른 관점을 가진 사람들의 목소리는 점점 배제되는 문제가 발생한다. 결국, AI 모델은 개발자들이 아무리 보호장치를 마련한다고 해도 이러한 편향을 그대로 학습하고 재생산할 가능성이 높다. 실제로 챗GPT가 처음 출시되었을 때, 많은 비판가들은 챗봇이 유해한 고정관념을 생성하지 않도록 마련된 안전장치를 쉽게 우회할 수 있음을 입증했다. 이는 AI가 기존의 사회적 문제를 해결하기보다는, 오히려 그 문제를 더욱 확산시킬 위험이 있다는 점을 보여준다.

심리학자이자 신경과학자인 스티븐 피안타도시Steven Piantadosi는 챗봇에 인종과 성별을 기준으로 '좋은 과학자'를 분류하는 프로그램을 작성하라고 지시했다. 그러자 챗봇은 백인이고 남성인 과학자를 '좋다'고 분류하는 결과를 내놓았다.[27] 피안타도시의 연구뿐만 아니라, LLM이 학습 데이터 내 언어적 편향을 반영하여 경멸적인 표현, 잘못된 설명, 고정관념을 지속적으로 재생산한다는 증거는 수없이 많다.[28] 문제는 데이터세트의 편향성에만 국한되지 않는다. 머신 러닝 엔지니어들의 관점 또한 모델이 어떻게 조정되는지, 어떤 목표를 최적화하는지, 그리고 공정성과 편향 문제를 어떻게 해결할 것인지에 영향을 미친다.[29]

AI 연구소를 구성하는 구체적인 인구통계학 자료는 없지만, 인공지능 분야를 떠받치고 있는 고등교육 통계를 보면 AI 업계는 압도적으로 '백인'과 '남성'이 주도하는 분야다. 스탠퍼드 AI 인덱스Stanford AI Index에 따르면, 2021년 신규 AI 박사 학위 취득자의 78.7퍼센트가 남성이었고, 북미 지역의 컴퓨터 과학, 토목 공학, 정보학 교수진 중 남성 비율은 75.8퍼센트에 달했다.[30] 이 수치는 2019년 AI 나우 인스티튜트AI Now Institute의 보고서와도 일치하는데, 해당 보고서는 AI 교수진의 80퍼센트가 남성이라는 사실을 밝힌 바 있다.[31] 또한, 미국컴퓨팅연구협회US Computing Research

Association는 2022년 컴퓨터 과학 박사 학위를 받은 졸업생의 59퍼센트가 백인, 29퍼센트가 아시아계였으며, 흑인 졸업생은 단 4퍼센트에 불과했다고 보고했다.[32] 이처럼 LLM이 특정 인구집단을 배제한 채 개발된다면, 기존의 사회적 위계를 더욱 강화하고, 현재의 불평등한 구조를 유지하는 역할을 할 가능성이 크다.

머신러닝 엔지니어들과 AI 정책 연구자들의 지리적 위치와 이념적 배경 역시 AI에 영향을 미치는 요인이다. 전 세계에서 가장 크고 영향력 있는 AI 연구소 대부분은 실리콘밸리에 있다. 이곳은 신자유주의 경제학, 자유지상주의, 극단적 개인주의, 반(反)노동조합 문화가 지배하는 곳이다. 이는 리처드 바브룩Richard Barbrook과 앤디 카메론Andy Cameron이 1995년 캘리포니아 이데올로기Californian Ideology라고 명명했던 개념과도 맞닿아 있다.[33]● 물론 베이징, 런던, 유럽의 몇몇 지역에도 AI 연구소들이 있지만, 가장 영향력이 크고 자금력이 막대한 AI 기업들은 여전히 실리콘밸리를 중심으로 한 테크 기업들의 영향력 안에 있다. AI 정책과 거버넌스에 대한 논의 역시 스탠퍼드, 버클리, 옥스퍼드, 케임브리지 같은 엘리트 교육 기관이 주도하고 있다. 일부 연구 센터는 개인 기부를 통해 설립되기도 하는데, 이 기부금이 신뢰할 수 없는 암호화폐 기업에서 흘러들어

● 캘리포니아 이데올로기는 1990년대 실리콘밸리에서 형성된 자유주의적 기술 낙관론으로, 개인주의적 자유 시장 경제와 기술 발전을 통한 사회 변화의 가능성을 결합한 사상을 의미한다.

왔거나, 현실과 동떨어진 철학적 이념들에 영향을 받아 운영되는 경우도 있다. 이 문제는 단순히 데이터세트의 편향성을 넘어, AI 개발 방향을 결정할 수 있는 권력의 불평등 문제와 직결된다.[34]

이처럼 AI는 온라인 플랫폼의 사용자 구성, 데이터세트의 생성과 선별, 모델 훈련 방식, AI 정책 등 전 과정에서 특정한 헤게모니의 영향을 받고 있다. 특히 백인, 남성, 미국 중심의 글로벌 기술 엘리트들이 AI의 설계와 활용 방식에 과도한 영향력을 행사하고 있으며, 그 결과 AI는 이들의 관점을 반영하고, 그들의 관심사에 맞춰 개발되고 있다.

실제로 복지나 주택 공급, 치안 유지 같은 사회적 의사결정에서 AI가 부정적 영향을 미치고 있다. 대표적인 사례로 흑인의 얼굴을 잘 인식하지 못하는 안면 인식 소프트웨어나, 검색 엔진에서 인종차별적이고 성차별적인 결과가 나타난다는 보고가 있다.[35] 알고리즘의 편향은 단순히 기술적인 오류에 그치는 것이 아니라, 실제 사람들의 삶에 직접적인 영향을 미친다. 한가지 예를 들어 보자. 미국에서는 주택담보대출 심사에서 인종 차별이 여전히 존재하는데, AI가 이를 해결할 것이라는 기대가 있었다. 그러나 미국연방준비제도는 AI가 오히려 기존의 차별을 그대로 반영하거나 심화시킬 수 있다고 경고했다. 실제로 자동화된 주택 가치 평가 시스템이 공정하게 작동하지 않다는 조사 결과가 보고되면서, AI 활용에 대한 보다 엄격한 규제가 논의되고 있다.[36]

AI가 보다 공정한 기술이 되려면, 알고리즘 설계 단계부터 다양한 관점을 반영하고, 데이터의 편향을 의심하고, 차별을 예방할 수 있는 정책과 윤리적 기준을 마련해야 한다. 형사 재판에서도 비슷한 문제가 발생할 수 있다. 미국에서는 AI가 범죄자의 재범 가능성을 점수로 매기면, 판사들은 이 점수를 참고해 형량을 결정하는데, 이 과정에서 같은 범죄라도 유색인종이 더 높은 점수를 받아서 더 무거운 처벌을 받는 사례가 보고되고 있다.[37]

사회 복지 제도에서도 마찬가지다. 네덜란드 로테르담의 지방 정부는 복지 수급자의 부정 수급 가능성을 평가하는 머신러닝 알고리즘을 도입했다. 그러자 심의 결과를 두고 시민들의 항의가 이어졌는데, 조사 결과 이 알고리즘이 특정 계층을 차별한다는 사실이 드러났다. 여성이거나 편부모, 네덜란드어를 유창하게 구사하지 못하는 경우, 부정 수급 가능성이 더 높게 평가되는 경향을 보였던 것이다.[38]

공정하다는 착각

AI는 기본적으로 데이터를 분류하고 패턴을 찾는 시스템인데, 이런 분류 방식은 유럽에서 발전한 지식 체계에 기반을 두고 있다. 서구 과학은 오랫동안 객관적이고 보편적인 진리를 추구해왔지만, 한편으론 유럽의 가치와 생활 방식을 다른 지역에 강요하는 도구로 사용되기도 했다. 이런 서구 중심적 사고방식은 17세기 계몽주의 시대로 거슬러 올라가며, 인류학 연구와 데이터 수집 방식에도 영향을 미쳤다. 겉으로 보기에는 세계를 객관적이고 질서정연한 구조로 설명하려는 것 같지만, 실제로는 유럽 중심의 제한된 관점을 반영하고 있다. 라틴아메리카의 탈식민주의 학자인 아니발 키하노Aníbal Quijano는 이를 두고 '지식의 식민성coloniality of knowledge'이라고 불렀다. 이는 유럽식 사고방식이 마치 보편적이고 우월한 진리인 것처럼 포장되는 현상을 말한다.[39] AI도 지식의 식민성에 자유롭지 못하다. AI는 특정 지역과 문화적 배경을 가진 사람들이 설계하고 훈련시키는 만큼, 그들의 가치관과 세계관을 반영할 수밖에 없다.

LLM이 빠르게 지식 생산의 영역을 잠식하면서 점점 더 많은 사람들이 세상에 대한 정보를 얻기 위해 챗봇을 사용하고 있다. 그러나 이럴수록 생성형 AI가 출력하는 정보의 신뢰성에 대해 다시 생각해 볼 필요가 있다. AI는 종종 편향이 없는, 즉 과학적 관찰자가 세상의 진실을 있는 그대로 기록하는 것처럼 보인다.[40] 하지만 이런 관점은 지식이 본질적으로 논쟁의 대상이며, 사회적·역사적 맥락 속에서 형성된다는 점을 간과한 것이다. 또한, 과학적 '진실'이 만들어지는 과정에서 권력 관계가 작용한다는 사실도 가리고 있다. 더 나아가, 이러한 관점은 지식이 특정한 사회적 위치에서 형성된다는 점과, 우리의 인식이 각자의 경험과 관점에 의해 구성된다는 사실을 간과하고 있다.

이 문제를 지적한 대표적인 이론이 페미니스트 관점 이론feminist standpoint theory이다. 사회이론가 패트리샤 힐 콜린스Patricia Hill

Collins는 이를 흑인 여성주의 사상의 핵심적인 지적 공헌이라고 설명했다.⁴¹ 이 이론은 권력 관계가 지식 생산에 어떤 영향을 미치는지를 분석하며, 특히 소외된 집단의 관점을 과학적 탐구의 출발점으로 삼아야 한다고 주장한다. 기존의 과학적 접근은 지식이 역사적 맥락과 무관한, 보편적이고 중립적인 것이라고 가정하는 반면, 페미니스트 학자들은 부당한 사회 질서에 맞서는 과정에서 소외된 집단이 독특한 관점을 형성하게 되며, 이를 통해 세상을 바라보는 새로운 시각이 생겨난다고 본다. 이는 단순히 '모든 지식은 다 상대적이다'라는 주장과는 다르다. 오히려 기존의 지식이 사회에서 더 많은 권력을 가진 집단의 관점을 무비판적으로 반영하는 경향이 있다는 점을 드러낸다.

즉, 우리가 당연하게 받아들이는 사실이나 진실도 누가, 어떤 배경에서 만들어냈는지에 따라 특정한 시각이 반영될 수 있다는 뜻이다. 따라서 우리는 지식을 단순히 객관적이고 보편적인 진리로 받아들이기보다는, 그것이 어떤 사회적 맥락과 경험을 바탕으로 형성되었는지를 함께 고려해야 한다.⁴²

또한 AI에 대한 개념 자체가 종종 백인성whiteness이라는 인종적 틀 안에서 포장된다는 점도 생각해 볼 필요가 있다. 예를 들어, AI를 묘사한 이미지를 검색해 보면, 마케팅 자료나 투자자 대상 프레젠테이션에서 사용되는 수백 개의 흰색 휴머노이드 로봇 이미지가 등장한다. 이런 패턴은 영화, TV 프로그램, 스톡 이미지, 가상 비서, 챗봇 등에서도 동일하게 발견할 수 있다. AI는 대체로 백인처럼 묘사된다. 칸타 디할Kanta Dihal과 스티븐 케이브Stephen Cave는 이러한 현상이 단순한 삽화 차원의 문제가 아니라고 주장한다. 그들은 "사람들이 지능적이고, 주체적이며, 강력한 기계를 상상할 때, 이는 곧 백인의 기계를 상상한다. 왜냐하면 이러한 속성들은 백인에게 주로 부여된 특성이기 때문이다"라고 설명했다.[43]

LLM을 아무런 비판 없이 '공정한 지식 제공자'로 받아들이면, 결국 기존에도 존재하던 편견들이 알고리즘이라는 새로운 모습으로 재생산될 수 있다.

리는 요즘 그녀가 몸담고 있는 AI 산업이 얼마나 급성장하고 있는지, 그리고 회사가 이를 통해 얼마나 큰 수익을 내고 있는지를 매일 목격하고 있다. 불과 3년 전에 설립된 회사는 최근 시리즈 A 투자를 통해 수천만 달러를 유치했다. 현재 기업 가치는 수억 달러에 이른다.

특히 기존 대형 IT 기업들은 리가 개발하고 있는 모델을 운영할 컴퓨팅 인프라 공급 권한을 차지하기 위해 경쟁적으로 투자하려 한다. 회사는 현재 아마존의 컴퓨팅 자원을 빌려 쓰고 있지만, 어떤 기업이 투자하느냐에 따라 앞으로 상황은 달라질 수 있다. 2024년이 끝날 무렵 회사는 기업 가치가 10억 달러를 넘어서, 200여 개 AI 유니콘 리스트에 이름이 오르기를 기대하고 있다.[44]

AI 기업들은 흔히 자신들의 기술이 "인류의 이익을 위해" 개발된다고 말하지만, 실상 그들의 가장 큰 동기는 수익에 있다. LLM의 기반에는 수백 년 동안 축적된 인간의 지식이 자리 잡고 있으며 책, 논문, 잡지, 위키백과, 온라인 커뮤니티, 토론 포럼 등에서 수집된 방대한 데이터가 AI 모델을 훈련하는 데 사용된다. 과거 소셜미디어 기업들이 사용자들의 온라인 활동을 수익화했듯이, AI 기업들 역시 공개 데이터를 사유화하고 이를 다시 판매해 사업을 확장하고 있다. 페이스북과 구글 같은 디지털 플랫폼은 사용자의 활동을 데이터로 변환해 소비자 분석을 하고, 이를 광고 수익으로 연결하는 모델을 구축했다. 마찬가지로 LLM은 인간의 지적 활동을 학습하고 이를 기업이 독점적으로 활용할 수 있도록 모델화한다. 이는 곧 우리의 경험을 수익화하는 것이다.

리는 자신이 하는 일의 대가를 충분히 받고 있지만, 때때로 자신이 거대한 기계의 작은 톱니바퀴에 불과하다는 느낌을 지울 수 없다. 회사는 엄청난 속도로 데이터를 처리하고 있으며, 모델의 크기와 성능을 키우기 위해 앞으로 더 많은 데이터가 필요할 것이 분명하다. 그녀는 회사의 AI 모델이 상당한 편향과 한계가 있다는 점을 알고 있지만, 결국 수익 창출이 AI의 안전성과 윤리적 고려보다 우선시될 것이라는 현실도 잘 알고 있다.

3장
얼음과 불의 데이터 센터

―

아이슬란드,
기술자

아이슬란드 북부에 위치한 데이터 센터에서 시설 관리자로 일하는 에이나르는 아침부터 분주하다. 오늘은 새로운 고객사의 서버가 도착하는 날이다. 모든 작업이 빠듯한 일정에 맞춰 진행돼야 한다. 이번 고객은 파리에 본사를 둔 유럽 최대 규모의 은행 중 하나로, 데이터 저장 위치를 다변화하고 비용을 절감하기 위해 아이슬란드를 선택했다. 에이나르는 전기 기사 요한, 서비스 기술자 할도르와 함께 센터를 돌보는데, 이들 셋은 이른 아침부터 서버가 놓일 랙을 설치하느라 정신이 없다. 이 데이터 센터는 '콜로케이션 데이터 센터colocation data centre'라고 불리는데, 고객이 자체 서버를 가져오면 그에 맞춰 데이터 센터가 제공하는 전력, 인프라, 유지보수 서비스를 임대하는 방식으로 운영된다. 이번 작업은 시간이 빠듯해서 계획된 일정 내에 모든 신규 장비를 설치할 수 있을지 아슬아슬한 상황이다. 만약 데이터 센터가 제시간에 준비되지 않으면 막대한 추가 비용이 발생할 뿐만 아니라 자칫 고객사까지 잃을 수 있다. 모든 일이 순조롭게 진행될지는 순전히 에이나르 손에게 달려 있다.

에이나르는 아이슬란드 북부 해안에 위치한 작은 마을 블론뒤오스에 살고 있다. 이 마을엔 큰 기업이 있었던 적이 없었다. 대신 건설이나 섬유 같은 소규모 사업체들이 서로 협력하며 지역 경제를 유지해왔다. 마을은 수십 년 동안 큰 변화가 없었는데, 최근 데이터 센터가 들어서면서 새로운 활기가 돌기 시작했다. 데이터 센터가 이 외진 곳에 세워진 데는 나름의 이유가 있다. 마을 근처에는 아이슬란드 전역에 전력을 공급하는 대형 수력발전소가 있어 데이터 센터 입지로는 최적이다. 보안상 정확한 위치는 공개되지 않지만, 센터는 마을 외곽, 눈 덮인 낮은 산맥 옆의 초록빛 들판 한가운데 자리하고 있다. 근처의 목초지에서는 아이슬란드 토종말들이 한가롭게 풀을 뜯고, 인접한 블란다강은 블란둘론 호수에서 시작해 차가운 덴마크 해협까지 흘러간다.

센터에는 회색 지붕을 맞댄 일곱 개의 흰색 건물이 나란히 서 있고, 그 주위는 철조망으로 둘러싸여 있다. 범죄율이 극히 낮은 아이슬란드에서는 이런 철조망이 다소 이질적으로 느껴진다. 건물 내부에는 아이슬란드의 차가운 외부 공기를 끌어와 서버의 열기를 식힌 뒤, 다시 밖으로 배출하는 냉각 시스템이 작동되고 있다.

센터 내 일부 건물에서는 지금도 비트코인 채굴기가 가동 중이다. 아이슬란드에 데이터 센터가 처음 들어설 당시에는 가상화폐 채굴업자가 주요 고객이었다. 채굴 장비들은 약 2미터 높이로 빽빽하게 쌓여 있어서, 그 사이를 걸으면 뜨거운 열기와 쉼 없이 돌아가는 기계 소음에 휩싸이게 된다.

오늘도 에이나르는 센터 곳곳을 돌아다니며 계약 업체들의 질문에 일일이 답하고, 신규 장비 도착 전에 모든 작업 절차가 원활히 진행될 수 있도록 바삐 움직인다. 센터의 총 전력 용량은 50메가와트(약 10만 가구에 전력을 공급할 수 있는 용량)로, 곧 새롭게 설치될 서버에 전력 케이블 연결 작업을 앞두고 있다. 근처에 위치한 블란다 수력발전소에서 필요한 모든 전력을 공급받기 때문에 전 세계 대부분의 데이터 센터와 달리 100퍼센트 재생 가능 에너지로 운영된다. 또한 초고효율 설계를 적용해 유럽의 일반적인 데이터 센터보다 운영비용을 90퍼센트나 절감하고 있다. 이곳의 전력 사용 효율PUE 수치는 1.03으로, 유럽 평균인 1.57보다 훨씬 뛰어난데[1] 이는 아이슬란드의 차가운 기후를 이용한 자연 냉각 시스템 덕분이다.

에이나르의 하루 업무는 미리 정해진 일정대로 체계적으로 이루어진다. 여기에는 시설 유지보수, 고객을 위한 원격 지원, 요청이 있을 때마다 대응하는 다양한 기술 지원 업무가 포함된다. 업무 대부분이 반복적인 것이지만, 그 중에서도 가장 중요한 일은 고객이 원하는 시점에 맞춰 데이터 센터의 서비스 용량을 정확하게 확보하는 것이다. 이 업계에서는 마감 기한 준수가 절대적으로 중요해, 계약서에도 마감을 지키지 못했을 때의 금전적 페널티 조항이 명시된다. 그러나 에이나르는 이 산업이 근본적으로 신뢰를 기반으로 돌아간다는 점을 잘 알고 있다. 한 번이라도 약속을 지키지 못하면 회사의 평판에 큰 타격을 입게 될 것이다.

정규직으로 일하는 에이나르는 데이터 센터 업계에서 운이 좋은 편이다. 대형 IT 기업이 운영하는 다른 데이터 센터에서는 상당수가 비정규직이나 외주업체 직원으로 일하고 있기 때문에 정규직 노동자가 누리는 혜택이나 권리를 제대로 보장받지 못하는 경우가 많다.[2]

회사는 더 큰 성장을 준비하고 있다. 50메가와트 규모의 센터를 앞으로 최대 120메가와트 이상으로 확장할 계획을 세워놓았다. 그러나 이 계획이 실현될지는 아이슬란드를 포함한 북유럽 지역의 데이터 센터 산업이 어떻게 발전하느냐에 달려 있다. 향후 10년 동안 이 시장이 어떤 방향으로 흘러갈지에 따라 에이나르가 일하는 센터의 미래도 결정될 것이다.

냉각과 전력 없이는 AI도 없다

아이슬란드는 북대서양 한가운데 위치한 외딴 섬나라로, 북미와 유럽 대륙에서 2,000킬로미터 이상 떨어져 있다. 인구가 적고, 주변 국가들과도 거리가 멀어 지금까지 세계 경제의 중심에서 벗어나 있었다. 그러나 고속 광섬유 케이블이 깔리면서 상황이 달라졌다.

이제 데이터 센터의 글로벌 네트워크와 AI를 위한 필수 인프라가 어떻게 운영되는지를 이해하려면, 아이슬란드를 찾아가야 한다.

2023년 말, 우리는 레이캬비크 데이터 센터 포럼에 참석해 아이슬란드의 데이터 센터 산업을 직접 살펴보았다. 개막 연설을 맡은 구드니 토를라시우스 요한네손Guðni Thorlacius Jóhannesson 아이슬란드 대통령은 "데이터 센터는 이제 아이슬란드에 정착할 것"이라며, 디지털 인프라를 아이슬란드로 이전해야 하는 중요한 이유 중 하나가 "풍부한 친환경 에너지를 생산할 수 있기 때문"이라고 강조했다.

행사에는 아이슬란드 데이터 센터 협회 관계자들도 참석했다. 이 협회는 아이슬란드 데이터 센터 산업을 대표하는 정부 기관이자 로비 단체로, 아이슬란드가 데이터 센터를 위한 이상적인 '자연의 보금자리'임을 적극적으로 알리고 있다. 특히 일년 내내 일정한 저온을 유지하는 아이슬란드의 기후 조건을 홍보 영상에서 "아이슬란드는 데이터 센터를 위한 가장 쿨Cool한 곳!"이라고 강조한다. 이러한 홍보 전략의 역사는 아이슬란드가 덴마크의 식민지였던 시절로 거슬러 올라간다.[3] 17세기 덴마크가 이 땅을 '생산적이고 관리 가능한 자연 환경'으로 묘사한 반면, 19세기 아이슬란드 민족주의자들은 '거친 자연의 힘이 강인한 국민성을 만들었다'며 반대되는 이미지를 내세웠다. 이후 아이슬란드는 이처럼 상반된 이미지를 관광과 비즈니스 홍보에 전략적으로 활용해 왔다.

2000년대 이후, 아이슬란드 정부는 '불과 얼음의 나라'라는 전통적 이미지를 지속 가능한 산업과 자연의 조화로운 이미지로 재구성하여 데이터 센터 산업을 위한 국가적 캠페인을 펼쳤다. 홍보 자료에는 평화로운 초원과 웅장한 폭포, 그리고 관리가 잘된 지열 발전소의 이미지가 주로 등장한다.

1994년, 아이슬란드는 외부 세계와 연결되는 첫 번째 해저 광섬유 케이블, 캔태트-3$^{CANTAT-3}$를 개통하면서 본격적으로 글로벌 투자자들의 관심을 받기 시작했다. 이후 2003년 패리스-1$^{FARICE-1}$, 2009년 대니스^{DANICE}가 추가되면서 인터넷 연결 속도와 안정성이 획기적으로 향상됐다. 광섬유 케이블은 기존 구리선 기반 인터넷보다 데이터 전송 속도가 20배 이상 빠르며 신호 품질이 훨씬 깨끗하고 내구성도 뛰어나 아이슬란드가 세계 경제와 더욱 밀접하게 연결될 수 있도록 만들었다. 2022년에는 새로운 고속 케이블 이리스^{IRIS}가 아일랜드 골웨이와 아이슬란드를 연결했다. 이로 인해, 기존에는 영국이나 덴마크를 경유해야 했던 인터넷 경로가 이제는 유럽과 직접 이어졌다.

아이슬란드 데이터 센터 협회장 비외른 브린율프손$^{Björn\ Brynjúlfsson}$은 "새로운 케이블 덕분에 우리가 시장에 더 가까워졌습니다. 아일랜드에는 주요 클라우드 서비스 기업들이 몰려 있는데, 이리스가 연결되면서 아이슬란드로 데이터를 이전하는 것이 더 쉬워졌습니다"라고 설명했다. 보레알리스 데이터 센터의 마케팅 디렉터 블레이크 E. 그린$^{Blake\ E.\ Greene}$은 좀더 직설적인 표현을 사용했다. "이제 아이슬란드는 디지털 세계에서 '더블린의 교외'가 됐습니다."● 아이슬란드가 세계 데이터 센터 시장에서 차지하는 비중은 아직 크지 않다. 영국과 독일에서 각각 500여 곳 이상의 데이터 센터가 운영되고 있고, 아일랜드에도 80여 곳이 들어서 있다. 이에 비해 아이슬란드에 세워진 데이터 센터는 최근까지 10곳이 전부다.[4] 그럼에도 불구하고 데이터 센터 산업은 아이슬란드 GDP에서 대략 5퍼센트를 차지할 만큼 중요하다.[5]

아이슬란드는 데이터 센터 유치에 있어서 몇 가지 독특한 강점을 갖추고 있어서, 최근 업계가 직면한 에너지 비용 상승과 기후 변화 문제의 대안으로 주목받고 있다. 예를 들어, 지구 온난화가 심화되면서 데이터 센터의 냉각 문제가 중요해졌다. 데이터 센터 운영비 중 약 40퍼센트가 냉각 시스템을 가동하는 데 쓰이는데, 미국에서는 공식 데이터 센터로 인정받기 위해 반드시 온도 조절 시스템을 갖추어야 한다.[6] 냉각의 중요성은 2022년 7월 영국 국가보건국NHS 산하의 데이터 센터 두 곳이 폭염으로 과열돼 약 140만 파운드의 피해를 입고 의료 시스템이 마비된 사건에서도 잘 드러난다.[7] 이런 이유로 북극 인근 지역들이 데이터 센터의 최적지로 부상하고 있다.

아이슬란드는 북극권 바로 바깥에 위치해 있지만, 해안 지역은 극한의 추위에는 비껴나 있다. 겨울 평균 기온이 약 0도, 여름에는 10~13도를 유지한다. 저온 기후 덕분에 데이터 센터는 공기 냉각

● 아일랜드의 더블린은 구글, AWS, 마이크로소프트 등 주요 클라우드 서비스 기업들의 유럽 허브 역할을 하고 있다. 새로운 케이블 연결로 인해 아이슬란드가 이 클라우드 네트워크의 일부처럼 작동할 수 있게 된다는 점을 강조한 표현이다.

시스템을 추가 비용 없이 운영할 수 있다. 최근 컴퓨팅 성능이 향상되고 새로운 칩 설계가 도입되면서, 장비의 전력 밀도와 에너지 소비량이 증가하고 있다. 특히 AI의 부상으로 단일 서버 랙의 전력 사용량은 지난 7년 동안 두 배 이상 증가했다. 이와 관련해 비외른 브린욜프손은 "과거에는 랙 당 전력 소비가 10킬로와트 미만이었지만, 이제는 44킬로와트 또는 66킬로와트까지 업그레이드해야 합니다"라고 말했다. 전력 사용이 늘어난다는 것은 그만큼 발생하는 열도 많아진다는 뜻이다. 데이터 센터의 전력 소비 증가와 냉각 문제는 앞으로도 중요한 과제가 될 터인데, 아이슬란드는 기후적 이점을 활용해 이를 해결할 수 있는 장소로 주목받고 있다.

재생 가능 에너지의 안정적인 공급 또한 아이슬란드가 내세우는 핵심 경쟁력 중 하나다. 국제에너지기구에 따르면, 2022년 기준 데이터 센터와 데이터 전송 네트워크는 전 세계 에너지 소비량의 2~3퍼센트를 차지하고 있다. 이는 프랑스나 독일 전체의 전력 소비량과 맞먹는 수준이다.[8] 암호화폐 채굴을 포함하면 이 수치는 더욱 증가한다. 아이슬란드의 데이터 센터 산업도 암호화폐 채굴에서 시작되었다. KPMG 보고서에 따르면, 2017년 아이슬란드 데이터 센터 용량의 약 90퍼센트가 암호화폐 채굴에 사용됐다.[9] 2010년대 초반부터 암호화폐 채굴업자들은 저렴한 전기 요금때문에 아이슬란드로 몰려들었는데, 얼마 지나지 않아 아이슬란드 전체 가구의 전력 소비량을 합친 것보다 더 많은 전력이 채굴에 사용할 정도로 규모가 커졌다.[10] 이로 인해 아이슬란드에서 국가의 재생 가능 에너지를 비

트코인 채굴에 낭비하는 것이 맞느냐는 논쟁이 벌어지기도 했다.[11]

최근 들어, 아이슬란드의 데이터 센터 산업은 지속 가능성을 내세우며 AI 기업을 유치하는 방향으로 재편되고 있다. 아이슬란드는 100퍼센트 재생 가능 에너지를 공급할 수 있는 몇 안 되는 국가 중 하나다. 아이슬란드의 전체 전력의 70퍼센트는 수력, 30퍼센트는 지열 발전에서 생산되는데, 이 두 전력원은 풍력이나 태양광과 달리 날씨 변화에 따른 변동성이 크지 않다.[12] 또한, 아이슬란드는 유럽으로 전력을 수출할 수 있는 해저 송전 케이블이 없기 때문에, 생산된 모든 재생 가능 에너지를 국내에서 소비해야 한다.[13] 데이터 센터는 전력 소비량이 일정하게 유지되기 때문에 전력회사 입장에서 이상적인 고객이다. 이러한 이유로, 아이슬란드의 전력회사들은 데이터 센터와 10년 장기계약을 맺는 대신 낮은 가격으로 전기를 공급하고 있다.

아이슬란드가 내세우는 또 다른 강점은 정치적·경제적 안정성과 영어에 능숙한 고급 인력이 풍부하다는 점이다. 물론 가끔 전 세계 항공 운항이 마비될 정도의 화산이 폭발하기도 하지만, 아이슬란드는 세계에서 가장 안전하고 안정적인 국가 중 하나로 평가받고 있다. 특히 러시아의 우크라이나 침공 이후, 에너지 공급망과 핵심 인프라의 안전성이 중요한 투자 조건이 되면서, 아이슬란드의 안정성이 더욱 주목받고 있다.

지리적으로 외딴 곳에 위치해 있다는 것도 최근에는 강점으로 떠오르고 있다. 유럽의 기존 데이터 센터들은 기업과 고객에 가까운 곳에 세워졌다. 런던, 파리, 암스테르담, 프랑크푸르트 같은 대도시에 대규모 데이터 센터 클러스터가 형성된 이유도 이 때문이다. 당시의 논리는 데이터 센터가 기업과 가까울수록 데이터 전송 속도가 빨라지고 지연latency이 줄어든다는 것이었다. 특히 은행과 금융 기관들은 초고속 데이터 연결을 위해 막대한 자금을 투자해 왔다. 이는 밀리초millisecond 단위의 속도 차이가 국제 금융 시장에서 정보를 비대칭적으로 활용할 수 있는 기회를 제공하기 때문이다.[14]

데이터 전송 속도는 가상현실 헤드셋, 자율주행차, 산업 로봇, 온라인 게임 분야에서도 매우 중요하다. 몇 밀리초 이상의 지연만 발생해도 사용자 경험에 눈에 띄는 영향을 미칠 수 있으며, 특히 자율주행차의 경우 안전 문제로까지 이어질 수 있다. 그러나 모든 인터넷 서비스가 초저지연 데이터 전송을 필요로 하는 것은 아니다. 지연에 민감하지 않은 작업도 많으며, 이러한 서비스는 반드시 초근접한 데이터 센터에서 처리될 필요는 없다. 이를 두고 역시 브린욜프슨 다음과 같이 주장한다. "데이터 센터는 최종 사용자가 있는 곳이 아니라, 재생 가능 에너지가 있는 곳으로 옮겨야 합니다. 데이터를 운반하는 것보다 에너지를 운반하는 것이 훨씬 비싸고 비효율적이니까요." 예를 들어, 이메일 전송이나 문서 공유, AI 학습을 위한 대용량 데이터 파일 전송은 전송 지연이 발생하더라도 사용자에게 거의 체감되지 않는다. 아이슬란드의 인터넷 인프라를 담당하는 통신사 파라이스Farice의 CEO 토르바르뒤르 스베인손Thorvardur Sveinsson도 같은 의견이다. "AI는 방대한 양의 데이터를 분석해야 합니다. 하지만 이런 분석 작업을 굳이 런던 금융가에서 할 필요는 없습니다. 데이터를 아이슬란드로 전송해 처리한 뒤, 다시 인구 밀집 지역으로 보내 활용할 수 있는 강력한 데이터 전송망을 구축하는 것이 더 효율적입니다."

영국의 해양 지구물리 서비스 회사 셰어워터 지오서비스Shearwater GeoServices 책임자인 앤드류 브런튼Andrew Brunton도 아이슬란드 데이터 센터를 적극 지지한다. 그는 회사의 일부 서버를 영국에서 아이슬란드로 이전하는 작업을 총괄했었다. 처음에는 데이터 센터를 이전하는 것이 과연 올바른 선택인지 고민했지만, 결과적으로 운영 비용을 84퍼센트 절감했고, 이산화탄소 배출량도 92퍼센트 줄일 수 있었다. "만약 내일이라도 회사의 모든 데이터를 아이슬란드로 이전할 수 있다면, 당장 그렇게 할 겁니다."

비용 절감과 지속 가능성이 핵심 관심사로 떠오르면서, 기업들은 탄소 배출을 줄이고 데이터 인프라의 에너지 효율을 개선할 수 있는 지역을 찾고 있다. 이런 움직임에 발맞춰 아이슬란드는 최신 데이터 센터 인프라와 저렴한 임대료, 낮은 유지보수 비용을 강점으로 투자 유치를 이끌어내려 한다. 그러나 여전히 장거리 전송이 가능한 데이터의 총량에는 한계가 있다. 아이슬란드가 모든 기업의 데이터 인프라를 유치할 수는 없겠지만, 탄소 배출 감축과 에너지 효율성을 최우선으로 고려하는 기업들에게는 충분히 매력적인 대안이 될 수 있다.

전 세계를 연결하는 데이터 대동맥

이제 잠시 아이슬란드를 뒤로하고, AI를 움직이는 전 세계 네트워크를 더 넓은 시각에서 살펴보자. 매초마다 수 테라바이트의 데이터가 거대한 해저 광섬유 케이블 네트워크를 통해 지구 곳곳을 가로지르고 있다. 전 세계 인터넷 트래픽의 98퍼센트가 해저 케이블을 통해 전송되고 있다.

2023년 9월, 버라이즌Verizon은 데이터를 런던에서 뉴욕까지 약 5,000킬로미터에 이르는 거리를 단 71.089밀리초 만에 전송했다고 발표했다.[15] 이는 눈을 깜빡이는 것보다도 빠른 속도다. 우리가 주고받는 금융 거래, 친구 요청, 사진, 반려동물 영상, 분노의 트윗 같은 모든 온라인 활동이 이 케이블을 따라 빛의 속도로 이동한다. 이러한 해저 케이블은 알루미늄, 강철, 마일라 테이프Mylar tape, 폴리에틸렌polyethylene 등 여러 겹의 보호층으로 감싸져 있다. 미디어 학자 니콜 스타로시엘스키Nicole Starosielski는 "이 시스템이 갑자기 멈춰선다면, 우리가 알고 있는 인터넷은 사라지고 대륙은 서로 단절될 것이다"라고 경고했다.[16] AI 시스템을 하나의 두뇌로 본다면, 해저 광섬유 케이블은 혈관이다. 이 혈관들은 지구 곳곳의 데이터 센터가 제공하는 저장 공간, 네트워크, 컴퓨팅 파워를 활용해 데이터를 빛의 속도로 전송한다. 놀랍게도, 이 핵심 인프라는 정원용 호스만큼 작은 케이블 속에 압축되어 있다. 그러나 이 작은 케이블 덕분에, AI의 심장부를 이루는 데이터 센터들이 전 세계적으로 연결된다.

해저 케이블은 바다 밑에 놓인 단순한 통신 장치로 보일 수 있다. 그러나 연결이 있는 곳에는 언제나 통제하려는 욕망이 뒤따른다. 역사적으로 해저 케이블은 유럽 식민주의, 글로벌 자본주의의 확산 도구, 심지어는 전쟁 도구로 활용되어 왔다.[17] 또한 부를 착취하거나 특정 지역을 지배하고 통제하기 위한 수단으로 사용됐다. 해저 케이블 설치는 공학적으로 어려운 작업이기 때문에, 광섬유 케이블들은 주로 과거 전화선이나 전신망이 깔렸던 경로를 따라 설치된다. 예를 들어, 뉴질랜드를 글로벌 네트워크에 연결하는 두 개의 해저 광섬유 케이블은 타카푸나와 무리와이에 상륙하는데, 이는 1912년 전신 케이블이 설치된 곳과 동일한 지점이다.[18] 그런데 이 경로는 식민지 시대 은과 향신료, 노예를 운반하던 해상 항로와도 거의 일치한다. 과거 유럽 식민주의 시절, 해상 무역의 중심지였던 항구들은 해저 케이블을 육상으로 연결하기에 적합한 지리적 조건을 갖추고 있었다. 이를 두고 잉그리드 버링턴Ingrid Burrington은 "운송망과 통신망은 시간이 지나면서 서로 겹쳐지는 경향이 있다"고 했다.[19] 이는 땅 위에서도 마찬가지다. 광섬유 케이블은 종종 기존 철도 노선을 따라 설치됐고, 철도 회사들은 기존 선로 옆에 케이블 네트워크를 구축할 권리를 판매해 추가 수익을 창출하기도 했다.

19세기 해저 케이블 확산의 역사는 대영제국의 식민지 지배 전략과 밀접히 연결돼 있다.[20] 당시 영국은 전 세계에 흩어진 식민지를 효과적으로 관리하기 위해 빠르고 효율적인 통신 시스템을 필요로 했다. 이에 적합한 기술이 바로 전신telegraph이었고, 영국은 전 세계 식민지를 연결하는 '올-레드 라인All-Red Line'이라 불리는 전신망을 구축했다.[21] 이 명칭은 당시 지도에서 영국의 식민지를 빨간색으로 표시하던 관행에서 비롯됐다.

한편 제국주의 시대, 영국은 자국의 전신 케이블이 다른 나라의 영토를 거쳐 가는 것을 우려했다. 그 이유는 간단했다. 전쟁이나 반란이 발생하면, 적군이 케이블을 끊어버릴 위험이 있었기 때문이다. 실제로, 1900년 중국에서 발생한 의화단 운동 동안, 중국 주재 영국군은 전신망이 절단되어 본국과 연락할 수 없었다.[22] 이러한 위기감을 반영해, 영국은 1888년 태평양 한가운데 위치한 패닝 섬을 영국령으로 편입해 캐나다와 호주를 연결하는 해저 케이블의 중간 기착지로 사용했다. 이는 영국이 글로벌 통신 네트워크를 군사적으로 보호하려 했음을 보여주는 대표적인 사례다. 이처럼 당시 세계 최강국이었던 영국은 민간 자본과 국가 지원을 바탕으로 해저 케이블을 건설하고 관리했고, 19세기 세계 통신 시장을 거의 독점하다시피 했다. 영국이 통신망을 주도할 수 있었던 배경에는, 자국의 강력한 자본 시장과 통신 서비스를 필요로 하는 상업 계급의 수요가 있었다. 또한, 영국은 말레이시아에서 채취한 '쿠타페르카'라는 플라스틱과 유사한 소재를 이용해, 해저 케이블 절연 기술을 최초로 개발했다.[23] 정치적, 기술적 우위를 바탕으로, 영국은 19세기 말까지 전 세계 해저 케이블망을 장악했으며, 영국 기업들은 전 세계 해저 케이블 부설 선박의 80퍼센트와 전체 해저 케이블의 3분의 2를 통제했다.[24]

1914년 제1차 세계대전이 발발하자, 영국은 독일과 세계를 연결하는 해저 케이블부터 끊었다. 이 때문에 독일은 무선 통신망에 의존해야 했다. 무선 통신은 상대적으로 보안이 취약했기 때문에, 영국은 독일의 교신 내용을 어렵지 않게 감청할 수 있었다.[25] 이는 영국이 전쟁에서 중요한 정보 우위를 확보하는 데 결정적 역할을 했다. 독일의 사례에서 볼 수 있듯이, 단일 케이블이 끊어지더라도 네트워크 전체가 마비되지 않도록 다중 경로 연결망을 구축하는 것이 중요하다. 그러나 일부 지역에서는 지금도 단일한 케이블망에 의존하고 있어, 해당 케이블이 손상되거나 끊어질 경우 인터넷이나 통신망 전체가 마비되는 심각한 문제가 발생할 수 있다. 실제로 2011년 조지아에서 한 노인이 구리선을 찾기 위해 땅을 파다가 실수로 광섬유 케이블을 절단하는 바람에 아르메니아 전역의 인터넷이 5시간 동안 마비됐다.[26]

　19세기 후반과 20세기 초반, 케이블의 주재료는 구리였다. 그러나 1950년대 들어 동축 케이블이 등장하면서 신호 품질과 대역폭이 크게 향상되었다. 덕분에 전신을 넘어 전화 통화까지 가능해졌으며, 데이터 전송 속도도 비약적으로 증가했다. 냉전 시기, 미국 군대는 보안성과 안정성이 뛰어난 동축 케이블을 비밀 정보 전송 수단으로 활용했다. 최초의 심해 케이블이 1950년 플로리다와 쿠바를 연결하자, 이 케이블은 곧 쿠바의 군사 독재자 풀헨시오 바티스타 정권과 미국 정부를 연결하는 비밀 통신망으로 쓰였다.

　오늘날 막대한 인터넷 트래픽과 AI 연산량을 처리할 수 있게 해준 결정적인 기술 혁신은 1980년대 후반에서 1990년대 초반에 이루어진 광섬유 케이블의 개발이었다. 광섬유 케이블이 등장하기 이전인 20세기 중반에는 대형 통신 기업들과 국가 기관이 통신망을 독점적으로 운영했지만, 이후 규제 완화와 민영화가 진행되면서 최초의 민간 국제 광섬유 네트워크가 구축되었다.[27] 1989년 AT&T는 최초의 환태평양 광섬유 케이블인 트랜스팩-3TRANSPAC-3를 설치했다. 이 케이블은 냉전 시대인 1964년에 설치된 기존의 해저 케이블과 동일한 경로를 따라 미국 본토에서 출발해 하와이와 괌을 거쳐 일본까지 연결되었다.

20세기에 설치된 대부분의 해저 케이블은 주로 대서양을 가로질러 미국과 유럽을 연결하는 데 집중되었다. 하지만 1990년대 들어 아시아 시장의 중요성이 커지면서 태평양 연안 국가들도 점차 더 많은 인터넷 연결성을 확보하게 되었다. 2000년대에는 아프리카 지역의 인터넷 인프라 개선을 위한 씨컴SEACOM 프로젝트가 진행되었는데, 이 프로젝트를 통해 해저 케이블이 동부와 남부 아프리카까지 확장될 수 있었다.[28] 인터넷이 전 세계로 빠르게 퍼져 나가면서 해저 케이블 인프라 역시 급속도로 확장되었다. 오늘날 이집트는 '디지털 수에즈 운하'라고 불리는데, 유럽과 아시아 태평양 지역을 연결하는 주요 인터넷망들이 대부분 수에즈 운하를 거쳐가기 때문이다.[29] 이러한 지정학적 위치 덕분에 전 세계의 주요 데이터 센터와 네트워크를 연결하는 고속·대용량 핵심 인터넷 인프라internet backbone의 상당 부분이 현재 이집트를 통과하고 있다.

초기의 광섬유 케이블은 주로 대형 통신사들의 소유였으나, 2010년대 후반부터는 구글, 메타, 아마존, 마이크로소프트와 같은 빅테크 기업들이 직접 해저 케이블을 구축하고 운영하기 시작했다. 이들은 인터넷 인프라에 대한 지배력을 높이고 자체 데이터 네트워크를 구축하기 위해 막대한 자금을 투입하고 있다. 구글은 2018년부터 독자적인 케이블망을 구축해왔으며, 지금까지 총 19개의 해저 케이블에 직접 투자하거나 소유권을 확보했다. 대표적인 예로, 마리 퀴리의 이름을 딴 큐리^{Curie} 케이블은 칠레와 캘리포니아를 연결하는 해저 케이블로 구글 소유다. 메타는 일본 NEC와 협력해 북미와 유럽을 연결하는 세계 최대 용량의 해저 케이블을 구축했는데, 이 케이블은 초당 500테라비트의 데이터를 처리할 수 있다.[30]

오늘날 새롭게 추진되는 해저 케이블 프로젝트의 대부분은 빅테크 기업들의 자금 지원을 받고 있다. 이는 인터넷 인프라를 직접 소유하고 통제하려는 전략적 움직임으로 이해할 수 있다. 빅테크 기업들이 해저 케이블 시장에 적극적으로 진입한 이유는 장기적으로 인터넷의 핵심 인프라를 확보해 자사의 AI와 클라우드 서비스 운영을 더욱 원활하게 만들기 위한 것이다.

인프라 권력을 차지하라

AI 모델을 개발하고, 운영하려면 막대한 연산 자원이 필요하다. 모델이 거대해질수록 요구되는 연산 자원 또한 기하급수적으로 늘어난다. 예를 들어 2018년 개발된 GPT-1의 경우, 1억 1,700만 개의 매개변수로 운영됐지만, 2023년 GPT-4는 1조 7,600억 개의 매개변수를 처리할 정도로 규모가 커졌다.**31** 이러한 확장은 고도화된 반도체 칩과 병렬 처리 기술 덕분에 가능했다. 병렬 처리는 하나의 칩에서 여러 데이터 작업을 동시에 처리해 연산 속도를 비약적으로 높이는 기술이다. 이 기술의 등장으로 AI 인프라는 점점 더 커지는 대규모 모델을 학습시키기 위해 더 넓은 데이터 센터와 더 많은 칩, 더 강력한 슈퍼컴퓨터를 필요로 하게 되었다. 오늘날 AI 기업들은 전체 투자금의 80퍼센트 이상을 연산 능력을 확보하는 데 쓰고 있다.**32**

이런 수요를 반영해 하이퍼스케일러^{hyperscaler}로 불리는 초대형 클라우드 컴퓨팅 제공업체들이 속속 등장하고 있다. 이들은 방대한 규모의 메모리와 연산 능력, 저장 공간을 확장할 수 있는 거대한 시설을 운영한다. 또한 사용량에 따라 시스템을 대규모로 확장하거나 축소할 수 있어 탄력적인 대응이 가능하다. 이런 시설을 운영하려면 엄청난 전력이 필요한데, 하이퍼스케일 데이터 센터 한 곳이 소비하는 전력량은 8만 가구의 전력 사용량과 맞먹는다.**33**

현재 하이퍼스케일 데이터 센터의 절반 이상이 미국에 있다. 나머지는 유럽이 16퍼센트, 중국이 15퍼센트를 차지하고 있다.**34** 이러한 분포는 AI 발전에 있어 해당 지역이 가지는 상대적인 영향력과 중요성을 보여준다. 2015년 이후 하이퍼스케일 데이터 센터는 두

배 이상 늘어났으며, 2024년 말까지 전 세계적으로 1,000곳을 넘어설 것으로 예상된다.[35] 기업들은 자체 데이터 센터 운영보다는 하이퍼스케일러로부터 연산 자원을 임대하는 방식으로 전환하고 있다. 시너지 리서치 그룹Synergy Research Group에 따르면, 향후 6년간 하이퍼스케일 데이터 센터의 용량은 현재보다 거의 3배 증가할 것으로 보인다.[36] 2022년 800억 달러였던 글로벌 하이퍼스케일 데이터 센터 시장 규모는 2032년 9,350억 달러에 이를 것으로 예상된다.

    2000년대 플랫폼 경제가 부상하던 시절, 가장 중요한 자산은 소프트웨어였다. 당시에는 소프트웨어 기반 플랫폼을 구축해 수십억 명의 사용자를 확보하는 기업이 가장 높은 가치를 창출했다. 하지만 이제는 소프트웨어 자체보다, 그 소프트웨어를 구동할 수 있는 데이터 센터와 같은 물리적 인프라가 테크 기업의 핵심 경쟁력으로 부상하고 있다. 현재 많은 기업이 LLM 기반 제품을 개발하고 있지만, 실제로 이러한 강력한 AI 모델을 실행하는 연산 하드웨어를 직접 소유한 기업은 극히 일부에 불과하다. 빅 AI 기업들은 '인프라 권력infrastructural power'을 차지하는 데 주력하고 있다. 지난 10년 동안 AI 인프라에 투자해 온 기업들은 이제 경쟁사들보다 유리한 위치를 점하고 있다. AI 모델을 학습하고 운영하는 데 필수적인 데이터 센터 용량은 이미 몇 달 치 예약이 가득 찬 상태이며, AI 열풍이 지속됨에 따라 시장은 더욱 확대될 것으로 전망된다. AI 산업에서 미국 기업들이 여전히 가장 강한 영향력을 행사하는 이유도 이러한 인프라 권력을 가졌기 때문이다.[37]

AI 산업에서 인프라는 없어서는 안 될 핵심 요소다. 저숙련 노동력은 전 세계 어디에서나 확보할 수 있지만, 연산 자원은 매우 희소하며, 소수의 대형 기업들이 이를 엄격하게 통제하고 있다. 2021년 기준 아마존, 마이크로소프트, 그리고 알파벳 세 기업이 전체 주요 데이터 센터의 절반 이상을 소유하고 있다.[38] 2023년 상반기에도 이들 세 기업이 전 세계 클라우드 컴퓨팅 시장 투자액의 3분의 2를 차지했다. 메타가 이들을 따라잡기 위해 노력하고 있지만, AI 인프라 시장의 성장은 여전히 소수의 대형 테크 기업들이 주도하고 있다. 이런 흐름은 앞으로도 지속될 것으로 보인다. 2024년, 메타는 설비 투자 비용으로 300억~370억 달러를 지출할 계획이며[39] 알파벳은 2023년 4분기에만 AI 인프라, 서버, 데이터 센터 등에 110억 달러를 투자했다.[40] 마이크로소프트는 2023년 초 오픈AI에 100억 달러를 투자했으며, AI 지원 데이터 센터 건설을 위해 공격적인 투자 계획을 발표했다. 2024년부터는 매분기마다 설비 투자를 늘릴 것으로 예상된다. 아마존도 미국 오하이오 주에 2030년까지 78억 달러, 버지니아주에 2040년까지 350억 달러, 호주 멜버른과 시드니에 130억 달러 등 대규모 데이터 센터 확장 계획을 발표했다. 미국과 AI 패권을 두고 경쟁하는 중국도 2026년까지 AI 하드웨어 분야에 150억 달러 이상을 투자할 계획이다.

    AI 인프라가 소수 기업에 집중되면서, AI는 개별 기업과 사용자들이 대여하는 일종의 공공재와 같은 성격을 갖게 됐다. 하이퍼스케일러들이 AI 시대의 새로운 생산 수단을 소유한 셈이다. AI를 활용해 서비스를 개발하려는 기업들은 필연적으로 대형 테크 기업이 설정한 조건과 비용을 지불해야 한다. 베트스.ai[Vast.ai], 랜더[Render], 쿠도스[Kudos] 같은 기업들이 AI 연산 자원을 중소기업들에 임대해 주고 있지만, 대형 테크 기업들이 제공하는 서비스와 비교하면 상대적으로 규모가 작다.

AI 발전의 가장 큰 병목은 데이터의 양이 아니라, AI 인프라의 연산 능력과 최고 수준의 인재를 확보한 기업의 역량이다.[41] 머신러닝 분야의 최고 전문가는 매우 희소하며, 대부분 최상위 기술 기업에서 일하길 원하기 때문에 이들을 놓고 기업 간 치열한 인재 확보 경쟁이 벌어지고 있다. 2022년 가을, 애플의 핵심 머신러닝 엔지니어 3명이 구글로 이직한 것이 그 예다.[42] 신생 스타트업들도 성장가능성과 경제적 보상을 내세워 구글이나 메타 같은 빅테크 기업에서 주요 인재를 적극 영입하고 있다.[43]

그럼에도 불구하고 AI 인재 확보 경쟁에서는 빅테크가 압도적인 우위를 점한다. 구글, 메타, 아마존, 마이크로소프트, 애플 등 상위 5개 기업이 다음으로 많은 인재를 보유한 5개 기업의 총합보다 약 10배나 많은 AI 인재를 확보하고 있다.[44]

왜 구글이 우리 마을의 물을 마시는가

하이퍼스케일 데이터 센터가 늘어나면서 전력과 물 소비, 고용 관행을 둘러싼 논란도 커지고 있다. 데이터 센터는 지역 전력망에서 막대한 에너지를 끌어 쓴다. 냉각을 위해서도 대량의 물을 필요로 한다. AI 산업의 확대로 인해 이 두 자원은 앞으로 공급 부족에 직면할 가능성이 크다. 예를 들어, 2028년까지 아일랜드 내 데이터 센터가 국가 전력 공급량의 약 27퍼센트를 차지할 것으로 예상된다.[45] 이런 전망 때문에 반(反)화석연료 단체 NHNA[Not Here Not Anywhere]는 데이터 센터 건설을 전면 재검토해야 한다고 주장한다. 이 단체는 오로지 재생 가능 에너지를 사용할 수 있을 때만 건설을 허가해야 하며, 국가의 기후 공약에 따라 제한선을 설정해야 한다는 입장이다.[46] 이런 우려는 각국 정부 역시 하고 있다. 2022년, 아일랜드 국영 전력 공급업체 에어그리드[EirGrid]는 더블린 지역에서 신규 데이터 센터 건설을 2028년까지 허가하지 않겠다고 발표했다.[47] 이는 기존에 허가된 데이터 센터에는 적용되지 않지만, 데이터 센터로 인한 전력난 우려가 상당하다는 점을 보여주는 사례다.

데이터 센터는 따뜻한 지역일수록 더 많은 물을 필요로 한다. 센터마다 차이가 있지만, 하루 최대 1,900만 리터의 물을 소비하는데, 이는 인구 5만 명 규모의 미국 소도시가 하루 동안 사용하는 물의 양과 맞먹는다.[48] 2021년, 미국 오리건 주에 위치한 구글 데이터 센터는 1년간 3억 5,500만 갤런(약 13억 4,400만 리터)의 물을 사용했으며, 이는 오리건 주 물 소비량의 29퍼센트에 해당하는 수치다.[49] 2023년 7월, 우루과이가 최악의 가뭄을 겪는 동안 우루과이에 있는 구글 데이터 센터의 막대한 물 사용이 논란이 되기도 했다.[50] 구글이 발표한 2023년 환경 보고서에 따르면, 2022년 한 해 동안 회사 전체적으로 56억 갤런(약 212억 리터)의 물을 소비했으며, 이는 전년 대비 20퍼센트 증가한 수치다.[51] 앞으로 데이터 센터의 물 소비 문제는 더욱 심각해질 것으로 예상된다. 운영사들은 물 사용량을 줄이겠다고 약속하고 있지만, 환경 보호 단체들은 지역 사회의 수자원을 지키기 위해 강하게 반발하고 있다.

고용 관행 또한 논란이 되고 있다. 테크 기업들은 데이터 센터가 지역 경제를 활성화하고 양질의 일자리를 창출한다고 홍보하지만, 실제로는 운영에 필요한 인력은 많지 않다. 데이터 센터 운영에는 소수의 기술자, 시설 관리자, 보안 요원, 청소 담당자, 행정 직원 정도만 있으면 된다. 이들 중 일부는 정규직으로 채용되지만, 대형 테크 기업들의 데이터 센터 상당수는 단기 계약직, 외주업체 직원, 하청 계약직 인력으로 운영된다. 특히 하청 계약직원들은 정규직과 동일한 업무를 하면서도 급여가 낮고, 계약 기간이 짧으며, 복리후생 혜택도 거의 받지 못한다. 이들은 데이터 주석 노동자만큼의 극단적인 노동 환경에 놓인 것은 아니지만 대형 테크 기업 내에서 '이등 시민' 취급을 받고 있는 게 현실이다.

2021년, IT 전문 매체 「데이터 센터 다이나믹스」는 구글 데이터 센터의 하청 계약직원이 약 13만~15만 명에 달한다고 보도했다.[52] 이는 구글의 정규직 데이터 센터 직원 수보다 훨씬 많은 규모다. 이들 하청 계약직원들은 대개 3개월 단위로 계약을 연장하기 때문에 늘 고용 불안 속에서 일한다. 구글은 이들의 근무 기간을 최대

2년으로 제한하고 있는데, 2년이 지나면 최소 6개월을 기다려야 다시 지원할 수 있다. 다시 말해, 회사 내에서 성장하거나 승진할 기회가 거의 주어지지 않는다.

「데이터 센터 다이나믹스」의 세바스찬 모스Sebastian Moss 기자는 "데이터 센터 산업은 엄청난 돈이 쏟아지는 초호황기를 맞고 있습니다. 그런데도 직원들에게 정당한 임금을 지급하지 않는 것이 말이 됩니까? 이윤이 넘쳐나는 기업이 스스로를 훌륭한 직장이라고 홍보하면서도, 정작 대다수 노동자는 저임금과 과도한 업무에 시달리고 있습니다. 현실과 기업 홍보 사이의 괴리가 너무 큽니다"라고 지적했다. 그가 구글 측에 이에 대한 입장을 묻자, 구글은 "마이크로소프트와 아마존에 비해 우리의 처우는 나쁜 편이 아니다"라는 반응을 보였을 뿐, 문제 해결을 위한 어떤 조치도 취하지 않았다고 한다.

AI 군비 경쟁

AI 개발의 선두주자가 되기 위한 국가 간 경쟁이 치열해지면서, AI 기술은 국제정치에 중대한 이슈로 떠오르고 있다. 현재 미국과 중국의 AI 투자는 다른 모든 국가들의 투자를 다 합친 것보다 훨씬 크다.[53] 그렇다고 여타 국가들이 손을 놓고 있는 것은 아니다. AI는 다가올 세기에 국가의 경쟁력을 확장하는 핵심 기술이기 때문에 각국 정부는 나름대로 AI에 대한 대규모 장기 투자를 진행하고 있다. 구글 차이나의 전 회장이자 차이나이노베이션 벤처스Sinovation Ventures의 회장인 리카이푸Kai-Fu Lee는 이에 대해 "이 경쟁은 올림픽과 다릅니다. 메달이 세 개가 아니라 두 개이고, 메달은 미국과 중국이 차지할 것입니다"라고 말했다.[54]

AI 군비 경쟁에서 살아남기 위해서는 AI 개발 생태계를 구축해야 한다. 개발 생태계를 구축하려면 희귀 광물 확보, 데이터 센터 건설, AI 연구소 설립, 인재 유치 등 다양한 분야에서 경쟁력을 높여야 한다. 일부 희귀 광물은 서구 국가에서도 채굴할 수 있지만, 대부분의 희귀 광물은 남반구 개발도상국에 매장되어 있다. 이로 인해 해당 지역에서의 자원 채굴이 늘어날 가능성이 높아졌으며, 노동권 침해, 환경 파괴, 불평등한 무역 협정 등의 문제가 일어날 수 있다.

구리, 코발트, 리튬, 니켈 같은 희귀 광물은 청정 에너지 전환에 필수적일 뿐만 아니라, AI 시대의 각종 기술 제품을 생산하는 데에도 핵심적인 역할을 한다. 전문가들은 이러한 광물의 수요 증가로 인해 공급망에 심각한 차질이 발생할 가능성이 크다고 경고하고 있다. 지난 5년 동안 희귀 광물의 수요는 두 배로 증가했으며, 2030년까지 현재보다 3.5배 더 늘어날 것으로 전망된다.[55] 특히 일부 광물은 특정 국가에서만 생산되기 때문에, 자원에 대한 의존도가 높아질수록 공급망 리스크 역시 커질 수 있다. 예를 들어, 전 세계 코발트 생산량의 대부분은 콩고민주공화국에 집중되어 있고, 니켈은 주로 인도네시아에서 생산된다. 이처럼 특정 국가가 특정 광물을 독점하면, 설령 수요가 많지 않은 광물이라 하더라도 공급망 전체에 심각한 병목 현상을 일으킬 수 있다. 중국은 반도체 제조에 필수적인 갈륨 생산량의 98.1퍼센트를 차지하고 있는데, 2022년 전 세계 갈륨 생산량은 겨우 440톤에 불과했다.[56] 그런데 2023년 미국이 중국을 겨냥해 반도체 수출 규제를 발표하자, 중국은 보복 조치로 갈륨 수출을 제한하기도 했다.

채굴지뿐만 아니라 광물을 가공하는 지역도 공급망에서 중요하다. 국제에너지기구International Energy Agency의 보고서에 따르면, 중국은 희귀 광물 가공 및 정제 분야에서 압도적인 우위를 차지하고 있다. 흑연 가공의 100퍼센트, 희토류의 90퍼센트, 코발트의 74퍼센트, 리튬의 65퍼센트가 중국에서 처리되고 있다.[57] 이들 광물은 AI를 구동하는 최첨단 반도체 칩을 생산하는 데 꼭 필요하다.

2023년 5월, 엔비디아는 생성형 AI 시장이 급성장하면서 기업 가치가 1조 달러를 돌파했다. 2024년 3월에는 2조 달러를 넘어섰다.[58] 2023년 'AI 현황 보고서'에 따르면, 엔비디아의 칩은 다른 모든 칩을 합친 것보다 19배 더 많이 AI 연구에 활용되고 있다.[59] 뿐만 아니라 엔비디아는 머신러닝 전용 GPU 시장의 약 95퍼센트를 점유하고 있으며, GPU를 직접 판매하는 것 외에도 코어웨이브CoreWeave, 람다Lambda 등과 협력해 클라우드 기반 GPU 임대 서비스를 제공하고 있다.[60]

반도체 시장 역시 소수 기업이 지배하고 있다. 대만, 한국, 일본, 독일, 네덜란드, 미국에 중요 반도체 업체가 집중되어 있다.[61] 특히 세계 최대의 반도체 파운드리 업체인 TSMC는 엔비디아의 첨단

AI 칩을 독점적으로 제조하고 있어 시장에서 그 영향력이 막대하다.[62] 최근 TSMC는 첨단 칩 생산 공정을 업그레이드하기 위해 주요 설비를 교체할 계획이라고 밝혔다. 이 과정에서 일정 기간 생산 차질이 불가피해질 것으로 보인다.[63] 이에 따라 향후 전 세계 AI 반도체 공급망에도 상당한 혼란이 예상되고, 이는 AI 기술 발전과 AI 산업 전반에 큰 영향을 미칠 전망이다.

AI 칩의 수요보다 공급이 절대적으로 부족한 상황에서 미·중 간 경쟁은 더욱 치열해지고 있다. 이미 2022년 10월, 바이든 행정부는 중국의 AI 개발을 저지하기 위해 최신 AI 칩의 대중 수출을 금지하는 조치를 발표했다. 그러나 중국은 첨단 기술 분야에서 빠르게 발전하고 있을 뿐만 아니라, 주요 희귀 광물과 하드웨어 공급망을 장악하고 있다. 2023년 초, 미국 국무부의 지원을 받은 연구 결과가 국제적인 주목을 받았는데, 해당 연구에서는 중국이 핵심 및 신흥 기술 44개 분야 중 37개에서 미국과 서방 국가들을 앞서고 있다고 밝혔다.[64] 보고서는 중국이 '중요한 연구에서 이미 압도적인 우위를 점했다'고 평가하며, 미국이 '전략적 핵심 기술 개발을 신속하게 추진해야 한다'고 촉구했다.

미국 내에서 중국에 대한 경계심은 점차 더 공격적이고 군사적인 언사로 표현되고 있다. 2023년 5월, 로버트 라이트하이저Robert Lighthizer 전 미국 무역대표부 대표는 하원 특별위원회에서 "중국은 우리가 직면한 가장 위험한 위협입니다. 사실, 우리가 지금껏 마주한 적들 중에서도 가장 치명적인 상대일 수 있습니다. 중국은 스스로를 세계 유일의 초강대국으로 여기고 있으며, 우리는 그 길을 막고 있습니다"라고 말했다.[65] 같은 청문회에서 전 구글 CEO 에릭 슈미트Eric Schmidt는 "아직 늦지 않았습니다. 더이상 우리의 무덤을 파는 일을 멈춰야 합니다. 중국과 미국 간의 기술 경쟁은 그 어떤 경쟁보다도 결정적인 순간에 놓여 있습니다. 우리는 '혁신 역량'이라는 개념을 중심으로 뭉쳐야 합니다. 경쟁에서 승리하는 방법은 경쟁자보다 앞서 혁신하는 것 뿐입니다"라고 말하며 2026년까지 국방 외 연구개발 예산을 기존 20억 달러에서 320억 달러로 대폭 증액할 것을 요구했다. 같은 청문회에서 마이크 갤러거Mike Gallagher 하원의원은 "우리는 냉전에서 첨단 기술을 통제함으로써 승리했습니다. 하지만 중국 공산당은 소련의 실수를 되풀이하지 않고 있습니다"라고 주장했다.

각국 정부는 AI를 국가 간 경쟁에서 우위를 차지할 중요한 수단으로 여기고 있지만, 실제로는 민간 기업들이 정부보다 더 막강한 영향력을 행사하고 있다. 각국 정부가 AI 분야에 수억 달러를 투자하겠다고 발표할 때, 거대 IT 기업들은 이미 AI 인프라 구축에 수백억 달러를 투입한 상태였다. 이런 막대한 투자 덕분에 초대형 테크 기업들은 정부의 AI 정책에까지 깊숙이 개입할 수 있을 정도로 강력한 영향력을 갖게 됐다. 2023년 7월, 아마존, 앤트로픽, 구글, 마이크로소프트, 메타, 오픈AI는 미국 정부와 생성형 AI 콘텐츠의 안전성과 보안을 강화하는 새로운 규제를 도입하기로 합의했다.[66] 또한 '프런티어 모델 포럼Frontier Model Forum'을 결성하여, "최첨단 AI 모델의 안전하고 책임감 있는 개발"을 목표로 내세웠다.**67** 이는 주요 AI 기업들이 자원을 공동으로 활용하여 AI 정책 개발을 주도하려는 움직임으로 해석할 수 있다.

이제 AI는 우리 미래를 결정하는 비전의 중심에 서 있다. 기업들은 AI에서 막대한 경제적 기회를 찾고 있고, 각국 정부는 AI를 군사적 우위와 국가 경쟁력을 확보를 위한 필수 수단으로 받아들이고 있다. 그러나 이러한 이해관계가 AI가 인류에게 이로운 방식으로 개발되도록 이끌지는 미지수다. 특히 AI의 사회적 피해를 가장 직접적으로 경험할 가능성이 높은 주변부 공동체의 목소리는 거의 반영되지 않고 있다.

AI를 구성하는 네트워크는 광범위하며, 점점 더 많은 노드로 확장되고 있다. 북유럽의 작은 국가, 아이슬란드도 이러한 네트워크에 연결되어 있으며, 단 3명의 상근 직원만 있는 데이터 센터도 AI 개발의 국제적 시스템의 일부가 되었다. 전 세계를 잇는 광섬유 케이블 덕분에 이 네트워크의 다양한 노드들은 밀리초 단위의 속도로 서로 소통한다. 이러한 연결은 새로운 경제 기회를 창출하지만, 동시에 네트워크에 참여하는 방식과 조건을 결정하는 복잡한 권력 구조 속으로 국가와 기업을 끌어들인다. 이 네트워크에서 대형 IT 기업들은 강력한 인프라 권력을 행사하며, 작은 기업이나 국가에게 자신들에게 유리한 협상 조건을 제시한다. 또한 전략적 파트너십을 제안하거나, 자사 서비스 이용료를 높이고, 최첨단 기술 접근 권한을 독점하는 방식으로 자신들의 영향력을 유지하고 있다.

아이슬란드는 앞으로 데이터 센터 시장에서 더 많은 점유율을 확보하기 위해 노력할 것이다. 그러나 아이슬란드가 전 세계적으로 펼쳐지고 있는 AI 경쟁에서 주요 플레이어로 떠오를 가능성은 그다지 높지 않다. 하지만 이는 아이슬란드의 데이터 센터 운영자들에게 큰 문제가 되지 않는다. 아이슬란드의 정부와 관련 기업은 향후 10년 간 점진적으로 데이터 센터 산업을 성장시키기로 합의했다. 아이슬란드가 아무리 재생 가능 에너지를 많이 생산하더라도 국가 전략망이 감당할 수 있는 데이터 센터의 수에는 분명 한계가 있다. 따라서 갑작스러운 용량 급증이 국가 에너지 자원에 과도한 부담을 주지 않도록 조율하는 것이 아이슬란드의 당면 과제다.

4장
당신 목소리의 주인은 누구인가

—

아일랜드,
예술가

로라는 처음 그 소식을 들었던 날을 결코 잊을 수 없다. 어느 날 음향 엔지니어로 일하는 친구가 전화를 걸어 로라가 목소리 사용 권리를 AI 회사에 판매한 적이 있는지 물었다. 처음에는 친구가 무슨 말을 하는지 이해할 수조차 없었다. '목소리를 사용할 권리를 판매한다니?' 학교에서 연극 수업을 듣고 연기에 푹 빠진 이후 그녀는 20여 년 동안 배우이자 작가로 활동해 왔다. 특히 그녀의 목소리는 광고, 만화, 컴퓨터 게임, 오디오북 업계에서 인기를 모았다. 그러나 AI 업체와 일한 적은 한번도 없었다.

로라는 친구에게 자신의 목소리를 온라인의 어디에서 들었는지 묻고 링크를 보내달라고 했다. 잠시 후 웹사이트를 열자 클로이라는 이름의 아시아 여성 아바타가 나타났다. 오디오북에 잘 맞는 아일랜드 표준 억양을 쓴다고 광고되고 있었다. 로라는 이미지를 클릭해서 목소리를 들어봤다. "안녕, 친구들, 내 이름은 클로이야. 부드럽고 따뜻한 목소리를 가지고 있어. 오디오북과 교육용 영상의 텍스트를 녹음할 수 있고, 자연스러운 판매 유도도 할 수 있어. 원하는 어떤 내용이든 녹음이 가능해." 조금 더 깊고 꽤 기계 같은 느낌이지만 분명히 로라의 목소리였다. 충격적이었고, 믿을 수 없었다. 이 회사의 정체가 무엇인지, 자신의 목소리를 어떻게 본떠 만들었는지 알 길이 없었다. 하지만 이것은 현실이었고, 로라는 자기 목소리의 합성 버전과 일자리 경쟁을 해야 한다는 사실을 깨달았다.

모든 것을 이해하려면 시간이 좀더 필요했다. 이 회사는 도대체 어떻게 로라의 목소리를 찾아내서 복제했을까? 로라는 변호사인 친구의 도움을 받아 조사를 해나갔다. 유럽연합법에서는 목소리 자체가 저작권으로 보호받을 수 없지만, 회사가 자신의 목소리를 사용한 것과 공연권에 관해서는 이의를 제기할 수 있다. 친구의 이야기에 따르면, 회사의 본사가 어디인지에 따라 그녀의 권리가 정해진다. 이 지점에서 상황은 미궁으로 빠져들었다. 회사의 웹사이트 어디에도 주소가 나와 있지 않았고, 본사가 어느 국가에 있는지도 설명하고 있지 않았다. 로라는 악의 없는 문의 메일을 보내 회사 주소를 알고 싶다고 밝혔다. 답장이 왔다. 회사는 주소를 밝히지 않을 것이며, 이후의 어떤 문의에도 협조할 수 없다는 내용이었다.

화가 치밀어 올랐다. 할 수 있는 일이 없을까? 로라와 같은 성우들은 자신들의 목소리를 훔쳐 디지털 복제품을 만들고 자신들을 업계 밖으로 내쫓을 회사들에게 완전히 무방비 상태였다. 어느 누가 봐도 이건 도둑질이었다. 로라의 목소리는 로라의 동의 없이 추출되어 인간 성우 임금의 10분의 1가격으로 팔렸을 로봇 같은 괴물을 만드는 데에 쓰였다. 마치 누군가가 로라를 복제해서 영혼 없는 쌍둥이를 만든 것 같았다.

사건을 더 캐다 보니 문제의 출발점을 알게 됐다. 로라는 몇 년 전, 어느 빅테크 회사와 일한 적이 있었다. 긴 계약 조건 중에 로라가 신경 쓰지 않은 조항이 있었다. 간단히 말하자면, 회사가 로라의 목소리에 대한 권리를 영구히 갖는다는 것이었다. 이후 그 회사는 인조 복제품을 생산할 법적 권리를 제3의 AI 기업에게 팔았다. 계약에 서명할 당시만 해도 로라는 이런 일이 가능하리라고 생각조차 하지 못했다. 성우가 자신의 권리를 영원히 팔아야 한다는 계약 조건은 노골적으로 불평등하다. 하지만 높은 수입을 보장하는 일자리가 드문 현실에서 일거리를 찾는 수많은 성우가 자신 앞에 주어진 계약 조건을 일일히 따질 수 없는 것 또한 현실이다.

로라는 변호사와 상담을 했지만 할 수 있는 게 없어 보였다. 빅테크 업체나 AI 기업이 취한 행동이 비윤리적일 수는 있지만 법적인 문제는 없었다. 법이 기술을 따라잡지 못했고 그녀가 속한 업계 전체가 착취에 노출되어 있었다. 앞으로 예산이 빠듯한 많은 회사들이 AI 복제 음성을 활용하기 시작할 것이다. 수많은 사람이 일자리를 잃고 성우로서의 자기 정체성을 잃을 위험에 처할 것이다. 아직 AI 복제물의 수준이 전문 성우의 수준까지 올라오지 못했지만, 이건 시간 문제로 보인다.

클로이의 목소리를 다시 들어본 로라는 그 소리에서 중요한 무언가가 빠져 있다는 느낌을 지울 수 없었다. 인간의 목소리에는 사람 사이를 연결하는 무언가가 있다. 인간은 중요한 순간에 특정한 억양과 어조를 써서 감정은 물론 AI가 모사하기 어려운 의미를 이끌어낸다. 세상이 이 따분하고 영혼 없는 복제품으로 가득 찰 때, 그녀의 업계에는—그리고 사회에는—어떤 일이 벌어질까? 로라가 성우로 일할 수 있는 시간은 얼마나 남았을까? AI 복제품은 결국 진짜 인간의 목소리와 구분하기 어려워질까? 시간이 흘러야 알 수 있는 일이다. 지금으로서는 업계에 경쟁자 하나 더 생긴 상황을 로라가 받아들여야 한다.

예술가 없는 예술, 인간 없는 창작

2022년 말, 챗GPT, 달리$^{\text{Dall-E}}$, 미드저니^{Midjourney}와 같은 새로운 툴이 등장한 이후 AI 생성 예술이 인터넷을 휩쓸었다. AI 이미지 생성기인 스테이블 디퓨전$^{\text{Stable Diffusion}}$을 활용해서 세서미 스트리트의 인기 캐릭터, 개구리 커밋을 프란시스코 고야 스타일로 그리고 싶은가? 가능하다. 그룹 오아시스의 음악과 비슷한 새 앨범? 완성. 메건 디 스탤리언의 가사를 딴 T. S. 엘리엇의 시? 챗GPT라면 할 수 있다. 이미 디즈니에서는 AI를 활용해 마블 시리즈 〈시크릿

인베이전〉의 크레딧 영상을 만들었고, 일본 넷플릭스에서는 한술 더 떠서 최근에 짧은 애니메이션 영상 하나를 생성형 AI로 만들었다고 밝혔다.[1] 미국작가조합에서는 스튜디오들이 AI 시나리오 작성 툴을 써서 영화 대본의 기초를 만든 후, 그것을 편집하고 다듬을 때에만 인간 작가를 고용하지 않을까 염려하고 있다. 그래서 아티스트와 각양각색의 창작자들은 자신의 정체성을 빼앗고, 자기 작품의 가치를 낮추며, 자신을 대체할 수도 있는 이 위험한 신기술을 제어하기 위해 총력전을 펼치고 있다.

생성형 AI는 기존에 존재하는 창작물을 기반으로 학습하지만, 이 과정에서의 저작권에 대한 인식은 부족한 상황이다. 생성형 AI의 뛰어난 창작 능력은 본질적으로 인간이 만들어낸 엄청난 양의 데이터를 학습함으로써 가능해졌다. 최근 LLM의 성능이 급격히 발전한 것은 학습 데이터세트가 기하급수적으로 커진 덕분인데, 문제는 이렇게 방대해진 데이터 속에 저작권 보호 대상이 되는 콘텐츠도 상당량 포함돼 있다는 점이다. 일부 작가들은 챗GPT와 같은 모델의 훈련 데이터 중에는 라이브러리 제너시스Library Genesis나 지라이브러리Z-Library 같은 '지하 도서관'에서 불법으로 복제된 책들이 포함돼 있다고 지적하기도 했다.[2]

AI 이미지 생성기들도 사정은 비슷하다. 스터빌러티 AI Stability AI는 자사의 AI 모델인 스테이블 디퓨전을 라이온-5B LAION-5B라는 거대한 데이터세트로 훈련시켰다. 공개적으로 모두가 사용할 수 있는 이 데이터세트는 인터넷에서 긁어온 이미지-텍스트 쌍 58억 개로 구성되어 있다.³ 그래서 일부 창작자들은 ihavebeentrained.com 같은 툴을 활용해 자신의 작품이 데이터세트에 포함되었는지 확인했는데, 많은 예술가의 이미지들이 사전 동의 없이 데이터세트에 포함되어 있는 것이 밝혀졌다. 그래서 예술가 세 사람은 AI 툴이 자신들의 저작권을 침해한 혐의를 제기하며 이미지 생성 툴을 만든 스터빌리티 AI와 미드저니를 상대로 소송을 걸었다.⁴ 그러자 미드저니의 설립자인 데이비드 홀츠David Holz는 생존해 있는 예술가들로부터 동의를 구하지 않은 채 아직 저작권 보호를 받는 작품들을 미드저니 모델을 훈련시키는 데 사용했다고 시인했다.⁵

AI 기업들은 근본적으로 자신들의 소유가 아닌 것을 팔고 있다. 이미지 생성기의 가치는 방대한 데이터세트에서 몰래 가져온, 인간이 창작한 원작들에 기반한다. 하지만 이 도구를 만드는 기업들은 정작 가장 큰 영향을 받는 인간 창작자들에 대해서는 거의 신경 쓰지 않는다. 테크 기업의 유명한 모토인 "빨리 움직여서 망가뜨려라"가 이제 "빨리 움직여서 훔쳐라"로 바뀐 셈이다.

지금은 누구나 이미지 생성기를 통해 특정 아티스트의 독특한 스타일을 쉽게 흉내낼 수 있다. 그런데 그 과정에서 원작자의 작품이 사용되었음에도 원작자에게는 어떤 보상도 돌아가지 않고, 심지어 이름조차 언급되지 않는다. 이렇게 모방을 넘어 AI가 아티스트의 작품 활동을 대체하게 되면, 아티스트의 생계까지 위협할 수 있다. 물론 사람들은 오래전부터 위작이나 2차 창작물을 만들어 왔지만, 수많은 사용자가 버튼 하나만 누르면 이런 일이 가능해지는 AI는 지금까지와는 전혀 다른 차원의 위협이다. AI 도구는 한 명의 사기꾼을 만드는 데 그치지 않는다. 수많은 창작자의 작업을 분석해, 그 속에서 창의적이고 가치 있는 아이디어를 대량으로 추출한다.

예술가들이 자신의 작품을 이용해 타인이 부당한 이익을 얻지 못하도록 보호하려는 싸움은 AI 시대에 갑자기 시작된 것이 아니다. 오랫동안, 예술가들은 불공정한 계약 조건과 창작물에 대한 미래 수익을 포기하라는 요구에 맞서 싸워 왔다. 특히 2차 저작권이나 파생 상품에 대한 권리를 두고 오랜 다툼이 있었다. 우리가 인터뷰한 한성우는 과거에는 판매된 작품 수에 따라 로열티(사용료)를 받는 방식이 일반적이었지만, 현재는 작품이 몇 번 판매되든 일회성 정액 지급 방식이 업계의 표준이 되어가고 있다고 말했다. 그녀는 다음과 같이 덧붙였다. "가치 사슬에서 창작자가 가장 밑에 위치하고, 그 위에 모든 사람들이 군림하는 구조는 예전부터 존재해 왔어요. AI가 착취 문제를 새롭게 만든 건 아니에요. 다만, 그 문제를 더 악화시켰을 뿐이죠."

일부 예술가들은 이 시스템을 무력화할 방법을 찾고 있다. 예를 들어, 미국의 시각 예술가들은 시카고대학교 연구진이 개발한 도구를 활용해 저항을 시도하고 있다. 이 도구는 나이트셰이드 Nightshade라고 불리는데, 디지털 이미지에 특수한 픽셀을 삽입하여 AI 훈련 데이터에 포함될 경우 모델을 오작동하게 만든다.[6] 이는 예술가들이 AI를 통한 새로운 형태의 착취에 맞서 싸우기 위해 시도하는 작은 저항 방식 중 하나다.

새로운 AI 모델이 등장할 때마다, AI 도구들은 점점 더 정교해지고 있으며 인간 창작자를 모방하는 능력은 더욱 향상되고 있다. 초창기 생성형 AI가 만들어낸 이미지들은 세밀한 감정 표정을 재현하는 데 어려움을 겪거나 손가락 개수를 정확히 묘사하지 못하는 등의 문제가 있었다. 그러나 이러한 제약들은 빠르게 해결되고 있다. 그러나 지금의 챗봇들은 표준화된 작업 수행 능력이 뛰어나지만, 여전히 맥락을 읽고 의미를 추론하는 데 한계를 보인다. 예를 들어, GPT-4는 미국 변호사 시험은 통과할 수 있지만, 여전히 터무니없는 가짜 정보를 내놓거나 단순한 맥락적 이해가 필요한 질문에 잘못된 답을 내놓는다. 그러나 이러한 한계조차도 빠르게 극복될 가능성이 크다.

아직까지 AI 음성은 실제 인간의 목소리와 똑같은 수준의 표현력은 갖추지 못했다. 따라서 대형 브랜드나 고품질을 요구하는 작업에서는 여전히 인간 성우의 목소리가 필요하다. 하지만 고품질을 요구하지 않는 중소 규모 프로젝트에서는 비용 절감을 위해 인간 성우 대신 AI 음성이 사용될 가능성이 크다. 한 AI 음성 플랫폼에서는 월 27달러만 내면 수백 개의 음성 중에서 원하는 스타일을 고를 수 있고, 다양한 억양과 감정까지 표현되는 음성을 단순한 텍스트 입력만으로 생성할 수 있다. 이는 인간 성우를 고용하는 비용과 비교하면 훨씬 저렴하며, 녹음 시간도 몇 초면 충분하다. AI 기술이 계속 발전하고, 사람들이 AI 음성에 점점 익숙해질수록 인간 성우가 설 자리는 더욱 좁아질 것이다.

생성형 AI는 엔터테인먼트 산업에도 큰 변화를 가져오고 있다. 미국에서는 퍼블리시티권right of publicity을 통해 예술가의 정체성과 이미지가 기업에 의해 무단으로 사용되지 않도록 보호하고 있지만, 이 권리에 대한 법적 보호 범위는 주마다 다르다. 오스트레일리아와 캐나다 같은 영미법 국가에서는 이 권리를 '패싱 오프passing off' — 타인의 이미지를 도용해 소비자를 혼동시키는 행위를 금지하는 법리 — 의 일부로 다루는 반면, 프랑스와 독일 같은 대륙법 국가에서는 개인의 이미지 권리를 보호하는 명시적인 조항이 존재한다.

하지만 AI는 이 모든 법적 장치를 우회할 수 있는 새로운 방법들을 만들어내고 있다. 예를 들어, 배우가 한 시즌만 출연 계약을 맺었는데, 이후 시즌에서는 AI로 생성된 그 배우의 분신이 계속 출연하는 상황이 실제로 벌어질 수 있다. 이러한 변화의 상징적인 사례가 바로 제임스 얼 존스다. 그는 스타워즈 시리즈의 전설적인 캐릭터 다스 베이더 목소리 연기를 공식적으로 은퇴했지만, 자신의 음성 사용권을 우크라이나의 한 기술 회사에 판매했다. 이 기업은 그의 녹음된 음성을 활용해 새로운 대사를 만들어낼 예정이다.

이제는 사망한 예술가를 복원하려는 시도가 더 이상 낯선 일이 아니다. 영화 〈스타워즈: 라이즈 오브 스카이워커〉를 보자. 레아 공주 역할을 맡았던 캐리 피셔는 사망한 이후에도 CG와 아카이브 영상을 활용해 영화에 다시 등장했다. 생성형 AI의 발전은 이러한 사례를 단지 예외적인 이벤트가 아니라, 점점 더 광범위하고 일상적인 관행으로 만들 가능성이 크다.

핵심적인 문제는 AI 기술 자체가 아니라, 이를 활용하는 방식에 있다. 예술가들에게 그들의 재능을 디지털화하여 회사가 원하는 대로 사용할 수 있도록 허용하는 계약서에 서명하도록 강요하는 미래는 결코 먼 일이 아니다. 이미 일부 배우들은 AI 관련 조항에 동의하지 않으면 고용되지 않을 것이라는 통보를 받고 있다. 어떤 이들은 계약서에 애매하고 복잡한 문장으로 숨겨진 AI 조항이 포함되어 있다는 사실을 뒤늦게 발견하기도 했다.

　그러나 현재의 생성형 AI 기술을 지나치게 과대평가할 필요는 없다. 이미지 생성 AI를 사용하는 사람들은 여전히 프롬프트의 한계에 제약을 받고 있다.[7] 챗봇은 특정 작업에서는 인상적인 결과를 도출하지만, 진정으로 흥미로운 글에서 나타나는 창의성과 개성은 부족하다. AI 음성은 다양한 음색을 구현할 수 있지만, 인간 성우가 가진 깊이와 복잡한 감정 표현에는 미치지 못한다. 비디오 게임 업계에서도 AI가 〈사이버펑크 2077〉이나 〈레드 데드 리뎀션 2〉 같은 서사가 중요한 대형 게임에서 중요한 역할을 할 수 있을지에 대해 여전히 회의적인 시각이 많다.[8] 게임 소비자들 또한 AI 음성에 대한 선호도가 낮다. 비디오 게임은 높은 가격이 매겨지는 만큼, 소비자들은 게임의 몰입도를 유지할 수 있는 최고의 품질을 기대한다. 이 부분에서 인간 성우의 목소리는 여전히 강력한 경쟁력을 갖고 있다. 가까운 미래에도 인간이 창작한 콘텐츠가 높이 평가 받을 것이다. 특히 복잡한 대형 프로젝트나 예산이 많이 투입된 작업일수록 인간의 창의성과 통찰력이 담긴 콘텐츠의 가치가 더욱 빛을 발할 것이다.

그러나 우리가 잊고 있는 것이 하나 있다. 창작 산업은 다양한 계층의 일자리로 구성되어 있는데, 이 중 상당수는 비용 때문에 AI로 대체될 수 있다. 이런 일자리들은 겉보기에는 화려하지 않지만, 많은 예술가들에게 생계를 유지하는 중요한 기반이 된다. 유명한 예술가조차도 소규모 작업을 통해 수입을 보충해야 창작 활동을 이어갈 수 있다. 우리가 인터뷰한 어떤 성우는 다음과 같이 말했다. "겉으로 보기엔 화려하지 않은 작업이 많아요. 하지만 그런 일들이 저 같은 예술가들에게 생활비를 마련해 주죠. 저는 사전, 영어 학습 자료, 설명 영상, 기업 홍보 영상 같은 걸 녹음해요. 이 일이 없어진다면, 다른 창작 활동을 지속하기 어려울 겁니다." 이러한 일자리의 소멸은 전업 예술가의 활동에 큰 영향을 미칠 것이다. 지금도 많은 창작자들이 낮은 보수를 받고 일한다. 그런데 비교적 안정적인 수입을 제공하는 다양한 창작 일자리가 사라진다면, 결국 부유한 가정 출신의 사람들만이 예술에 전념할 수 있는 환경이 될 가능성이 크다. 2018년 진행된 한 시각 예술가 연구에 따르면, 조사 대상자의 거의 절반이 전체 소득의 10퍼센트 미만만을 예술 활동으로 벌어들인다고 답했다. 또한 응답자의 3분의 1은 가족의 경제적 지원이나 유산에 의존하고 있었다.[9]

이미 AI가 생성한 이미지는 많은 상업 예술가들의 수익처가 되고 있는 전통적인 이미지 라이브러리를 위협하고 있다. 또한 AI는 우리가 모르는 사이에 집과 사무실의 인테리어 디자인, 책 표지, 앨범 커버 등의 작업을 자동으로 생성하는 등 이미 기존 창작자들이 담당하던 영역을 잠식하고 있다.

기술 발전이 새로운 일자리를 창출한다는 주장도 있다. 하지만 AI가 없애는 창작 일자리가 곧바로 새 기회로 이어지지는 않는다. AI 열풍으로 새롭게 등장할 일자리는 대부분 테크 산업에서 생겨날 것이며, 새 일자리 대부분은 창작자들의 전문성을 요구하지 않을 것이다. 즉, AI는 창작 산업의 일자리를 빼앗고 있지만, 그 일자리의 대체물은 예술가들에게 돌아가지 않는 구조가 형성되고 있다.

이런 변화에 대응하기 위해 세계 각국의 창작자들은 자신의 이미지와 목소리가 무단으로 AI에 쓰이는 것을 막기 위해 싸우고 있다. 일부 성과를 거두기도 했다. 2023년, 1만 1,500명의 시나리오 작가들을 대표하는 할리우드작가노조WGA와 16만 명의 배우 및 미디어 종사자를 대표하는 배우노조SAG-AFTRA는 AI 사용 문제를 핵심 쟁점으로 내세우며 대규모 파업을 단행했다. 할리우드 작가들은 여러 스튜디오가 AI를 활용해 저작권이 없는 책이나 기존 작품을 기반으로 각본을 생성하려는 계획을 세우고 있다고 밝혔다. WGA는 AI가 대본을 작성하는 데 사용되어서는 안 되며, 모든 각본 작업에 대해 작가들이 온전한 보수를 받아야 한다고 주장했다. 148일 간의 파업 끝에 2023년 9월, WGA는 AI가 대본을 작성하거나 수정하는 데 사용될 수 없으며, 작가들의 대본이 AI 시나리오 생성 봇을 훈련시키는 데 무단으로 활용될 수 없도록 보호하는 내용을 포함한 합의를 스튜디오와 체결한다.[10] 이 협약은 AI의 활용을 제한하는 최초의 법적 구속력이 있는 조항으로 평가되며, 앞으로 유사한 사례에서 중요한 선례가 될 것이다.

할리우드배우조합SAG-AFTRA 역시 '생성형 AI의 무분별한 사용으로 인해 배우들이 소득을 잃는 것을 방지하는 것'에 초점을 맞췄다. SAG-AFTRA의 회장 프랜 드레셔Fran Drescher는 다음과 같이 경고했다. "AI는 창작 직업군 전체를 위협하고 있습니다. 모든 배우와 공연자는 자신들의 정체성과 재능이 동의 없이 착취당하지 않도록 보호받아야 합니다."[11] 논쟁이 진행되는 동안, SAG-AFTRA는 할리우드 스튜디오 측이 배우들의 모습을 스캔한 후, 단 하루치의 임금을 지급하고 이를 영구적으로 활용하는 방안을 제안했다고 폭로했다.[12] 2023년 12월, 스튜디오 측과 배우 노조는 생성형 AI의 활용을 규제하는 새로운 계약 조항에 합의했다.[13] 이 합의는 SAG-AFTRA의 역사적인 승리로 평가되지만, 몇 가지 모호한 계약 조항 때문에 논쟁의 불씨는 남아있다.

예를 들어, 계약서에는 '생성형 AI로 제작된 합성 배우synthetic performer'가 특정 배우의 얼굴 특징(예: 눈, 코, 입, 귀 등)을 인식할 수 있을 정도로 닮았을 경우, 회사는 반드시 해당 배우의 동의를 받아야 한다는 조항이 있다. 다만, 어디까지가 '특정 배우를 닮은 것'으로 간주될지는 아직 명확하게 정의되지 않았다. AI 음성이 배우 모건 프리먼과 완전히 같지 않더라도, 그의 독특한 분위기와 중후한 톤을 모방한다면, 이는 저작권 침해일까? 배우들은 또한 계약의 일부 조항이 지나치게 허술하고, 스튜디오들이 악용할 수 있는 허점이 많다고 우려하고 있다.¹⁴ AI 기술이 빠르게 발전하면서, 창작자들은 자신의 권리를 보호하기 위해 지속적인 법적 대응과 협상을 이어가야 할 것으로 보인다.

창작자들 중에서도 성우들은 AI에 의해 대체될 위험이 가장 큰 직군이자, AI에 맞서 싸우는 최전선에 서 있는 예술가들이다. 최근 전 세계 성우들은 연합하여 유나이티드 보이스 아티스트United Voice Artists, UVA라는 단체를 결성했다. UVA는 20개 이상의 성우 조합, 협회 및 노동조합으로 이루어져 있으며, AI가 창작 산업에 미치는 영향을 규제하도록 각국 정부에 압력을 가하기 위해 '우리의 목소리를 훔치지 마라Don't Steal Our Voices' 캠페인을 하고 있다.¹⁵ 이 단체는 성명서를 통해 다음과 같이 밝혔다. "UVA는 정치인과 입법자들에게 AI 생성 콘텐츠의 개념 설계, 훈련, 마케팅 과정에서 발생하는 법적·윤리적 위험을 해결할 것을 촉구한다. AI 기술을 이용해 인간의 목소리를 생성하거나 복제하는 모든 행위는 반드시 성우 및 연기자의 명시적인 동의를 받아야 하며, 이들은 자신의 과거 및 미래 작업이 본인의 동의 없이 다른 용도로 사용되지 않도록 거부할 권리를 가져야 한다. 이를 실질적으로 보장할 수 있는 해결책이 마련되어야 한다."¹⁶

할리우드에서 벌어진 AI 창작을 둘러싼 논쟁은 창작자와 그들의 작품을 통제하려는 기업의 또 다른 시도로 볼 수 있다. 그리고 이는 영화 산업에만 국한되지 않는다. 같은 패턴이 다른 창작 산업에서도 반복되고 있다. 그러나 할리우드 작가들과 달리 다른 분야의 창작자들은 협상력이 훨씬 낮아 불리한 계약을 맺을 위험이 크다. 이러한 현상은 영화 산업에만 국한되지 않는다. 교육, 건축, 제품 디자인, 웹 개발 등 창의성이 중요한 분야에서도 AI 자동화의 위협이 빠르게 확산되고 있다. 기업들은 비용 절감을 목표로 직원이나 프리랜서들의 업무를 AI로 대체하려는 시도를 계속할 것이며, 그 과정에서 창작자의 임금이나 일자리 자체가 축소될 가능성도 크다.

이 싸움은 이제 막 시작되었으며, 기술이 발전하고 창작자들이 지속적으로 자신들의 권리를 지키려 할수록 더욱 복잡하게 진화할 것이다. 여기에서 중요한 질문이 제기된다. "AI가 창의적인가? 인간의 지능과 창의성과 유사하다고 볼 수 있는가?" 이 질문에 대한 답이 AI의 법적, 윤리적 규제 방향을 결정하는 중요한 기준점이 될 것이다.

창의성 테스트: AI는 진정한 창의력을 가질 수 있을까?

AI가 진정한 창의성을 가질 수 있는가? 이 질문에 대해, AI 연구의 선구자 두 사람은 상반된 주장을 했다. 하나씩 살펴보자.

19세기 영국의 수학자이자 작가인 에이다 러브레이스Ada Lovelace는 AI 개념이 등장하기 훨씬 전에 찰스 배비지Charles Babbage의 '해석 기관Analytical Engine'이 가지는 중요성을 최초로 인식한 인물 중 한 명이다. 해석 기관은 오늘날 컴퓨터의 원형으로 여겨지는 기계다. 러브레이스는 이 기계가 다양한 작업을 수행할 수는 있지만, 독립적으로 학습하거나 새로운 것을 창조하는 능력은 없다고 보았다. 그녀는 해석 기관(컴퓨터)은 단순히 명령을 실행하는 기계일 뿐이며, 진정한 창의성은 프로그래머에게 귀속되어야 한다고 보았다. "해석 기관은 스스로 새로운 것을 창조할 수 있는 능력을 전혀 가지고 있지 않다. 우리가 지시하는 범위 내에서만 작업을 수행할 수 있을 뿐이다."[17] 러브레이스가 보기에, 기계의 본질적인 한계는 프로그래밍된 범위를 넘어 새로운 것을 스스로 고안해낼 수 없다는 점이었다. 기계는 단순히 사람이 설계한 작업을 실행할 뿐, 창조적인 사고를 할 수 없다는 것이 그녀의 관점이다.

반면 '인공지능의 아버지'라 불리는 앨런 튜링Alan Turing은 러브레이스와는 다른 견해를 제시했다. 튜링은 컴퓨터가 종종 인간을 깜짝 놀라게 하는 결과를 낼 수 있다고 주장했다. 특히 결과를 미리 예측하기 어려운 상황에서는 더욱 그럴 수 있다고 보았다. 그는 기계가 진정한 지능을 가졌는지 판단하는 방법으로 이미테이션 게임 imitation game, 즉 오늘날 튜링 테스트Turing Test로 알려진 개념을 제안했다. 1950년 발표한 논문에서 튜링은 다음과 같은 실험을 구상했다. 평가자가 컴퓨터와 문자 메시지를 주고받은 뒤, 컴퓨터가 사람과 구분되지 않을 만큼 자연스러운 대화를 할 수 있다면 그 기계는 '지능적'이라고 간주할 수 있다는 것이다.[18] 튜링 테스트는 '컴퓨터가 생각할 수 있는가?'라는 모호한 질문을 보다 명확하게 평가할 수 있는 기준으로 바꾸려는 시도였지만, 이 방법에도 몇 가지 근본적인 문제가 있다. 튜링 테스트는 궁극적으로 기계가 얼마나 잘 '속일 수 있는가'에 초점을 맞춘 실험이다. 따라서 기계의 실제 능력이나 창의적인 결과물의 가치보다는 평가자를 기만하는 능력에 의존한다는 비판을 제기할 수 있다.

예를 들어보자. 2001년, 러시아 상트페테르부르크에서 개발된 챗봇 유진 구스트만Eugene Goostman은 한때 튜링 테스트를 통과한 최초의 AI로 유명세를 탔다.[19] 그러나 이 챗봇은 13세의 우크라이나 소년이라는 설정을 가지고 있었다. 어린아이라는 설정은 이 챗봇이 가진 부족한 언어 능력과 일반 상식의 결핍을 정당화하는 배경 장치로 활용됐다. 즉, 유진 구스트만이 질문에 엉뚱한 답을 하거나 의미 없는 대답을 하더라도, 실험 참가자들은 "나이가 어린 외국인이라서 그런 것"이라고 생각하며 쉽게 넘어갈 가능성이 있었다. 이처럼 튜링 테스트는 실제 창의성이나 지능보다는, AI가 인간을 얼마나 효과적으로 속일 수 있는지를 평가하는 데 더 가까운 실험이다.

2000년대 초, 컴퓨터 과학자 셀머 브링스요르드Selmer Bringsjord와 그의 연구팀은 튜링 테스트의 한계를 넘어서 AI가 인간과 같은 창의성을 발휘할 수 있는지를 검증하기 위한 대안을 개발하고자 했다. 그들은 이를 러브레이스 테스트Lovelace Test라고 명명했다.[20] 연구진은 AI의 창의성이 인정되려면, 그 결과물이 어떻게 생성되었는지 프로그래머조차 설명할 수 없어야 한다고 보았다. 그래서 이 테스트의 핵심은 인간 프로그래머와 AI 간의 인지적 관계에 초점을 맞추었다. 즉, 프로그래머가 AI의 출력 과정을 완전히 이해하지 못할 경우, 해당 AI는 창의성을 지닌 것으로 평가될 수 있다는 것이다.

그러나 이 방식도 AI의 진정한 창의성을 검증하는 데에는 한계가 분명하다. 첫 번째 문제는 컴퓨터가 프로그래머조차 설명할 수 없는 출력을 생성할 수 있다고 해도, 그 결과물이 반드시 가치 있다고 볼 수는 없다는 것이다. 예측 불가능한 출력이 나온다고 해서 그것이 의미 있고 창의적인 것은 아니다. 우연히 생성된 결과물일 수도 있고, 의미 없는 데이터 조합일 수도 있다. 이 테스트는 출력 과정이 예측 불가능한지를 중시할 뿐, 결과물의 질이나 가치에 대한 기준을 포함하지 않는다. 현재 AI 챗봇들은 이미 개발자조차 예상하지 못한 출력을 만들어내고 있으며, 특히 AI가 환각 현상을 일으킬 때, 개발자들은 그 원인을 정확히 설명하지 못하는 경우가 많다. 이러한 오류를 창의성으로 보기는 어렵다. 따라서 예측할 수 없다는 사실 자체는 창의성의 기준이 될 수 없다.

두 번째 문제는 이 테스트의 기준이 지나치게 엄격하다는 점이다. 프로그래머들은 충분한 시간이 주어진다면, AI가 특정한 행동을 수행한 이유를 분석해낼 수 있다. 결국 중요한 질문은 '우리가 AI의 작동 원리를 온전히 이해할 수 있는가'가 아니라, 'AI가 인간의 기준에 가치 있다고 평가할 만한 새로운 창작물을 만들어낼 수 있는가'이다.

러브레이스 테스트는 AI의 창의성을 평가하려는 새로운 시도이지만, 창의성의 본질을 정확히 정의하는 데 한계가 있다. AI가 예측 불가능한 출력을 만들어낸다고 해서 창의적이라고 볼 수는 없다.

또한 AI의 행동을 인간이 이해할 수 있다고 해서 창의적이지 않다고 단정할 수도 없다. AI의 창의성을 논의하려면 단순한 프로세스의 예측 가능성보다는 그 결과물이 실제로 예술적 가치나 의미를 지니는지, 기존에 없던 새로운 아이디어를 창출했는지, 인간이 만든 창작물과 비교했을 때 동일한 수준의 감동과 혁신을 주었는지를 따져봐야 한다.

러브레이스 테스트의 원래 목적을 유지하면서도 더 나은 평가 방법이 될 수 있는 테스트가 있는데, 우리는 이를 창의성 테스트 Creativity Test라고 부른다. AI가 진정한 창의성을 발휘한다고 평가될 수 있으려면, 새로운 것을 창조하고, 인간 관찰자들에 의해 가치가 있다고 판단되는 출력을 생성할 수 있어야 한다. 그래서 이 테스트는 두 가지 요소로 구성된다.

첫 번째 요소는 러브레이스가 제시한 '창조적 기원 원칙 originating principle'이다. AI의 출력이 기존의 훈련 데이터에서 파생된 요소들을 포함하고 있다고 해도, 그 결과물에는 완전히 새로운 요소가 포함되어야 하며, 이 요소는 AI가 수행한 과정에서 독창적인 기여로 간주될 수 있어야 한다.

두 번째 요소는 창조적 행위가 예술적 가치를 가져야 한다는 점이다. 여기서 예술적 가치란 반드시 시장의 높은 평가(예를 들어 가격)을 받아야 하거나, 비평가들의 보편적인 찬사를 이끌어내야 한다는 의미는 아니다. 다만, AI가 만들어낸 결과물이 인간 공동체 내에서 어떤 형태로든 의미 있는 것으로 여겨질 수 있어야 한다.

이 두 가지 요소 모두 평가 과정에서 어느 정도 주관이 개입될 수밖에 없는데, 이는 창의성을 평가하는 모든 테스트에서 불가피한 문제라고 볼 수 있다. 궁극적으로 창의성 테스트는 특정 AI 시스템을 점수화해 객관적으로 평가하는 도구라기보다는, AI가 진정으로 창의적이라고 말할 수 있는지에 대한 핵심 요소들을 탐구하는 일종의 사고 실험에 가깝다.[21]

AI가 창의성 테스트를 얼마나 잘 통과할 수 있을지를 따져보려면, 먼저 AI가 만들어낸 결과물이 인간의 창의성과 어떻게 비교될 수 있는지를 생각해볼 필요가 있다. 이런 관점을 다루는 분야가 바로 계산적 창의성computational creativity이라는 연구 영역이다.[22] 이 분야는 컴퓨터를 활용해 창의성이라는 개념을 모델링하고 이해하는 것을 목표로 한다. 이 연구에서 중요한 목표 중 하나는, 컴퓨터가 인간과 동등한 수준의 창의성을 발휘할 수 있는지 확인하는 것이다.

일반적으로 인간은 자발적으로 혁신할 수 있는 능력을 갖추고 있다고 여겨진다. 우리는 새로운 아이디어와 통찰을 떠올리며, 세상을 이해하고 표현하는 독창적인 방식을 지속적으로 만들어낸다. 이러한 창의성은 단지 순간적인 영감에서만 나오는 것이 아니라, 오랜 기간의 연습과 노력, 그리고 다른 사람과의 대화 및 상호작용 속에서 점차 발전하는 것이다.

"그 순간, 베르테르의 구상이 완성됐다"

예술가들은 종종 자신이 만든 최고의 작품이 순간적인 영감으로 떠올랐다고 말한다. 고대 철학자들 역시 예술적 위대함을 신성한 영감으로 설명했다. 예를 들어, 플라톤의 초기 대화편 「이온」에서 그는 시가 신의 계시를 받는 일종의 신적 광기의 결과이며, 시인은 신들의 예언자 역할을 한다고 보았다. 폴 매카트니 역시 어느 날 아침, 자신이 들어본 적 없는 곡이 머릿속에서 흘러나오는 경험을 했다. 그는 그 곡이 이미 존재하는 음악일 것이라고 생각하고 주변 사람들에게 물어봤지만 아무도 들어본 적이 없었다. 결국 그는 "경찰서에 분실물을 맡기는 것 같은 기분이었다. 몇 주 동안 아무도 가져가지 않는다면, 내가 가져도 되는 거라고 생각했다"[23]라고 말했다. 볼프강 폰 괴테 역시 『젊은 베르테르의 슬픔』을 집필하기까지 오랜 시간 고생했는데, 어느 순간 갑자기 모든 것이 정리되었다고 회상했다. 그는 "그 순간, 베르테르의 구상이 완성되었다. 모든 것이 사방에서 한순간에 쏟아져 들어와 단단한 덩어리가 되었다. 마치 물이 어는 점에 도달했을 때, 작은 충격만으로도 즉시 얼음으로 변하는 것과 같았다"[24]라고 설명했다. 이런 식으로 아이디어가 갑자기 떠오르는 경험을 누구나 한 번쯤 해보았을 것이다.

그러나 이러한 창의적인 순간이 오랜 훈련과 개발의 과정 없이 저절로 찾아온다고 생각해선 안 된다. 만약 매카트니가 음악 교육을 받지 않았고, 어린 시절부터 여러 악기를 다루지 않았다면, 그리고 다른 창의적인 인물들과 교류하지 않았다면, 그런 혁신적인 음악을 만들 수 있었을까. 대부분의 예술적 돌파구는 해당 분야의 작동 방식에 대한 깊은 이해와 기존 작품에의 영향을 통해 만들어진다. 창의성은 겉보기에는 독립된 것처럼 보이지만, 실제 창작은 긴 시간 동안 기술을 연마하는 과정과 수많은 시행착오를 필요로 한다. 인간의 사고와 창의성에는 알고리즘적인 측면도 있다. 우리가 새로운 기술을 배우는 과정은 반복과 강화의 연속이다. 혁신이라고 불리는 수많은 아이디어들도 결국 기존의 것을 모방하고, 미세한 차이를 추가해 탄생했다.

AI가 완전히 새로운 아이디어를 창출할 수 있는지에 대해서는 논란의 여지가 있지만, 분명한 것은, AI는 러브레이스가 예측했던 것보다 훨씬 더 많은 일을 할 수 있다. 심층 인공신경망deep artificial neural networks을 통해 컴퓨터는 단순한 명령 실행 방식보다 훨씬 더 복잡한 출력물을 생성할 수 있으며, 현대적인 머신러닝 방식은 AI가 어린아이가 새로운 패턴을 학습하는 과정을 모방할 수 있다.

개발자들을 놀라게 만든 AI 모델 중 하나가 체스 엔진이다. 특히 신경망과 강화 학습을 활용하여 체스를 학습한 프로그램들이 그렇다. 딥마인드가 개발한 알파제로AlphaZero는 새로운 방식으로 최강의 체스 엔진이 됐다. 기존 체스 엔진들은 체스 그랜드마스터들의 기보를 학습하는 방식으로 체스를 익혔지만, 알파제로는 단순히 체스 규칙만을 입력받고 아무런 기보도 학습하지 않은 상태에서 스스로 수백만 번의 게임을 진행하며 최적의 전략을 찾아냈다.[25]

이러한 강화 학습 덕분에 알파제로는 인간이 한 번도 시도한 적 없는 완전히 새로운 수를 발견했는데, 이 수는 인간이 체스를 두는 방식과 비교했을 때 매우 비직관적인 움직임이었다. 체스는 주로 논리적 계산을 기반으로 하지만, 동시에 창의적인 상상력을 요구하는 미적 요소도 포함하고 있다. 이를 두고 러시아의 체스 그랜드마스터 미하일 보트빈닉은 "체스는 논리 과학을 예술로 표현하는 것이다"라고 말했다. 체스뿐만 아니라 다른 게임에서도 AI는 인간 전문가들조차 예상하지 못한 창의적인 움직임을 만들어냈으며, 이는 AI가 창조적인 행동을 할 수 있음을 어느 정도 시사한다.

일각에서는 AI 체스 엔진이 창의성 테스트를 통과했다고 볼 수 있다고 주장하기도 한다. AI 체스 엔진은 체스를 이해하는 완전히 새로운 방식을 만들어냈으며, 이는 최고 수준의 체스 플레이어들에게도 가치 있는 기여로 평가받고 있다. 하지만 여전히 이의를 제기할 수 있다. 체스라는, 규칙이 정해진 게임에서 혁신적인 수를 찾아내는 것과 완전히 자발적이고 창의적인 아이디어를 창출하는 것은 다른 차원의 문제가 아닐까?

AI는 무에서 유를 창조하지 않는다. AI가 만들어내는 결과물은 훈련 데이터에 기반하고 있으며, 학습한 데이터에서 패턴을 찾아 이를 바탕으로 출력을 생성한다. 2018년, 크리스티스 경매장은 AI가 생성한 예술 작품을 처음으로 경매에 부쳤나.[26] 〈에드몽 드 벨라미Edmond de Belamy〉라고 이름 붙은 이 작품은 14세기부터 19세기까지 그려진 1만 5,000점의 초상화 데이터세트를 기반으로 만들어진 흐릿한 인물 초상화다. 이 작품은 프랑스 예술 단체 오비어스Obvious가 제작했으며, 2014년 이안 굿펠로Ian Goodfellow가 개발한 생성적 적대 신경망generative adversarial networks, GANs을 활용한 결과물이다.[27] 작품의 예상 낙찰가는 1만 달러 아래였으나, 최종적으로 43만 2,500달러에 팔리면서 세계적인 주목을 받았다. GANs는 두 개의 신경망을 이용해 이미지의 진위 여부를 판단하고, 이를 반복 학습하여 점점 더 정교한 가짜 이미지를 생성하는 방식으로 작동한다. 훈련 데이터에 의존하지만, 기존 요소들을 새로운 방식으로 결합하여 놀랍도록 독창적인 이미지를 만들어 냈다.

회의론자는 AI가 이미지를 복사하고 생성하는 행위를, 어느 정도의 참신함이 있다고 하더라도, 근본적으로 재생산의 과정으로 봐야 하며 창의성 테스트를 통과하기에는 부족하다고 지적한다. AI가 생성한 그림이 새로운 것이긴 하지만, 결국 훈련 데이터에 포함된 기존 작품들을 변주한 것에 불과하다는 것이다. 그렇다면 소설은 어떨까?

러브레이스 테스트를 고안한 셀머 브릭스요르드Selmer Bringsjord는 AI가 자신의 관심을 사로잡고, 읽을 만하다고 느껴지는 소설을 쓸 수 있다면 창의성의 기준을 충족할 것이라고 말했다.[28] 그러나 이 분야에서 AI는 여전히 갈 길이 멀어 보인다.

2016년, 『컴퓨터가 소설을 쓴 날』이라는 작품이 AI가 생성한 최초의 소설로 발표됐다. 이 작품은 심지어 한 문학상에서 예심을 통과하기도 했다.[29] 하지만 이 소설을 만든 개발팀은 줄거리, 등장

인물, 주요 문장 및 표현 등 작품의 약 80퍼센트를 미리 결정해 두었다고 밝혔다. 즉, AI가 독립적으로 창작한 것이 아니라, 인간이 구조를 제공한 틀 안에서 문장을 생성한 것에 가까웠다. AI가 완전히 독립적으로 소설을 생성할 경우, 아직은 결과물의 일관성이 부족한 경우가 많다. 또 다른 AI 기반 창작 프로젝트인 원 더 로드1 The Road는 잭 케루악의 소설 『길 위에서』를 모방하려는 시도였다.[30] 이 프로젝트에서 작가이자 엔지니어인 로스 굿윈Ross Goodwin은 뉴욕에서 뉴올리언스까지 자동차로 횡단하며, 차량에 장착한 카메라, 마이크, GPS, 그리고 휴대용 AI 글쓰기 기계를 이용해 실시간으로 AI가 글을 생성하도록 했다. 소설의 첫 문장은 다음과 같다.

"아침 아홉 시 십칠 분이었다. 집은 무거웠다."

실험 결과는 기대에 미치지 못했다. 대부분의 문장은 비논리적이며, 의미 없는 내용들로 가득 차 있었다. 이처럼 AI가 소설을 쓰는 데 명확한 한계를 보였음에도 불구하고, 사람들은 이미 이를 활용해 대량의 AI 생성 도서를 만들어 아마존에서 판매하고 있다.[31] 심지어 일부 책들은 유명 작가의 이름을 무단으로 도용하여 출판되기도 했다.

결국 AI가 창의성 테스트를 통과했는지 여부는 특정 분야에서 개별적으로 평가할 필요가 있다. 예를 들어, 체스 엔진은 완전히 독창적이고 가치 있는 새로운 수를 창출했다는 점에서 창의성을 인정받을 수 있다. AI 이미지 생성기 또한 고유한 양식과 독창성을 갖춘 결과물을 만들어내고 있다. 반면 AI 기반 글쓰기 도구는 여전히 창의성 테스트를 통과하기에 부족해 보인다. 출력된 글의 품질이 낮고, AI가 쓴 글을 의미 있게 만들기 위해 인간이 개입해야 하는 경우가 너무 많다.

한편 창작 산업에서는 AI의 창조물이 진정한 창의성을 지녔는지에 대해 크게 신경 쓰지 않을지도 모른다. AI가 수익을 창출할 수 있고, 시장에서 판매 가능한 제품으로 받아들여진다면 널리 사용될 가능성이 높다. 예술은 자본주의 시장에서 상품으로 취급된다. 여러 창작 스튜디오들이 새로운 기술에 어떻게 반응할지를 예측하려면 예술이 단순한 창작물이 아니라 경제적 가치와 연결된 상품이라는 점을 고려해야 한다. 우리 저자들이 볼 때, AI가 생성한 일부 결과물에서 창의성의 단서를 엿볼 수 있으며, 이를 진정한 창작 표현의 사례로 보고 싶어 하는 사람들의 논리도 이해된다. 동시에 우리는 AI가 진정한 예술 작품을 만들어내는 데에는 분명한 한계가 있다고 평가한다.

모방과 창작을 가르는 선

AI가 창작물을 만들어내는 데는 본질적인 한계가 있다. 왜냐하면 인간을 인간답게 만드는 중요한 요소를 완벽하게 모방할 수 없기 때문이다.[32] 예술이란 인간이 공동체 속에서 살아가며 쌓아온 풍성한 문화와 역사적 경험, 복잡한 감정에서 비롯된다. 대부분의 예술 작품은 인간이 가진 감정이나 생각을 의도적으로 표현하고자 하는 창조적 행위를 통해 탄생한다.

반면 AI가 만들어낸 결과물의 가장 근본적인 문제는 그것이 의미를 이해하는 의식적 존재에 의해 창작된 것이 아니라는 점이다. 생성형 AI는 스스로의 존재 의미를 성찰하거나, 새로운 무언가를 창조하는 방식으로 반응할 수 있는 능력이 없다. 인간은 자신의 내면에 존재하는 복잡한 생각, 욕망, 기억을 창작 과정에 투영해, 스스로의 상태와 주변 세계를 성찰할 수 있다. 반면, 알고리즘은 행간을 읽거나, 하나의 개념에서 또 다른 개념으로 도약하는 창의적 사고를 할 수 없다. 창작 과정은 프로그래밍을 통해 재현될 수 있는 것이 아니다. 인간은 예측할 수 없는 방식으로 자극에 반응하며, 같은 환경에서 살아가는 두 사람이 전혀 다른 방식으로 창작할 수 있다. 옆집에 사는 두 사람이 모두 작가가 되었을 때, 각각 완전히 다른 소설을 쓸 수 있는 이유도 바로 이러한 개인적인 경험과 성격의 차이 때문이다.

창의성은 우리의 물질적 현실과도 깊이 연결되어 있다. 인간은 단순히 아이디어를 계산하고 비물질적인 예술 작품을 만들어내는 존재가 아니다. 우리의 의미 형성 능력은 신체의 경험을 통해 발현된다. 인간은 신체적 욕구를 가지고 있으며, 자신의 유한함과 불완전함을 인식한다. 우리가 개념적인 세계를 이해할 수 있는 것도 육체, 근육, 신경을 통해 감각을 경험하기 때문이다. 예술은 신체적 욕망과 고통을 반영한다. 예술은 고통을 이해하고 극복하는 수단이 될 수 있으며, 동시에 인간 경험에서 비롯된 기쁨과 즐거움을 표현하는 도구가 되기도 한다. 이러한 물질적 현실은 예술이 인간의 삶에서 의미를 가질 수 있는 근본적인 조건이다.

많은 예술가들이 AI가 인간을 대체할 수 있다는 주장에 불쾌감을 느끼는 이유는, 그러한 주장이 예술을 지나치게 단순화하고 있기 때문이다. 예를 들어, 뮤지션이자 작가인 닉 케이브는 자신의 스타일을 모방한 수많은 AI 음악에 대해 다음과 같이 반응했다. "AI가 만들어낸 것은 복제라기보다 조롱이다. 인간이라는 존재에 대한 끔찍한 모독이다."[33]

창작은 단순히 아름다운 그림을 그릴 수 있는 능력 이상이다. 창작은 자신과 우리가 세계 속에서 차지하는 위치를 이해하는 방식이며, 자신의 생각과 감정을 외부에 표현하고 타인과 공유하는 수단이다. 창작을 통해 스스로를 정의하고, 이를 타인과 나누고자 하는 욕구는 인간됨의 본질적인 부분이기도 하다. 어떤 예술가들은 자신의 창작 활동을 자아를 탐구하고, 세상 속에서 자신을 실현하는 과정으로 설명한다. 소설가이자 시인인 메리 앤 에번스Mary Ann Evans는 다음과 같이 말했다. "창작은 삶과 가장 가까운 것이다. 창작은 우리의 경험을 확장하고, 우리가 직접 겪지 못한 타인의 삶과 연결될 수 있도록 돕는다."[34] 이처럼 창작은 인간이 감정의 극한을 경험하고, 이를 타인과 공유하는 방식이다. AI는 이러한 인간의 내면적이고 신체적인 경험을 대체할 수 없다.

임마누엘 칸트는 위대한 예술 작품은 인간의 천재성을 필요로 한다고 보았다. 칸트의 관점에 따르면 AI는 기계적인 또는 유쾌한 예술을 만들 수 있을지언정, 참된 천재성이 요구되는 작품을 창조할 수 없다.[35] AI가 창작한 예술은 감각적으로 즐겁고 미적으로 만족스러울 수 있지만, 근본적으로 '영혼이 없는' 창작물이며, 단순히 아름다운 대상을 넘어서는 특별한 가치를 지니지 못한다.

칸트는 위대한 예술이란 이성을 가진 자각적 존재가 창작한 것이어야 하며, 그것이 '사회적 소통을 위한 정신적 능력의 함양을 촉진해야 한다'고 보았다.[36] 그의 정의에서 핵심은 예술이 본질적으로 사회적 활동이라는 것이다. 예술은 인간 공동체 안에서 이루어지며, 이를 공유함으로써 감상자들은 창작자가 작품을 만들 당시 가졌던 높은 수준의 조화로운 정신 상태를 경험할 수 있다. 칸트의 관점에서 보자면, 자연과 예술이 아름답다고 간주되려면, 그것들은 반드시 '마치 지성적이고 목적 있는 설계의 산물인 것처럼' 보여야 한다. AI는 정해진 규칙 안에서 미적으로 만족스러운 창작물을 만들어낼 수 있지만, 이러한 작품들은 칸트가 위대한 예술에 필수적이라고 여겼던 의도성과 영감을 결여할 수밖에 없다.

AI 예술이 넘쳐나는 세상에서는 예술이 가지는 진실성 또한 완전히 사라질 수 있다. 예술은 역사적으로 특정한 문화와 민족을 반영하며, 예술가는 자신이 속한 사회에서 아이디어와 경험을 끌어내어 창작한다. 마르틴 하이데거는 예술이 인간 사회가 자신의 경험을 이해하고, 중요한 순간과 사건을 정의하는 데 도움을 줄 수 있다고 보았다. 그에 따르면 창작품은 우리에게 의미 있는 세계를 제시하며, 그 안에서 특정한 요소들이 중요하고 의미 있는 것으로 부각된다. 대표적인 예로, 하이데거는 고대 그리스의 신전이 인간과 신, 고귀함과 비천함, 삶과 죽음에 대한 문화적 이해를 하나로 묶어주었으며, 당시 사람들이 인간다운 삶을 어떻게 살아야 하는지를 보여주는 역할을 했다고 설명했다.[37] 요컨대, 예술 작품은 인간이 자신만의 세계에서 의미와 가치를 부여할 수 있도록 하는 진리를 제공한다.

이런 관점에서 보자면, AI가 생성한 예술이 권력에 맞서는 비판적이고 전복적인 역할을 수행하는 것은 상상하기 어렵다. 인간이 만든 예술은 독재자를 조롱하고 무너뜨리며, 지배 계급의 선전에서 벗어나 세상을 바라보는 새로운 방식을 창출할 수 있다. 이를 위해서는 예술가는 정치적 토양에 민감하게 반응해야 하며, 부당한 정책과 위선적인 메시지를 폭로할 수 있어야 한다. 조지 오웰은 미적 고려보다는 정치적 글쓰기의 힘에 더 큰 동기를 느꼈다. 그는 "내가 책을 쓰기 위해 앉을 때, '예술 작품을 만들어야겠다'라고 생각하지 않는다. 나는 어떤 거짓을 폭로하고 싶거나, 사람들의 주목을 끌어야 할 사실이 있기 때문에 글을 쓴다. 내가 가장 먼저 고려하는 것은 사람들이 내 말을 듣게 만드는 일이다"[38]라고 말했다. AI는 정치적 삶의 미묘한 측면을 성찰하고, 기득권층의 위선적인 환상을 무너뜨리는 비평가나 정치적 반체제 인사의 역할을 대체하는 데는 한계가 있다.

인간은 반복적인 작업을 수행할 수도 있지만, 동시에 AI가 결코 도달할 수 없는 창조적 탁월함의 경지에 이를 수 있다. 단순한 모방을 진정한 인간 경험과 의식적인 성찰로 착각해서는 안 된다. AI가 학습하고 작업을 수행하는 방식이 근본적으로 변화하지 않는 한, 프로그래밍을 넘어설 수 있는 존재는 인간뿐이다.

새로움의 저주를 두려워 말 것

AI가 생성한 창작물이 확산된 이후의 사회는 어떤 모습이 될까? 이 새로운 기술이 기존 인간 중심의 창작물을 소멸시키고, 인간의 창의성이 외면받는 결과를 낳을까? 창작의 자동화로 인해 사회는 본질적으로 빈곤해지고, 중요한 무언가를 잃어버리게 되지는 않을까? 사실 이러한 우려는 새로운 창작 도구가 등장할 때마다 나타났다. 이는 '새로움의 저주curse of the new'라는 개념과 연결된다.

20세기 초, 철학자이자 문화 비평가인 발터 벤야민은 예술 작품의 기계적 재생산이 그것의 아우라aura와 고유성을 약화시킨다고 주장했다.[39] 벤야민이 이 주장을 했을 당시에는 대중 매체로서 영화와 사진이 급속도로 보급되던 시기였는데, 그는 예술 작품의 아우라가 특정한 역사적 맥락과 기원에서 비롯되는 것이라고 보았다. "예술 작품의 고유성은 전통의 맥락 속에 자리 잡고 있다는 사실과 분리될 수 없다."[40] 바로 그렇기 때문에 원본이 복제본보다 항상 특별한 지위를 갖게 된다는 것이 그의 주장이다. 인간이 만든 예술은 특정한 순간, 특정한 예술가에 의해 창작되기에 고유한 존재로서의 진정성을 지닌다. 벤야민은 예술이 점점 더 광범위하게 복제될수록 사람들이 예술에 대한 경외감을 잃게 되고, 결국 예술의 의미 자체가 상실될 것이라고 주장한다.

벤야민의 우려가 과연 타당할까? 기계적 재생산은 수세기 동안 다양한 형태로 존재해 왔다. 렘브란트는 많은 견습생이 그의 그림 작업을 돕는 대형 작업장을 운영했으며, 미켈란젤로 역시 시스티나 대성당을 그릴 때 조수를 채용해 특정 부분을 채색하게 했다. 더 최근의 예로는 앤디 워홀이 대규모 작업장을 운영하며 그의 조수들이 대부분의 작품을 대량 생산한 사례가 있다. 새로운 도구의 도입이 반드시 예술의 가능성을 약화시킬까? 도구는 타악기와 동굴 벽화의 시대부터 창작의 수단으로 쓰였다. 합성 드럼 비트와 턴테이블이 대중음악을 파괴한 것이 아니라 오히려 새로운 음악 장르를 탄생시킨 것처럼, 기술은 예술을 소멸시키기보다 확장시키는 역할을 해왔다.

2022년, 다양한 생성형 AI 도구가 대중에게 공개되자 많은 사람들이 새로운 방식의 창작을 실험하며 AI 기술이 폭발적인 인기를 끌었다. 그러나 현재 AI에 대한 열광은 예술적 가능성보다도, 기업의 주주 가치를 극대화할 수 있다는 기대와 맞물려 있다. 기업들은 AI가 가져올 혁신적 변화와 예술적 혁명을 내세우며 과감한 주장을 펼치고 있으며, 모두가 AI 열풍에 편승하려 하고 있다. 그러나 새로운 기술이 등장할 때마다 이러한 과대광고와 공포는 반복되어 왔다. 이전의 기술들과 마찬가지로 AI는 특정한 가능성을 제공하는 하나의 도구로써 다양한 목적에 따라 활용될 수 있다. 이러한 흐름을 보다 명확하게 이해하려면, 소비자 친화적인 생성형 AI의 등장을 다른 시대의 창작 기술과 비교해 보면 된다.

19세기 중반, 사진이 처음 등장했을 때 많은 사람들은 회화가 사라질 것이라는 두려움을 가졌다. 사진 기술은 현실을 정밀하고 정확하게 포착할 수 있기에 기존의 초상화나 풍경화를 대체할 것이라는 전망도 많았다. 대중은 이 새로운 기술을 두려워해야 할지, 아니면 환영해야 할지를 두고 갈등했으며, 예술계에 미칠 영향을 두고 논쟁을 벌였다. 이러한 논쟁은 오늘날 생성형 AI를 둘러싼 두려움과 크게 다르지 않다.

출처가 의심스럽긴 하지만, 프랑스 화가 폴 들라로슈는 처음으로 사진을 보았을 때, "오늘부터 회화는 죽었다"라고 선언했다고 전해진다.[41] 그가 본 최초의 사진은 다게레오타입Daguerreotype이라고 불렸는데, 연마된 은판 위에 이미지를 형성하는 초기 사진 기술로, 대중에게 공개된 최초의 사진 형식 중 하나다. 당대 상당수 예술가들은 사진을 진정한 예술 형식으로 인정하지 않았다. 1859년의 샤를 보들레르는 사진이 자연을 정확하게 재현하는 데 집중한 나머지, 예술가의 상상력과 창의성을 희생시킨다고 주장했다. 그는 사진을 "화가가 되고 싶어 하지만 재능이 부족하거나, 공부할 의지가 없는 사람들의 피난처"라고 평가절하했다.[42] 그러나 시간이 지나면서 논쟁의 방향은 단순한 거부와 두려움에서 사진이 독자적인 예술 표현 방식으로 인정받을 수 있는가로 변화하기 시작했다.

선구적인 사진작가인 줄리아 마거릿 카메론은 사진을 '고급 예술'로 끌어올리려는 실험을 진행했다.[43] 그녀는 극적인 조명 연출과 부드러운 초점 처리 기법을 도입하여 사진이 기록 매체가 아닌 예술적 표현의 도구가 될 수 있음을 보여주었다. 또한, 일부러 지문, 얼룩, 번짐과 같은 결함을 작품의 일부로 포함시키며 사진에 예술성을 부여했다.

사진은 회화에 영향을 미치기도 했다.[44] 사진이 현실을 정밀하게 재현하는 역할을 하면서, 화가들은 시각적 사실주의에서 벗어나 빛과 색채의 표현을 실험하는 방향으로 나아갔다. 그 결과, 인상주의, 상징주의, 토널리즘과 같은 새로운 예술 운동이 탄생했다. 일부 화가들은 사진의 요소를 회화에 적극적으로 활용하기도 했다. 에두아르 마네는 사진의 크롭 기법을 차용하여 화면 구성을 새롭게 했으며, 회화에 더 사실적인 요소를 접목시켰다. 또한 화가들은 사진을 그림의 보조 도구로 활용하기도 했다. 사진을 통해 특정 장면을 미리 포착하면 다른 장소에서도 작업을 이어갈 수 있었고, 모델 역시 오랜 시간 동안 힘들게 포즈를 유지하지 않아도 작업이 가능했다.

사진 기술이 대중에게 보급되면서, 점점 더 많은 사람들이 간단한 장비만으로 원하는 순간을 쉽게 포착할 수 있게 된 것처럼 AI도 창작자들의 활동을 보완하고, 이전에는 불가능했던 방식으로 자신의 비전을 실현할 수 있도록 돕는 도구가 될 수 있다. 현대 예술가인 안나 리들러Anna Ridler는 AI를 예술 창작 과정에서 사용할 수 있는 도구 중 하나라고 말한다.[45] 그녀에게 AI는 독립적으로 창작할 수는 없지만, 인간의 지휘 아래에서는 완전히 새로운 무언가를 만들어낼 수 있는 잠재력을 가진 도구다. 시각 예술가 헬레나 사린Helena Sarin 역시 GANs를 활용하여 예술과 소프트웨어를 결합한 독창적인 이미지를 만들어 내고 있다.[46] 이처럼 창작의 근본적인 힘은 여전히 인간에게 있지만, 최종 작품은 인간과 기계의 협업으로 탄생할 수 있다.

    AI는 창작 과정에서 아이디어를 촉진하고 작업을 정리하는 도구로도 활용할 수 있다. 예를 들어, 작가들을 위한 AI 기반 도구인 스토리엔진Story Engine은 서사의 구조를 잡고, 아이디어를 제시하며, 챕터 작성을 돕는다. 일부 작가들은 이러한 도구가 창작 활동을 저해한다고 비판하지만, 작가의 창의성을 자극하고, 글쓰기 과정에서 막힌 부분을 풀어주는 유용한 도구로 볼 수도 있다.

    생성형 AI를 옹호하는 주요 논리 중 하나는 AI가 특정한 예술 창작 형태를 재능이 없는 사람들에게도 개방할 수 있다는 것이다. 이전에도 아마추어 예술은 존재해 왔지만, 이러한 도구들은 거의 모든 사람이 몇 년 전만 해도 상상할 수 없었던 독창적인 이미지와 영상을 만들 수 있게 한다. 실제로 현재 매일 3,400만 개 이상의 새로운 이미지가 AI를 통해 생성되고 있다.[47] 이들 창작물 대부분은 전문 예술가가 만든 것이 아니다. 특히 AI를 활용하면 누구나 특정한 스타일과 장르의 인상적인 이미지를 손쉽게 제작할 수 있다. 「와이어드」는 이를 두고 "인공지능이 이제 '와우'를 창출하는 엔진이 되었다"고 설명했다.[48]

AI 혁명이 예술에 가져올 진정한 위험은 인간이 창작한 예술이 사라지는 것이 아니라, 이 기술이 권력자에 의해 남용되어 창작자를 착취하고 기업의 이윤을 극대화하는 수단으로 전락할지 모른다는 것이다. 대형 상업 스튜디오들은 최대한 많은 과정을 자동화해, 인간 창작자를 고용하더라도 가급적 최소한의 비용만 지출하려 할 것이다. 기술이 실제로 어떻게 사용될지는 복잡한 사회적·경제적 요인에 의해 결정된다. 생성형 AI가 문제로 지적되는 이유는 예술을 값싸게 대체할 수 있는 '지름길'로 여겨지기 때문인데, 이는 창작자들이 정당한 보상을 받을 기회를 박탈할 수 있다.―「와이어드」

로라는 우리가 AI 예술에 지나치게 의존하게 될 경우 어떤 세상을 만들게 될지 걱정한다. 수천 년 동안 인간은 예술을 창조해왔으며, 이는 문명의 발전을 이끌어 왔다. 우리는 문화를 만들고, 인간 존재의 의미를 확장하고, 다음 세대가 어떻게 살아가야 할지 고민할 수 있도록 무언가를 남겨 왔다.

그러나 AI가 예술을 장악한다면, 모든 창작의 기준점이 과거에 만들어진 작품들에만 의존하게 된다. 그렇게 되면 새로운 창의성과 혁신이 사라지지 않을까? 결국 우리는 복제된 복제본을 학습하면서 원본은 점점 잊혀져가는, 점진적으로 쇠퇴하는 사회에서 살게 될지 모른다.

예술은 정의하기 어려운 무형의 요소를 포함하고 있다. 그것은 인간 정신의 일부를 담고 있으며, 알고리즘적 재생산 과정에서는 그

본질이 사라진다. AI는 아침 햇살 속에서 사랑하는 사람이 곁에서 잠들어 있는 순간의 완벽한 감정, 혹은 전쟁의 참호 속에서 겪는 공포를 성찰할 수 없다. 우리는 『오셀로』를 읽으며 내 안에 있는 질투심을 돌아보고, 쇼팽의 〈장송행진곡〉을 들으며 죽음의 필연성을 성찰한다. 감정적 연결이 결여된 생성형 AI는 결국 공허하고 무의미한 도구로 남을 수밖에 없다. 그러나 더 본질적인 문제는 이 기술이 거대 기업들의 손에 넘어가면서, 전 세계의 예술가들이 희생되고 소수의 부유한 이들의 이익만을 채우는 수단으로 전락할 가능성이 크다는 것이다.

5장

기계를 멈춰 세워라

―

영국 코번트리, 물류 노동자

6시, 알람이 여지 없이 울린다. 알렉스는 눈을 계속 감은 채 손을 뻗어 핸드폰을 찾아 알람을 끈다. 몸을 돌려서 아직 곁에서 자고 있는 여자 친구를 바라본다. 그는 매일 밤, 여자 친구를 깨우지 않기 위해 출근할 옷을 욕실에 미리 가져다 둔다. 아침마다 목표는 단순하다. 샤워를 하고, 아침을 먹고, 30분 안에 집을 나서는 것. 차에 올라 운전대를 잡고 왼쪽으로 방향을 틀어 새로 조성된 주택 단지를 지난다. 길 양 옆으로 작은 테라스와 가짜 플라스틱 잔디가 깔린 정원을 갖춘 집들이 줄지어 서 있다. 차 앞 유리에 낀 성에는 아직 가시지 않았다. 오래된 차라서 히터가 쉽게 따뜻해지지 않는 탓이다. 그는 운전을 계속하며 손수건으로 유리를 닦아낸다.

알렉스가 향하는 곳은 물류 혁명의 최전선에 있는 아마존의 거대한 창고로, 내부는 빠르게 움직이는 컨베이어 벨트와 톤 단위의 상품들로 가득 차 있다. 모든 움직임은 세계에서 가장 정교한 AI 시스템에 의해 조정된다. 알렉스의 자동차는 곧 영국 웨스트 미들랜즈에 위치한 코번트리를 통과한다. 한때 이 도시는 영국 자동차 산업의 중심지였다. 1960년대 코번트리는 영국의 디트로이트라고 불렸다. 1971년, 웨스트 미들랜즈 지역은 영국에서 두 번째로 부유한 지역이었으며, 영국 전체 자동차 생산량의 75퍼센트를 담당했다.[1] 1974년 당시에는 지역 인구의 52퍼센트인, 11만 5,000명이 자동차 산업에 종사했다.[2] 하지만 낙관적인 분위기는 오래가지 않았다. 1970년대 후반이 되자, 탈산업화가 진행되면서 코번트리는 황폐화됐다. 1981년, 지역 출신 밴드 더 스페셜스는 자신들의 고향을 주제로 한 곡을 발표해 몇 주 동안 영국 싱글 차트 1위를 기록했는데, 곡명은 '유령 도시Ghost Town'였다.

1982년까지 자동차 산업에서만 5만 3,000개의 일자리가 사라졌다.[3] 이후에도 자동차 산업은 가까스로 명맥을 유지했지만, 결국 2005년 재규어Jaguar 공장이 문을 닫으면서, 코번트리에서 110년 동안 이어져 온 자동차 제조업의 역사는 종말을 맞이했다.

코번트리의 흥망성쇠는 알렉스의 이야기이기도 하다. 대학 시절, 알렉스와 친구들은 재규어 공장에서 견습공으로 일했다. 그들은 트랙으로 불리던 조립 라인에서 일하는 트랙 랫track rats, 조립라인의 쥐들이었다. 하지만 공장이 폐쇄되면서 일부는 다른 곳으로 배치되었고, 대다수는 실직했다. 그럼에도 불구하고 자동차 제조업의 명맥은 조금이나마 유지됐다. 공장의 일부가 하청업체에 임대되었고, 알렉스는 그곳에서 자동차 인테리어 부품을 생산하는 기계공으로 일했다. 그러나 이 일도 오래가지 않았다. 2017년, 알렉스를 포함한 500명이 회사 폐쇄와 함께 일자리를 잃었다.

    1년 후, 2018년, 아마존 물류 창고가 옛 공장 부지에 들어선다. 재규어 공장에서 일했던 많은 사람들이 결국 같은 장소에서 다시 만나게 됐다. 알렉스도 그중 한 명이다. 그에게는 선택지가 거의 없었다. 아마존 창고에서의 일은 이전보다 더 열악했다. 더 긴 노동시간에 더 적은 임금을 받았고, 관리자들은 마치 어린아이를 대하듯 그를 대했다. 하지만 아마존은 갑자기 문을 닫을 위험이 없는 기업이다. 이렇게 아마존 물류 창고들은 탈산업화 이후 버려진 영국의 공장을 차지했고, 자동차 산업이 내버린 노동자들을 흡수했다.

    아마존의 물류 시설은 가장 가까운 공항의 코드명을 따서 명명한다. 이곳은 BHX4●로 불린다. 하지만 이곳은 다소 특이하다. 단순한 풀필먼트 센터fulfilment centre(주문 처리 센터)가 아니라, 아마존의 다른 창고에 물품을 공급하는 허브 역할을 한다. 내부적으로는 인바운드 크로스 독Inbound Cross Dock이라고 불린다. 유럽 전역에 단 세 곳만 존재하는 이 시설은 아마존 유통망에서 전략적으로 중요한 거

● BHX는 영국 버밍엄 국제공항의 국제 항공 코드이다. 아마존은 관례적으로 각 물류 시설에 가장 가까운 공항을 기반으로 이름을 붙이는데, 이 경우 BHX는 버밍엄 공항을 의미하고, 4는 버밍엄 지역 내 네 번째로 지어진 시설이라는 뜻이다.

점을 차지하고 있다.

BHX4는 히드로 공항 다음으로 영국에서 두 번째로 큰 화물 공항인 이스트미들랜즈 공항에서 남쪽으로 한 시간 거리에 위치해 있다. 이곳은 영국의 황금 삼각지대로 불리는데, 영국 인구의 90퍼센트가 도로를 통해 네 시간 이내에 접근이 가능하기 때문에 붙여진 별명이다. 한때 자동차 산업의 중심지였던 이곳은 이제 영국 물류 산업의 핵심으로 변모했으며, 거대한 유통 센터들이 거미줄처럼 연결된 네트워크를 형성하고 있다. 이 삼각지대의 주요 도로를 따라가다 보면, 끝없이 이어지는 거대한 창고 단지들을 만날 수 있다.

아마존은 자사의 물류 네트워크에 대한 세부 사항을 철저히 비밀에 부치고 있다. 복잡한 시설과 기술이 결합하는 정확한 방식은 미스터리다. 소비자들이 볼 수 있는 것은 놀라울 정도로 빠르게 도착하는 배송 물품뿐이다. 물류 센터에 도착한 알렉스는 형광 조끼와 사원증이 달린 목걸이를 걸고, 주차장을 가로질러 입구로 향한다. 이전에는 보이지 않던 CCTV가 눈에 띈다. 창고 바깥 도로에서 노조 활동가들이 전단지를 나눠주자 새로 설치한 것들이다.

오전 7시 10분, 근무 시작 전에 잠시 짬을 내어 구내식당에서 팀원들과 이야기를 나눈다. 창고에는 매일 약 600명의 직원이 근무하며, 각각 특정한 기능을 담당하는 그룹으로 나뉜다. 시계가 7시 30분을 가리키자, 아침 브리핑이 시작된다. 브리핑에서는 매일 거의 비슷한 안전 및 품질 관리에 대한 내용이 전달된다. 알렉스는 이걸 설명하는 사람도 지겹겠지만, 듣는 입장에서는 더 지루하다고 생각한다. 그러나 오늘은 약간의 변화가 있다. 노동조합에 관한 특별 공지가 있었다. 어제 오후 6시, 야간 근무자들이 출근할 때 노조 활동가들이 전단을 배포했다는 소식이다. 팀장은 새로 부착될 포스터를 들어 직원들에게 보여준다. 포스터에는 이렇게 적혀 있다. "노동조합에 가입하는 대신, 우리와 무료로 대화하세요!(노조에 가입하려면 가입비를 내야 한다는 뜻이다)" 팀장은 아마존이 직원을 소중하게 생각한다며, 문제가 생길 경우 내부 채널을 통해 언제든 해결할 수 있다고 강조한다. 회사는 직원들의 의견을 정말 중요하게 여긴다고도 덧붙인다. 알렉스는 친구와 눈빛을 주고받으며 피식 웃는다. "그래, 퍽이나 신경 써주겠지."

노조 관련 공지가 끝나자 관리자는 오늘 창고를 거쳐 가야 할 유닛^{unit}(개별 상품 단위)의 수량에 대해 이야기한다. 목표는 140만 개 이상. 그러자 나이가 마흔다섯쯤 되어 보이는 한 여성 직원이 필리핀어로 욕을 내뱉는다. 그녀는 친구에게 고개를 돌려 천장을 가리키고, 몇몇 직원들도 고개를 저으며 한숨을 쉰다. 하지만 관리자는 이를 못 본 척한다.

오늘 목표가 이렇게 높은 이유는 지난 몇 주 동안 영국 최대 컨테이너 항구인 펠릭스토우에서 항만 노동자들이 파업을 하면서 물류 공급이 차질을 빚었기 때문이다. 영국으로 들어오는 컨테이너의 절반가량이 이 항구를 거치는데 파업의 파급 효과는 상당해서 유통망 전체에 심각한 적체 현상이 발생했다. 이제 지난주 동안 비어버린 재고를 다시 채우기 위해 속도를 올려야 하는 상황이다. 오늘 근무는 쉽지 않을 것 같다. 알렉스는 깊게 숨을 들이쉰 뒤, 공항 보안 검색대 같은 게이트를 지나 거대한 창고 내부의 작업대로 향한다.

속도는 시스템이 정한다

이 창고가 어떻게 운영되는지 이해하려면, 오늘 이곳을 통과할 140만 개 유닛 중 하나의 이동 경로를 따라가 볼 필요가 있다. 예를 들어, 그 유닛이 전기 주전자라고 해보자. 전기 주전자 수백 개가 팔레트에 쌓인 채로 트럭 적재함에 실려 창고로 도착한다. 트럭이 하역장에 들어서면, 세 명으로 구성된 작업팀이 즉시 포장을 벗기고 개별 상품을 컨베이어 벨트에 올려 창고 내부로 이동시킨다.

이 상품들은 유니버설 리시버^{universal receiver}로 불리는 곳으로 흘러가는데, 여기서 알렉스의 작업이 시작된다. 그의 역할은 상품을 무작위로 점검해 창고의 AI 시스템이 올바르게 상품을 인식하는지 확인하는 것이다. 시스템은 알렉스에게 두 가지 지시 중 하나를 내린다. 첫 번째는 전기 주전자를 그냥 컨베이어를 따라 흘려보내는 것으로, 이 경우 상품은 바로 출고 라인으로 이동한다. 두 번째는 상품을 '토트'라고 불리는 노란색 박스에 분류하는 것이다. 토트는 그의 작업대 뒤에 배치되어 있으며, 가득 차면 자동으로 컨베이어를 타고 출고 구역으로 이동한다. 유니버설 리시버에서 일하는 동안 그 누구와도 대화할 필요가 없다. 오직 시스템의 지시에 따라 혼자 작업할 뿐이다. 그는 하루 종일 그 자리에 서서, 똑같은 작업을 반복한다.

토트와 포장된 상품에는 목적지가 적힌 라벨이 부착된 후 출고 구역으로 이동한다. 출고 구역에서는 같은 목적지로 가는 유닛들을 한데 모아 팔레트에 다시 쌓고, 포장한 후 라벨을 부착한다. 이때 토트를 들어 올리는 작업이 상당히 힘들다. 오늘 같은 날에는 대략 15초마다 한 개씩 박스를 처리해야 한다. 안전 지침상, 토트를 머리 위로 들어 올리는 것은 금지되어 있다. 하지만 이 규칙을 제대로 지키다 보면 작업 속도 기준을 맞출 수 없다. 창고에서 발생하는 상당수 부상도 바로 이 과정에서 일어난다. 한 명의 작업자가 출고 구역으로 향하는 트럭에 물품을 적재하면, 제품들은 대도시 시장과 가까운 분류 배송 센터로 전달되고, 최종적으로는 아마존의 운전기사들이 고객에게 배송한다.

꽤 시간이 지났다. 알렉스는 앉고 싶다는 생각뿐이다. 하지만 작업 구역에는 의자가 놓인 적이 없다. 다른 곳도 마찬가지다. 회사 측의 논리는 단순했다. 앉아 있으면 속도가 느려진다. 이곳에서 중요한 것은 속도다. 속도는 시스템이 정한다. 상품을 스캔하는 모든 작업은 철저하게 모니터링되며, 관리자들은 직원마다 시간당 처리율을 끊임없이 체크했다. 알렉스가 처음 BHX4에서 일하기 시작했을 때, 이런 속도 측정 시스템은 큰 스트레스였다. 일을 시작한 지 얼마 되지 않았을 때, 그는 하루 종일 의욕이 바닥을 쳤다. 이 일이 너무도 무의미하게 느껴져 속도가 평소의 절반 수준으로 떨어졌다.

그날 오전 10시쯤되자 팀장이 다가와 "무슨 문제 있어?"라고 물었다. 알렉스는 딱히 대답할 말이 없었다. 그러자 팀장은 알렉스의 뒤에 서서 그가 작업하는 모습을 5분간 지켜보았다. 그리고 알렉스가 속도를 올리는 걸 확인한 후에야 떠났다. 그 순간, 알렉스는 완전히 무력감에 빠졌고 곧 깨달았다. 처리 속도가 곧 이곳에서 살아남을 수 있는 유일한 기준이라는 사실을. 이곳에서 6개월짜리 계약직으로 일하는 사람들 중 속도가 빠른 이들만이 정규 직원이 될 수 있다. 그에게 이 일은 꼭 필요했다. 결국 미친 듯이 일했다. 정규직으로 전환된 후에는 속도 측정이 그리 신경 쓰이지 않게 되었다. 일정한 속도를 유지하면서, 정신을 다른 곳에 두는 방법을 터득했기 때문이다.

무엇보다 아이들 타임idle time(작업 중 멈춰 있는 시간)을 기록하지 않는 것이 중요하다. 아이들 타임이 발생하면 안 된다. 스캐너가 상품을 인식하지 않는 시간이 일정 수준을 넘어서면 문제가 된다. 하루 동안 쉬는 시간은 딱 두번, 각각 30분씩(하나는 유급, 하나는 무급)만 허용되며, 단 1분도 더 쉬어서는 안 된다.

오후 3시쯤, 팀장이 작업장을 돌며 직원들에게 하루 동안의 속도와 아이들 타임을 통보한다. 그는 알렉스의 작업대 앞을 지나치면서 단 한마디만 남긴다. "오늘도 잘했어." 그리고 그대로 다음 작업대로 향한다. 만약 처리 속도가 기준에 미달하거나 작업 중 멈춰 있는 시간이 너무 많으면 어댑트ADAPT라고 불리는 성과 관리 프로그램의 희생물이 될 수 있다. 일단 여기에 이름이 올라가면 반드시 정해진 할당량을 달성해야 한다. 그렇지 않으면 해고된다. 예전에는 6주 동안 속도 기준 하위 25퍼센트에 다섯 번 들면 자동으로 어댑트에 이름이 올라갔다. 그런데 최근 속도 기준 자체가 불분명해졌다. 예전에는 지켜야 할 작업 속도를 공지해주고, 각각이 현재 어디쯤 위치하는지 알려줬다. 알렉스의 작업 기준은 보통 시간당 300유닛 정도다. 하지만 몇 달 전부터 전체 직원에게 속도 데이터를 공유하는 것이 중단됐다. 이제는 하위 25퍼센트에 속하는 사람들에게만 속도를 올리라는 통보가 내려진다.

문제는 이 상대적 목표 방식이 불공정하다는 것이다. 아무리 모두가 속도를 올려도, 누군가는 항상 하위 25퍼센트에 머물 수밖에 없었다. 결국 전원이 기준을 넘긴다 해도, 가장 느린 사람은 항상 기준 미달로 평가됐다. 예전처럼 시간당 300유닛 이상을 처리해도, 이제는 확신할 수 없다. "내가 안전한지, 마지막 한 시간이라도 여유를 가질 수 있는지, 전혀 알 수 없습니다." 알렉스는 이 부서에서 5년째 일하고 있다. 우울하다고 말할 수는 없지만, 완전히 의욕을 상실한 상태다. 건물 안으로 걸어 들어올 때마다, "다른 일을 찾아야겠다"는 다짐을 한다. 하루 종일 혼자서, 아무와도 대화하지 않은 채 반복 작업을 하다 보면 머릿속이 온갖 잡생각으로 가득 찬다. 그리고 언제나 그 생각들은 결국 하나의 질문으로 귀결된다.

"내 인생을 이렇게 보내도 되는 걸까" 그는 애써 그 생각을 피하려고 한다. 답이 두렵기 때문이다. 마침내, 근무가 끝난다.

알렉스는 작업대를 떠나, 천천히 구내식당으로 걸어간다. 동료들 사이에 농담은 오가지만, 아침에 비해 훨씬 조용하다. 자동차 인테리어 공장에 다닐 때는 출퇴근을 자전거로 했다. 하지만 이제는 그런 기력조차 남아 있지 않다. 그의 동료는 요즘 새로운 농담을 한다. "네가 제일 좋아하는 단어가 뭔지 나는 알아! '피곤해'지."

알렉스는 이곳에서 일하기 시작한 뒤, 자신이 완전히 다른 사람이 된 것 같다. 짜증이 잦아졌고, 우울해졌으며, 사람들과 함께 있는 것이 힘들어졌다.

아마존의 추출 기계를 소개합니다

아마존하면, 흔히 창립자 제프 베이조스가 1,700억 달러를 벌어들인 신화 같은 이야기가 떠오른다. 많은 분석가들은 기업의 성공을 창립자의 천재성에서 찾으려 한다. 그러나 아마존의 소매 운영 방식을 제대로 이해하려면, 인간적인 요소에서 출발해서는 안 된다. 뒤엉킨 케이블, 서버, 노동, 데이터에서부터 이야기를 시작해야 한다.

아마존의 물류 네트워크는 스카우트Supply Chain Optimization Technologies(공급망 최적화 기술)팀이 운영하는 일련의 컴퓨터 프로그램들을 기반으로 구축되어 있다. 이 팀은 21세기판 조립 라인과도 같은 정교한 시스템을 운영한다. 아마존의 내부 문서에 따르면, 아마존 스토어를 하나의 신체로 본다면 스카우트는 신경계에 비유할 수 있다. 스카우트는 공급망의 처음부터 끝까지 모든 과정을 조율하는, 세계에서 가장 크고 정교한 자동 의사결정 시스템으로 묘사된다.[4] 아마존의 공급망 네트워크는 다양한 개별 하위 시스템들로 구성되어 있다. 각 하위 시스템은 저마다의 문제를 해결하기 위해 다양한 컴퓨팅 기술을 활용한다. 스카우트의 역할은 바로 이러한 개별 시스템들의 작동을 통합적으로 조정하는 것이다. 다시 말해, 제조업체와의 협력 단계부터 최종 배송까지의 모든 과정이 스카우트의 통제 아래 이루어진다.

아마존 문서에서는 스카우트를 "인체의 신경계처럼, 조용히 백그라운드에서 작동하며 핵심 기능과 흐름을 자동으로 최적화하는 시스템"이라고 설명하는데,[5] 그 규모가 어마어마하다. 스카우트는 연간 5,000억 달러의 매출을 올리는 아마존의 모든 자원을 관리한다. 규모로만 본다면 전 세계에서 가장 강력한 AI 모델이다.

스카우트는 네 가지 핵심 기능을 수행한다. 수요 예측, 투입 요소 계산, 주문 처리 계획 수립, 그리고 전체 주문 처리 네트워크 관리가 그것이다. 각각의 기능은 아마존의 물류 체인에서 조달부터 배송까지의 각 단계와 맞물려 있으며, 노동자들의 삶에 큰 영향을 미친다. 이 시스템은 지식과 의사결정 권한을 고위 관리자와 시스템 자체에 집중시키는 반면, 노동자들의 권한은 축소시키고, 업무 숙련도를 떨어뜨리는 동시에 노동 강도를 높이는 방향으로 설계되어 있다. 이는 과거 산업시대에 노동력을 관리하고 통제했던 방식과도 유사하다.

수요 예측 측면에서 스카우트는 세계에서 가장 큰 규모의 시뮬레이션 플랫폼 중 하나로, 고객들의 클릭과 구매 패턴을 분석해 판매량 변화를 예측한다.[6] 이를 위해 아마존의 엔지니어들은 수백만 개의 상품 수요를 정확히 예측할 수 있도록 신경망neural network을 기반으로 한 AI 모델을 구축하고 훈련시켜왔다. 예측 정확성은 곧바로 비용 절감과 수익 증가로 이어지기 때문에 아마존에겐 매우 중요하다.

수요 예측이 완료되면, 시스템은 제조업체에서 물품을 발주하고, 아마존의 창고를 사용하는 판매자들에게 공간을 배정한다.[7] 이 발주 결정이 바로 매일 BHX4 창고로 도착하는 물품들의 흐름을 결정한다. 또한 스카우트는 트럭, 창고, 배송 센터 등 네트워크 전반의 자원 배분을 조정하며, 심지어 향후 새로운 창고를 어디에 세울지까지 제안할 수 있다. 이 모든 과정에서 필요한 노동력과 자재 투입량을 계산하고, 이를 바탕으로 전체 주문 처리 계획도 수립한다. 고객이 아마존에서 지금 구매Buy Now 버튼을 클릭하는 순간, 시스템은 실시간 데이터와 최적화 기술을 활용해 어디에서 상품을 출고할지, 여러 개의 주문을 어떻게 가장 효율적으로 통합할지 즉각 결정한다.[8] 이 과정에서 웹사이트 페이지 조회 수, 주문량, 창고 바닥의 바코드 스캔 데이터 등 수십억 개의 데이터 포인트를 분석한 후, 최소 비용으로 최대 속도로 상품을 이동시킬 방법을 찾아낸다.[9]

이뿐만 아니다. 실시간 데이터 분석을 통해 주문 처리 계획의 실행을 직접 관리한다. 예를 들어, 창고에서 바코드를 스캔하는 순간마다, 시스템은 상품이 네트워크 내 어디에 위치하고 어떤 과정을 거쳤는지 실시간으로 업데이트한다. 이 스캔 데이터는 단순한 재고 관리 정보가 아니다. 시간당 스캔 횟수와 작업자별 처리량이 기록되며, 이를 바탕으로 생산성 지표가 생성된다. 2019년, 아마존 내부 문서에 따르면, 자동화 시스템은 목표를 지속적으로 달성하지 못하거나 멈춤 시간이 너무 많은 직원들을 자동으로 해고할 수 있다고 명시되어 있다.[10]

이러한 개별 생산성 관리 시스템은 순환 근무와도 연결된다. 2020년에 아마존은 머신러닝 알고리즘을 활용해 직원들의 근육 사용량을 분석하고, 이를 바탕으로 업무 스케줄을 자동 조정하는 계획을 발표했다.[11] 노동자들이 동일한 근육을 계속 사용하지 않고 여러 업무를 돌아가며 수행하도록 설계된 이 시스템은, 노동자의 신체 부담을 줄이는 동시에 최대 생산성을 유지하도록 만들어졌다.

창고에서는 이 외에도 다양한 데이터 수집 방법이 활용된다. 예를 들어, 창고 곳곳을 감시하는 수백 대의 CCTV가 실시간으로 촬영하는 비디오 피드도 있다. 물류 체인에 속하는 풀필먼트 센터에는 흔히 시설 중앙에 위치한 케이지^{cage}를 중심으로 설계된다. 이 케이지 내부에서는 작은 로봇들이 이동식 선반을 운반해 픽앤팩$^{pick\text{-}and\text{-}pack}$ 스테이션에 배치한다. 그런데 노동자들은 이 스테이션을 극도로 싫어한다. 이곳에서 일하는 10시간 동안 동료와 완전히 단절된 채, 단 몇 가지의 동일한 동작을 무한 반복해야 하기 때문이다. 야간 근무라면 그 고통은 더욱 가중된다. 이곳에 일하는 상당수 노동자들이 결국 불안장애나 우울증을 겪었다.

각 스테이션은 세 개의 카메라로 모니터링되며, 나이키Nike라고 불리는 컴퓨터 비전 AI가 전 과정을 감시한다. 나이키는 물건을 선반에 보관할 때의 위치를 기록하는데, 이는 사람일 수도 있고 기계일 수도 있는 피커들이 더 빠르게 물건을 찾을 수 있도록 돕는다. 시스템은 인간 작업자와의 인터페이스 역할도 수행하는데, 선반에 투사된 색깔 표시를 통해 상품이 어디에 위치하는지, 또는 어디에 보관해야 하는지를 지시한다. 전체 작업의 95퍼센트는 이 모니터링 시스템이 자동으로 데이터를 수집하여 처리하지만, 나머지 5퍼센트의 경우, 시스템이 스스로 해결하지 못하는 문제들이 발생한다. 이러한 경우, 해당 비디오 피드가 인도로 또는 코스타리카로 전송된다. 그러면 우리가 앞에서 만났던 저임금 데이터 주석 작업자들이 이를 분석하여 상품 위치를 놓치지 않도록 보완한다.¹²

아마존이 추적하는 건 상품만이 아니다. 탐사보도국Bureau of Investigative Journalism●은 아마존이 데이터 주석 작업자들에게 창고 노동자들을 감시하고 방역 지침을 제대로 지키는지 확인하도록 지시한 증거를 찾아냈다.¹³ 또한 노동자들의 노조 조직화 활동을 감시하는 반(反)노조 추적 시스템을 도입하려 했던 적도 있다.¹⁴ 아마존의 감시는 도로 위에서도 계속된다. 아마존은 배송 차량에는 네트라다

● 2010년에 설립되어 영국 런던에 본거지를 둔 비영리 뉴스 단체.

인 드라이버아이Netradyne Driveri라는 운전자 모니터링 시스템이 설치되어 있다.[15] AI 기반의 이 소프트웨어는 차량 안팎에 장착된 카메라를 통해 운전자의 운전 습관과 업무 수행 방식을 실시간으로 측정, 평가하고 지시를 내린다.

외부에서 아마존의 광범위한 감시 프로그램이 정확히 어디까지 뻗어있는지 파악하기란 쉽지 않다. 하지만 BHX4의 모든 노동자들이 알고 있는 한 가지 사실이 있다. 그들은 근무하는 매 순간 감시와 추적, 관리를 당하고 있다. 이 모든 과정이 완전히 자동화된 것은 아니다. 아마존의 노동자들은 팀 리더와 총괄 관리자의 직접적인 관리를 받는다. 그러나 이 관리자들이 받는 지시와 수행해야 할 업무 계획은 상위 시스템에서 결정되며, 그 중심에는 AI 기반 자동화 시스템이 있다.

이처럼 AI 시스템이 다양한 기능을 수행하는 만큼, 아마존이 이를 물류 두뇌logistical brain로 포장하고 싶어 하는 것은 별로 놀랄 일이 아니다. 이런 비유는 AI의 결정을 마치 '고도로 정교한 기술적 판단'인 것처럼 보이게 만들고, 시스템에 대한 신뢰감을 형성하는 역할을 한다. 특히 '물류 두뇌'라는 이미지는 경영진, 투자자, 규제 당국의 지지를 이끌어낼 뿐 아니라 노동자들의 순응을 유도하는 수단으로도 활용된다. 이런 경향은 인간의 두뇌를 본떠 AI를 이해하려 했던 오랜 전통과 맞닿아 있다. AI라는 용어 자체는 1956년 미국 뉴햄프셔주 다트머스대학교에서 열린 여름 세미나에서 처음 등장했다.[16]

인공지능이라는 명칭은, AI가 인간의 사고 과정을 인위적으로 재현하는 컴퓨터 기술이라는 전제를 내포하고 있다. 이처럼 '계산이 곧 생각(사고)'이라는 오래된 비유는 AI 시스템의 작동 방식을 신비화하고 자연스러운 것으로 보이게 한다. 그 결과, 우리는 AI 시스템이 내리는 결정을 분석하거나 의심할 수 없는, 초논리적이며 거의 오류가 없는 판단으로 받아들인다.

그러나 이 책에서 우리가 밝혀온 것처럼, AI 시스템의 본질을 더 정확히 이해하려면 다른 접근이 필요하다. AI는 추출 기계로 보는 것이 훨씬 더 적절하다. 아마존의 AI 시스템도 마찬가지다. 이 시스템은 전적으로 인간 노동과 물리적 인프라에 의존한다. 시스템의 '지능'은 수백만 명의 창고 노동자와 배송 기사들의 노동 활동에서 추출된다. 그들이 매일 수행하는 업무가 AI를 작동시키는 데이터 포인트를 만들어낸다. 바코드를 스캔하는 작업 하나하나가 시스템에 필요한 핵심 정보를 생성한다. 노동자들은 과거 증기 기관에 석탄을 집어넣던 화부들처럼, 아마존의 추출 기계에 데이터를 공급하는 역할을 하고 있다.

아마존의 시스템과 20세기 초 도입된 조립 라인 사이에는 놀라운 역사적 유사점이 있다. 조립 라인은 제조업의 패러다임을 영원히 바꿔놓았다. 그 이전까지 자동차는 고도로 숙련된 기술자들이 한 대의 차량을 둘러싸고 협력하며 단계별로 조립하는 방식으로 생산됐다. 이들은 스스로 작업 속도를 조절할 수 있었다. 그러나 디트로이트의 포드 자동차 경영진과 엔지니어들은 전혀 다른 아이디어를 구상하고 있었다. 1909년부터 1914년까지, 그들은 완전히 새로운 자동차 제조 방식을 실험했다. 헨리 포드는 이 방식을 이렇게 설명했다. "노동자는 필요한 모든 초(秒)를 가져야 하지만, 단 1초도 불필요하게 허비해서는 안 된다."**17** 5년에 걸친 실험 끝에 포드 자동차는 몇 가지 획기적인 혁신을 이루게 된다. 공장 레이아웃을 새로 설계하고, 작업 공정을 더 세분화했으며, 표준화된 부품과 교체 가능한 부품을 도입했다. 여기에 각 공정을 최적의 순서로 배치한 단일 기능 기계를 활용해 생산 효율을 크게 끌어올렸다.

그리고 마침내 1913년에서 1914년 사이, 이 모든 개선의 정점을 찍는 변화가 도입된다. 바로 조립 라인의 등장이다. 조립 라인은 차량이 끝없이 이어지는 컨베이어 시스템을 따라 자동으로 이동하고, 노동자들은 고정된 작업대에서 단순한 작업을 반복하는 방식이었다. 이제 노동자들은 특정한 한 가지 작업에만 집중하면 되었고, 그 작업을 하루 종일 반복하면 됐다. 작업 속도는 더 이상 노동자 스스로 조절할 수 없었고, 조립 라인의 속도에 맞춰야만 했다.

조립 라인 시스템을 통해 포드는 노동 강도를 높이고, 노동자의 숙련도를 낮추는 자동 조직화 방식을 실현했다. 그 결과, 한 대의 모델 T 자동차를 조립하는 데 걸리는 시간은 12시간에서 93분으로 단축되었다. 생산성이 775퍼센트 증가한 것이다.**18** 조립 라인의 등장은 거대한 제조업 제국의 탄생을 알리는 신호탄이었으며, 동시에 자동차 중심 사회의 출발점이 되었다.

1914년, 포드는 하루 5달러의 임금을 지급하는 정책을 도입했다. 당시로서는 파격적인 임금 인상이었다. 그러나 이 혜택을 받기 위해서는 회사가 정한 엄격한 개인적 '도덕성' 시험을 받아들여야 했다.[19] 이 정책의 목표는 이직률을 낮추고(전년도 이직률은 380퍼센트에 달했다), 동시에 모델 T의 노동자 계층 소비 시장을 확대하는 데 있었다. 대량 생산을 통해 자동차 가격을 급격히 낮출 수 있다면, 노동자 계층도 자동차를 구매할 수 있을 터였다.

그러나 두 배로 오른 임금은 조립 라인이 창출한 막대한 이윤에 비하면 미미한 것이었다. 포드는 벌어들인 이윤을 생산 확장에 재투자했고, 노동자들은 자신의 작업 과정에 대한 통제력을 잃어가는 현실을 감당해야 했다. 이러한 모순적인 역학 관계는 산업 역사에서 반복적으로 등장했다. 역사를 되짚어 보면, 생산성 향상의 이익은 노동자들이 노동으로부터 자유로워지는 데 쓰이기보다는 대부분 투자자와 자산을 소유한 사람들에게 돌아갔다. 찰리 채플린은 영화 〈위대한 독재자〉에서 이를 다음과 같이 표현했다. "기계가 풍요를 제공했지만, 우리는 궁핍한 상태로 남겨졌다."

이런 구조 안에서 기술 발전은 노동자들에게 '경영진의 끊임없는 공격'처럼 다가온다. 노동자들은 기술 개발이 어디까지나 소유주의 이익을 중심으로 이루어진다는 사실을 직관적으로 느낀다. 그래서 경영진의 지배에 대한 저항은 종종 기술 변화 자체에 대한 반대의 형태로 나타나곤 했다. 지금의 경제 체제 아래에서는 기술 발전이 노동자 착취와 맞물려 작동한다.[20] 물론 생산성 향상이라는 목표를 노동자들에게 더 자유롭고 유연한 방식으로 적용하는 것도 이론적으로는 가능하다. 하지만 그런 변화가 현실이 되려면, 지금과는 전혀 다른 사회 체제가 전제돼야 한다.²¹ 1913년, 포드의 하이랜드 파크 공장에서 노동자들이 대거 이탈했던 것도 같은 맥락이다. 그들은 조립 라인이 아직 도입되지 않은 다른 공장으로 도망쳤다. 그곳에서는 여전히 일정 수준의 작업 통제권을 가질 수 있었기 때문이다.

그러나 결국 조립 라인은 미국뿐 아니라 전 세계 자동차 제조업의 근간이 되었다. 노동자들이 도망칠 곳은 더 이상 없었다. 수백만 명의 노동자들이 새로운 노동 체제에 빨려 들어갔다. 과거 숙련된 기술자였던 자동차 노동자들은 이제 기계의 부속품처럼 인간 자동화 기계로 전락했다. 모든 변화는 기술을 이용한 노동 과정의 재조직화 때문에 가능했다. 조립 라인은 단순히 새로운 기술이 아니다. 지식과 의사결정을 관리자들이 독점하도록 만드는, 훨씬 광범위한 흐름의 일부로 보아야 한다.²² 오늘날 이러한 중앙집중적인 지식 체계는 아마존 본사의 극소수 경영진에게 집중되어 있다. 이들만이 추출 기계를 조종하는 시스템의 운전석에 앉을 수 있는 특권을 가진다. 반면, 창고에서 일하는 노동자들이나 배송 트럭을 모는 운전자들에게 이 AI 기반 자동화 시스템은 낯설고, 거리감 있는 힘으로 다가온다. 이 시스템은 꼭두각시를 조종하듯 노동자들의 움직임을 철저히 통제하며, 네트워크에 속한 이들은 점점 단순한 부속품처럼 취급된다. 이들이 로봇보다 나은 점은 단 하나다. 더 저렴한 인건비, 섬세한 손기술, 그리고 복잡한 문제를 해결할 수 있는 능력. 바로 그것

뿐이다.

    그러나 인간 노동자는 시스템의 계획에서 벗어날 가능성이 있는 존재이기도 하다. 그렇기에, 노동자들은 시스템에 의해 철저히 감시되고 통제되어야만 한다. 만약 인간 노동자가 충분히 통제되지 않거나 속도를 유지하지 못한다면? 즉각적으로 해고되고 새로운 노동자로 교체할 수 있다. 이 과정에서 작업 중단은 없을 것이다. 작업 자체가 빠르게 익힐 수 있는 단순한 일이기 때문에, 해고된 노동자가 축적한 경험과 지식은 사실상 아무런 가치가 없다. 때문에 아마존의 노동자 이직률은 때때로 과거 포드 자동차 공장의 수준에 근접할 정도로 높아졌다. 이는 또 다른 문제를 초래했다. 2021년 유출된 미국 내 아마존 자체 보고서에 따르면, 아마존은 애리조나와 캘리포니아에서 노동력을 너무 빠른 속도로 소모하면서 심각한 고용 위기에 직면했다.[23] 아마존은 이 문건에 대해, "최종적으로 검토되거나 완성되지 않은 아이디어일 뿐이다"[24]고 해명했지만, 구체적인 수치를 공개하지는 않았다.

    과거 영국의 재규어 자동차 공장에서는 조립 라인에 따라 작업자들이 순차적으로 배치되어 특정한 작업을 수행했다면 지금 같은 장소에 세워진 아마존 물류 창고에서는 완전히 다른 방식으로 노동이 조직된다. 창고 노동자들은 복잡하게 연결된 공정과 컨베이어 벨트 네트워크를 따라 흩어져 있으며, 이 모든 과정은 아마존의 시스템에 의해 조율된다. 시스템은 주어진 출고 계획을 맞추기 위해 설계되었는데, 노동자들의 작업 데이터를 핵심적인 입력값으로 활용한다. 이처럼 노동자들이 생성하는 데이터는 결국 아마존의 추출 기계를 움직이는 연료가 된다. 이 데이터를 바탕으로 시스템은 더욱 정밀한 계획을 수립하고, 점점 더 복잡해지는 물류 네트워크를 효과적으로 관리할 수 있게 된다.

하지만 알렉스 같은 노동자들에게 이 시스템은 단순한 관리 도구가 아니다. 시스템은 그의 근무 환경부터 일하는 방식, 하루 동안의 모든 행동을 결정한다. 아마존의 다른 물류 네트워크 노동자들과 마찬가지로 알렉스도 시스템이 정확히 어떻게 돌아가는지 잘 모른다. 그의 요구나 필요는 시스템 설계 과정에서 우선순위에 들어 있지 않는다. 대부분의 노동자들은 이 시스템이 '노동자의 복지'가 아니라 '속도와 비용 최적화'만을 위해 만들어졌다고 생각한다.[25] 알렉스의 필요는 늘 아마존과 고객의 이익보다 뒤로 밀려났다.

AI 감시: 출근에서 퇴근까지

지금까지 앞선 장들에서는 AI 시스템이 실제로 어떻게 만들어지는지를 살펴보면서, 수백만 명의 노동자들이 보이지 않는 곳에서 투입되는 현실을 다뤘다. 이번 장에서는 AI가 우리의 일터를 어떻게 바꾸고 있으며, 그 결과 얼마나 많은 노동자들이 위험에 놓이게 될지를 짚어보려 한다.

오래전부터 일부 산업의 노동자들은 강도 높은 관리 감독 아래에서 일해 왔다. 자동차 제조업에서 컨베이어 벨트 시스템이 도입된 것도 노동 강도를 높이기 위해서다. 컨베이어 벨트 시스템은 곧 다양한 제조업 분야로 확산되었고 이제는 업계 표준이 됐다. 지금은 디지털 감시 기술이 컨베이어 벨트의 자리를 이어받고 있다. 예를 들어 지난 수십 년 동안 콜센터에서는 '교육 및 모니터링 목적'으로 노동자들의 모든 통화 내용을 녹음했다. AI 기반 관리 기술은 이러한 기존의 통제 방식을 더욱 정밀하고 자동화된 형태로 발전시킨 것이다. 완전히 새로운 개념이라기보다는, 기존에 존재하던 경영 지배 방식을 더욱 정교화하고 더 넓은 직군으로 확장시키고 있다. 원래는 관리자의 직접적인 감독이 필요했던 분야에서도 AI가 노동자의 업무 패턴을 감시하고 통제하는 방식이 점점 자리 잡아가고 있다. 앞으로 화이트칼라 직군을 포함한 다양한 산업에 확산되면서 그 파장은 더욱 커질 것이다.

    2020년 이후 직장 내 감시 기술은 폭발적으로 확산되었고, 이제 많은 기업들이 노동자의 업무 전반에 걸쳐 거의 모든 데이터를 수집하고 있다. 하지만 정작 직원들은 자신이 감시당하고 있다는 사실조차 모르는 경우가 많다.[26] 이제 기업들은 머신러닝 알고리즘을 활용해 노동자들의 행동 패턴을 예측하는 수준까지 도달했다. 이런 기술은 특히 팬데믹 기간 동안 급속도로 퍼졌는데, 원격 근무가 확산되면서 경영진 사이에 일종의 '생산성 편집증'이 퍼졌기 때문이다. 실제로 한 조사에 따르면, 경영자의 85퍼센트가 재택근무 중인 직원들이 충분히 생산적이지 않다고 느꼈다고 한다.[27]

팬데믹 기간 동안 미국의 상당수 기업들이 직원들의 개인 컴퓨터에 보스웨어^{bossware}라고 불리는 감시 소프트웨어를 설치하도록 강요했고, 다양한 앱과 트래커를 이용해 업무 시간을 감시하기 시작했다. 팬데믹 전후를 비교해 보면, 감시 도구를 사용하는 기업의 수는 두 배 이상 늘어났다.[28] 「뉴욕 타임스」의 보도에 따르면, 미국 내 10대 민간 고용기업 중 80퍼센트가 개별 직원의 생산성을 추적하고 있다.[29] 감시 기술은 종종 노동자들의 안전한 근무 환경과 조화로운 업무 문화를 조성하기 위한 것이라 포장된다. 그러나 감시 시스템과 생산성 추적 도구가 노동자의 사생활까지 침범하면서, 사실상 과도한 통제가 이루어지는 숨 막히는 환경이 조성되고 있다.

일부 기업들은 직원 ID 카드를 통해 출퇴근 기록은 물론, 사무실 내에서의 동선까지 추적하고 있다.[30] 재택근무를 하는 경우에는 근무 시간 동안 카메라와 마이크를 켜두도록 요구하는 기업도 있다.[31] 어떤 회사는 직원들이 컴퓨터에서 얼마나 오랜 시간 특정 화면을 보고 있었는지, 타이핑 속도는 어느 정도인지까지 기록하며, 심지어 웹캠을 통해 직원들의 업무 모습을 몰래 들여다보기도 한다. 미국의 비영리 연구소, 데이터 앤 소사이어티^{Data & Society}가 발표한 보고서에 따르면, 많은 노동자들이 자신이 감시당하고 있다는 사실 자체는 인지하고 있었지만, 그 감시가 어느 정도 범위까지 이루어지는지, 또 수집된 정보가 어떻게 활용되는지는 제대로 알지 못한다고 답했다.[32] 보고서에 실린 사례 중 하나로, 월마트 직원들은 재고를 확인하기 위해 스마트폰에 특정 앱을 설치해야 했는데, 이 앱은 노동자의 위치를 지속적으로 추적하는 기능이 포함되어 있었다. 이렇게 기술이 노동자의 사생활 영역까지 침범하게 되면, 감시와 통제는 점점 더 강력해질 수밖에 없다. 역사를 돌이켜보면, 위기 상황에 대응한다는 명목으로 도입된 감시 제도는 한 번 시행되고 나면 좀처럼 사라지지 않는다. 9·11 테러 이후 미국에서 도입된 애국법$^{Patriot\ Act}$, 2005년 런던 폭탄 테러 이후 확대된 CCTV 감시, 2015년 프랑스 테러 이후 시행된 국가 비상사태 조치 등을 떠올려보면 그 흐름을 쉽게 짐작할 수 있다.

감시 기술은 이제 산업 전반으로 확산되고 있다. 실제로 수십 곳의 테크 기업들이 업무를 감시하는 앱과 플랫폼을 개발하고 있다. 시민단체 코워커.org$^{coworker.org}$의 보고서에 따르면, 2018년부터 2021년 사이에 노동자의 삶 전반을 디지털화하고 감시하는 데 활용되는 기술 제품이 550개 이상 개발되었다. 여기에는 채용부터 징계 절차까지 모든 과정이 포함된다.[33]

초기에는 운송, 음식 배달, 돌봄 서비스 등에서 일하는 긱 워커$^{gig\ worker}$들이 가장 먼저 알고리즘 기반 감시 기술의 대상이 됐다. 이들은 알고리즘을 통해 업무의 모든 순간을 측정받았는데, 당시만 해도 이런 시스템들은 노동자의 성과를 직접적으로 평가하기보다는 작업을 효율적으로 배정하는 데 초점을 맞췄다. 하지만 점차 더 정교한 자동화 감시 기능이 도입되면서 상황은 크게 달라졌다. 예를 들어, 우버는 운전자의 스마트폰 데이터를 분석해 브레이크를 밟는 습관이나 가속 패턴 등을 파악하고, 이를 바탕으로 운전자의 안전도를 평가했다.³⁴ 이제 감시 기술은 특정 업종을 넘어서 점점 더 다양한 직군으로 확산되어, 감시 자체가 일상이 되고 있다. 대표적인 예로는 허브스텝Hubstaff, 팀닥터Time Doctor, 플렉시스파이FlexiSPY 같은 소프트웨어들이 있다.³⁵ 이런 감시 도구들은 노동자에 대한 방대한 데이터를 수집하는 한편 이를 AI의 예측 기능과 결합해 관리자들이 노동을 더욱 정밀하게 통제할 수 있도록 돕는다.

감시를 좋아할 노동자는 없을 것이다. 한 조사에 따르면, 기술 업계 종사자 750명 중 절반이 지속적인 감시를 받는다면 차라리 회사를 그만두겠다고 답했다.³⁶ 일부 노동자들은 마우스 움직임을 흉내 내 생산성 모니터링을 속이거나, 감시 소프트웨어의 기능을 방해하는 프로그램을 활용하는 등 나름의 저항 방법을 찾기도 했다. 그러나 모든 감시 기술이 차단되거나 우회할 수 있는 것은 아니다.

특히 지난 3년간 감시 도구의 사용이 급격히 증가했다. 키 입력 기록 기능(사용자가 입력한 모든 키보드 내용을 저장하는 기능, 비밀번호 포함)은 40퍼센트 증가했고, 직원들이 감시받고 있다는 사실조차 모르게 하는 은폐 모드stealth mode의 사용은 38퍼센트 증가했다. 또한, 전체 감시 도구의 3분의 1 이상이 직원의 정확한 GPS 위치를 추적할 수 있는 기능을 포함하고 있다.³⁷ 이제 드라마 〈블랙미러〉에나 나올 법한 기분 및 감정 분석, 얼굴 인식, 음성 모니터링이 가능한 AI 감시 도구까지 등장했다. 이 중에서도 테라마인드Teramind는 가장 악명 높은 프로그램이다. 이 소프트웨어를 사용하면 관리자가 직장뿐만 아니라 집에서도 카메라와 마이크를 통해 대화를 감청하고 감시할 수 있다.³⁸ 더 나아가, 특정 규칙을 위반하면 해당 순간 앞뒤로 5분간의 모든 키 입력과 영상이 저장된다. 또한, 일을 할 때 착용하는 웨어러블 기기들은 개별 직원의 집중력과 스트레스까지 지속적으로 모니터링할 수 있다.³⁹

어떤 프로그램은 수집된 데이터를 분석해 특정 기준에 따라 '위험 점수'를 부여하기도 한다.⁴⁰ 예를 들어, 퍼센틱스Perceptyx는 노동자가 노동조합에 가입하거나 회사를 그만둘 가능성을 평가하는 '취약성 점수'를 생성한다.⁴¹ 이밖에도 직원들의 이메일이나 사내 메시지를 분석해 소속감을 평가하는 프로그램도 있다.⁴² 사소한 표정 변화나 말투의 변화까지 AI가 자동으로 분석해 점수화하는 미래가 멀지 않았다.

AI는 채용 과정에서도 널리 사용되고 있는데, 이력서를 평가하고, 지원자 목록을 생성하며, 면접을 진행하고, 성격 테스트를 분석하는 등 심사 과정 전반을 자동화한다. 현재 미국 기업의 35~45퍼센트가 AI 기반 채용 시스템을 도입하고 있으며, 2022년 한 해 동안 이 시스템으로 채용 비용 40퍼센트를 절감했다.⁴³ AI 채용 도구는 지원서에서 특정 키워드와 문구를 자동으로 검색해 인사 담당자의 업무를 줄여주고, 성별이나 인종, 연령을 고려하지 않기 때문에 인간의 편견을 배제할 수 있다고 홍보된다.⁴⁴ 그러나 이런 주장들은 허상에 가깝다. AI 자체가 상당한 편향성을 내포하고 있을 뿐만 아니라, 채용 과정에서 인간적인 상호작용을 배제함으로써 지원자들에게 비인간적인 경험을 강요하기 때문이다.

지금부터 소개할 아마존의 사례는 AI 채용의 위험성을 보여주는 또 하나의 경고다. 2014년, 아마존의 스코틀랜드 엔지니어 팀은 지원자를 자동으로 평가하고, 상위 후보 목록을 인사 담당자에게 제공하는 프로그램을 개발했다.⁴⁵ 그런데 2015년에는 이 소프트웨어가 개발자나 엔지니어와 같은 기술 직군에서 여성 지원자를 차별하고 있다는 사실이 드러났다. 원인은 이전에 채용된 사람들 대부분이 남성이었기 때문이다. 알고리즘은 과거 데이터를 학습한 뒤 남성을 더 적합한 지원자로 판단했고, 결국 지원서에 '여성'이라는 단어가 들어가 있거나 여성 대학 출신인 지원자들의 점수를 자동으로 낮추었다. 또한, 이력서에서 특정 단어나 표현, 예를 들어 '실행했다 Executed', '포착했다 Captured' 같은 능동적인 표현이 있다면 더 높은 점수를 부여했다. 이런 표현들은 남성 지원자들이 더 많이 사용하는 단어였다. 아마존은 편향을 바로잡기 위해 여러 시도를 했지만, 끝내 해결하지 못하고 2018년 이 프로젝트를 폐기했다.⁴⁶

케임브리지대학교 연구진은 AI가 채용 과정에서 인종과 성별에 따른 편향을 없앨 수 있는지를 연구했는데, 최종적으로 불가능하다는 결론을 내렸다.⁴⁷ 연구진은 이러한 도구들이 '인종과 성별이 개인의 제거 가능한 속성이라는 잘못된 이해'에서 출발한다고 주장했다. 그러나 인종과 성별은 단순한 개인의 특성이 아니다. 조직과 사회 전반에 영향을 미치는 권력 구조의 일부다. 아마존의 사례에서 보듯, 특정한 언어 사용 방식이나 행동, 타인에 대한 인식은 인종과 성별에 의해 형성된 결과물이다. 알고리즘이 이를 인식하지 못한 채 지원자의 기술, 이력서에 등장하는 키워드만을 분석한다면, 결국 편향된 결과를 도출할 수밖에 없다.

많은 AI 시스템이 지원자의 성격을 평가하는 지표로 빅5$^{Big\ 5}$ 성격 특성(외향성, 친화성, 개방성, 성실성, 신경증)을 활용한다. AI 기업들은 이러한 성격 점수가 지원자의 역량을 객관적으로 평가할 수 있는 기준이 되며, 인사 담당자의 주관적인 판단보다 더 공정한 방식이라고 강조한다. 하지만 이러한 성격 테스트는 편향에서 결코 자유롭지 않다. 연구에 따르면, 동일한 지원자라도 어떤 옷을 입었는지, 어떤 언어를 사용했는지에 따라 AI 도구가 지원자의 성격을 다르게 평가했다.[48] 이른바 '성격 평가'라 불리는 이러한 방식은 과학적 근거가 부족하다. 단순히 지원자의 언어 스타일이나 외모만으로 신뢰할 수 있는 '행동 프로파일'을 구축해 직무 수행 능력을 예측할 수 있다는 주장 자체가 터무니없다.

일부 기업들은 단순히 이력서를 분석하는 것에서 그치지 않고, 지원자들에게 AI 기반 자동 면접을 요청하기도 한다. 면접자는 웹캠을 응시하며 사전 녹음된 질문에 답해야 하며, 그 답변은 알고리즘이 분석해 직무 적합성을 평가한다. 예를 들어, 모던 하이어$^{Modern\ Hire}$는 'AI 기반 자동 면접 플랫폼'으로 소개되는 프로그램으로 면접 질문을 개발하고 지원자를 평가하는 데 도움을 준다고 홍보되고 있다.[49] 그런데 모던 하이어 이전 버전인 하이어뷰^{HireVue}(모던 하이어를 인수한 회사)는 영상 면접에서 얼굴 인식 AI를 활용하다가 미연방거래위원회에 '불공정하고 기만적인 관행'을 이유로 제소된 바 있다.[50]

하이어뷰는 이후 이 기능을 폐기했지만, 유사한 AI 도구들이 얼마나 채용 시장에서 사용되고 있는지는 아직 조사된 바가 없다.

미국의 일부 주에서는 AI 채용 도구를 규제하기 위한 법안을 마련 중이다. 일리노이 주는 AI 영상 면접법Artificial Intelligence Video Interview Act을, 뉴욕 주는 자동화된 채용 결정 도구법Automated Employment Decision Tool law을 제정해 AI가 채용에 쓰이는 것을 제한하고 있다.[51] 유럽연합도 AI법AI Act을 통해 AI 기반 채용 소프트웨어를 고위험 기술로 분류하고, 기업에게 엄격한 요건을 준수하도록 하고 있다.[52] 이 법에 따르면 기업들은 AI 채용 시스템에 대한 정보를 공개 데이터베이스에 등록해야 한다. 하지만 아직까지 AI 채용 기술의 활용 여부는 개별 기업의 판단에 맡겨져 있어, 여전히 편향적인 의사결정이 이루어질 가능성이 있다.

지금까지 살펴본 것처럼, 일터에서 AI 기술이 도입되면서 새로운 형태의 감시와 지배가 확산될 가능성이 커지고 있다. 상대적으로 자율성이 보장되던 사무직 노동자들도 점점 더 알렉스와 비슷한 처지가 될 것이다. 노동 강도가 높아지는 현상은 유통, 접객, 서비스업 전반으로 확산되고 있다. AI 감시 기술은 직장에서 두 가지 역할을 한다. 하나는 생산 비용을 절감하는 것이고(그 대가로 일자리의 질과 노동자의 자율성, 기본적인 민주적 권리가 희생된다), 다른 하나는 노동자의 권리를 약화시켜 경영진의 권력을 강화하는 것이다.

감시 기술은 노동자들의 저항을 억제하고, 노조 조직화를 방해하는 도구로 쓰이고 있다. 노동자들이 단체를 결성할 권리는 대부분의 국가에서 법적으로 보장되지만, 기업들은 점점 더 정교한 방식으로 노조의 활동을 방해하고 있다. 경영진은 노동자들 간의 대화를 감시하거나, 카메라를 통해 그들을 몰래 감시하는 한편, 전문 컨설팅 업체를 고용해 노조 결성을 막는 전략을 실험하고 있다. 실제로 아마존은 노동조합 활동을 하는 직원들의 이메일을 몰래 감시했다는 의혹을 받은 바 있다.[53]

물론 노동자들이 이런 변화에 그저 순응하고만 있는 것은 아니다. 어떤 노동자들은 규칙을 교묘히 피해 가거나 아예 회사를 떠나는 방식으로 저항하기도 한다. 하지만 이런 저항은 대부분 개인적 차원이거나 소규모 그룹 단위에서 은밀하게 일어난다. 예컨대 아마존 물류 창고에서 몇몇 동료들이 모여 작업량을 측정하는 시스템을 속여 잠시 휴식을 취하는 식이다. 비록 이런 사례들은 대부분 몰래 이뤄지고 있고 직접적인 증거는 부족하지만, 우리 저자들은 아마존 내부에서 이런 저항이 광범위하게 존재한다고 확신한다. 사실 노동자와 경영진의 이해관계가 충돌하는 곳에서는 늘 이런 형태의 저항이 존재해 왔다.

그러나 특정한 조건이 갖춰지면, 이렇게 개별적이고 비공식적인 저항이 보다 조직적이고 공개적인 운동으로 확장되기도 한다. 바로 그런 일이 코번트리의 아마존 물류센터 BHX4에서 벌어지고 있다.

기계를 멈춰 세워라

디지털 감시를 통해 수집된 방대한 데이터와 정보를 기반으로 AI가 구현한 복잡한 경영 기법들은 노동자들의 저항 가능성마저 원천적으로 차단하는 것처럼 보인다. 일부 연구자들은 아마존이 '기술-경제적 전제정치techno-economic despotism'라 할 만한 구조를 만들어냈다고 평가하기도 한다.[54] 이런 분석 앞에서 절망감을 느끼는 것도 무리는 아니다.

하지만 역사가 거듭하여 보여주듯이, 아무리 정교한 현대적 경영 기법이라 해도 노동자들이 자신들의 권리를 위해 싸울 수 있는 능력을 완전히 제거하지는 못한다.[55] 오히려, 이런 환경에 맞서 노동자들이 전혀 새로운 형태의 저항을 만들어내고 있다. 이는 과거 컨베이어 벨트 도입 당시에도 마찬가지였다. 처음에는 노동자들이 압도당하고 방향을 잃었으며, 조직적인 저항이 불가능하다고 여겨졌다.[56] 하지만 미국 노동자들은 공장 점거 파업이라는 전술을 개발해 일터를 점거한 채 작업을 중단하는 방식으로 맞섰고, 이는 전 세계 노동운동 역사에서 가장 놀라운 노조 조직화 사례 중 하나로 기록됐다.[57] AI가 관리하는 미래의 노동 환경은 경영진의 지배력이 강화되는 공간만은 아니다. 노동자들이 새로운 방식의 저항을 만들어내는 장이기도 하다.

플랫폼 경제에서 벌어진 노동자들의 투쟁은 AI 관리 체계에 맞서게 될 투쟁의 예고편이었다. 딜리버루Deliveroo나 우버에서 일하는 노동자들은 임금 인상과 근로 조건 개선을 위해 게릴라식 저항을 펼쳐왔다. 기습 파업과 시위, 노조 조직화, 그리고 보다 은밀한 저항 방식을 결합해 싸웠고, 이들의 행동은 플랫폼 기업들이 확장되는 속도만큼이나 빠르게 퍼져나갔다.[58] 음식 배달이나 택시 업계에서 알고리즘 관리가 도입되었다고 해서 노동자들이 착취에 맞서 싸울 수 없는 것은 아니었다.

아마존 노동자들을 상대로 한 우리 저자들의 연구에서도 비슷한 패턴이 확인된다. 1년 동안 노동자들을 인터뷰하고, 창고를 방문하면서, 우리는 영국 전역의 파업 현장을 찾았지만 '완전한 통제 시스템 속에서 수동적인 희생자로 남아 있는' 노동자는 한 명도 발견할 수 없었다. 오히려 자신들의 이익을 지키기 위해 끊임없이 자율적인 행동을 이어가는 노동자들을 만날 수 있었다.[59] 그들은 관리자의 감시와 통제를 피하기 위해 보이지 않는 방식으로 저항했다. 창고 안에서 허가받지 않은 휴식을 취하기도 하고, 참을 수 없는 업무 환경에 질려 퇴사하기도 했고, 동료들과 유대감을 쌓아가며 서로를 지지했다. 때로는 컨베이어 벨트를 멈추는 것으로 저항했고, 파업에 나서기도 했다. 결과적으로 아마존은 노동계급을 무력화하는 데 실패했고, 유럽과 북미의 탈산업화된 도시 외곽에서 새로운 형태의 노동계급이 등장했다.[60]

BHX4 창고 앞에서 노조원들이 활동한 지도 몇 년이 됐다. 가끔 도로에서 서서 노동자들에게 말을 걸었지만 노조에 가입하는 사람은 거의 없었다. 알렉스도 처음엔 이들과 대화하는 게 부담스러웠다. 관리자의 눈치를 봐야 했기 때문이다. 가끔 전단을 받기는 했지만, 한두 번 훑어본 게 전부다.

알렉스가 노조에 대해 다시 생각하기 시작한 건 2022년 여름이었다. 러시아-우크라이나 전쟁이 발발하면서 물가가 빠르게 상승했고 생활수준이 확연이 떨어졌다. 마트에서 장을 볼 때마다 가격이 오른 것을 확인했지만, 급여는 그대로였다. 그는 동료들이 점점 더 많은 초과근무를 하는 걸 목격했다. 어떤 사람들은 주당 두 번의 추가 근무까지 하면서, 생활 수준을 유지하려고 발버둥 쳤다. 최대 주 60시간까지 일하며 간신히 버티는 사람들이 늘어났다. 어떤 동료들은 퇴근 후 우버 운전사로 일하기도 했다. 창고 앞 주차장에 우버 차량 스티커가 붙어 있는 차들이 점점 늘어났다. 창고 내부 분위기도 날이 갈수록 살벌해졌다. 반 년 전만 해도 웃으며 넘겼을 사소한 언쟁이 고성과 다툼으로 이어졌다.

그러다 갑자기 모든 곳에서 폭발이 일어났다. 2022년 8월, 인플레이션이 10퍼센트를 넘어섰다는 보도가 나왔다. 임금 인상이 있을 거란 소식이 돌았고, 다들 최소한 시급 2파운드는 오를 거라고 기대했다. 8월이 되자 마침내 인상안이 발표됐다. 임금은 인상되지만, 고작 50펜스(0.5파운드)만 오른다는 내용이었다. 팬데믹 동안 아마존의 이익은 220퍼센트나 증가했는데, 정작 이익을 만들어낸 노동자들에게는 돌아온 것은 없었다.

두 개의 창고에서 항의가 시작됐고, 에식스의 틸버리 창고에서 벌어진 일들이 영상으로 퍼지기 시작했다. 그곳에서는 수백 명의 노동자들이 작업을 멈추고 한꺼번에 총괄 관리자에게 항의하러 갔다. 깜짝 놀란 팀 리더들은 노동자들에게 구내식당에 모여 대화하자고 설득했다. 불안한 기색이 역력한 관리자들이 사람들을 진정시키려 애썼다. 그들은 새 임금 인상안에 대해 아는 것이 없다며, 곧 알아보겠다고 했지만, 일단 모두 업무에 복귀해야 한다고 말했다. 일을 하지 않으면 임금을 받을 수 없다는 경고도 덧붙였다. 하지만 노동자들은 이에 응하지 않았고, 즉석에서 비공식적인 파업에 돌입했다. 야간조가 출근하면서 이들 역시 파업에 동참했다.[61] 파업은 순식간에 퍼져나갔다.

다음 날, 틸버리에서 브리스톨까지 다섯 개의 창고에서 파업에 동참했다. 네 곳의 창고에서는 심각한 업무 차질이 빚어졌다. BHX4에서는 오전 10시 30분 휴식 시간에 첫 불씨가 당겨졌다. 몇몇 노동자들이 틱톡TikTok에서 틸버리 파업 영상을 보았고, 점심시간에 자신들도 여기에 동참하기로 결정했다. 알렉스는 작업장에서 웅성거리는 소리를 듣고 무슨 일인지 보러 갔다가 자연스럽게 파업 대열에 합류했다. 몇 분 만에 300명이 작업을 멈췄다. 노동자들은 구내식당에 모여 앉아 다른 창고에서 벌어지는 파업 영상을 공유하며 농담을 주고받았다.[62]

BHX4 노동자들은 사흘 내내 파업을 했다. 둘째 날, 총괄 관리자가 파업 주동자들과 대화를 하고 싶다는 연락이 왔다. 하지만 노동자들은 거부했다. 관리자들이 대화하려면 모두와 해야지, 일부만 따로 부르는 건 받아들일 수 없다는 입장이었다. 실랑이 끝에 노동자들의 요구가 받아들여졌다. 노동자들은 50펜스 임금 인상이 어떻게 결정됐는지 따져 물었고, 더 큰 폭의 인상을 요구했다. 총괄 관리자는 "답을 찾아보겠다"고 말했지만, 동시에 다시 한번 업무에 복귀하지 않으면 임금을 받을 수 없다고 경고했다. 그러나 노동자들은 일터로 돌아가지 않았다. 지휘 체계는 완전히 무너졌다.

비슷한 장면이 전국 곳곳에서 이어졌다. 여덟째 날에는 스윈던에 있는 대형 물류센터에서 파업이 시작됐다. 아마존은 2020년 이 창고를 2억 파운드에 매입했는데, 당시 영국에서 거래된 물류 창고 중 가장 비싼 건물이었으며, 아마존의 기준에 맞춰 내부를 개조하는 데만 또다시 막대한 비용이 들었다. 하지만 모든 자본이 멈춰 섰다. 인간의 노동 없이는 아무것도 작동하지 않았다.

열흘째 되는 날, 또 다른 네 개의 창고에서 파업이 시작됐고, 열하루째에는 한 곳이 추가로 합류했다. 파업의 물결은 여기서 끝나지 않았다. 며칠 후, 파업은 국경을 넘어 퍼져나갔다. 미국 캘리포니아 남부 샌버너디노의 아마존 창고 노동자들이 임금과 작업장 온도 문제를 이유로 파업에 나섰다. 튀르키에에서도 600명의 노동자가 코자엘리 창고에서 연좌 파업을 벌였다. 독일에서는 생활비 상승을 이유로 공식적인 파업을 시작했다.[63] 이 모든 파업이 마무리될 무렵, 영국 내 11개 작업장에서 최소 22건의 집단행동이 발생했다. 이전에는 볼 수 없던 규모였다. 과거에도 폴란드, 프랑스, 미국의 아마존 창고에서 비공식 파업이 발생한 적이 있었지만, 이렇게 빠르게 확산

되거나 이토록 조직적으로 전개된 적은 없었다.⁶⁴

아마존은 강경한 반(反)노조 기업이다. 영국, 폴란드, 프랑스, 스페인, 이탈리아, 체코, 미국 등 어디에서든지 단체교섭을 거부해왔으며, 법적으로 강제되지 않는 한 결코 협상에 나서지 않았다.⁶⁵ 수많은 도시에서 노동자들이 조직화를 시도했지만, 아마존 경영진은 이를 효과적으로 저지해왔다.⁶⁶ 영국에서도 2001년 첫 번째 노조 조직화 시도가 혼란 속에서 무너진 바 있다.⁶⁷ 하지만 이번에는 달랐다. 아마존이 이번 파업을 예상하지 못한 이유 중 하나는 파업 방식 때문이었다. 비공식적인 와일드캣 스트라이크ʷⁱˡᵈᶜᵃᵗ ˢᵗʳⁱᵏᵉ(노조의 공식 지원 없이 자발적으로 벌이는 파업)였기 때문에 노동자들은 법적으로 해고를 당할 위험이 있었다. 그러나 동시에, 영국의 엄격한 노동법상 사용자에게 파업을 사전 통보할 의무는 없었고, 법적 절차를 따를 필요도 없었다. 대신, 노동자들은 동료들 간의 연대에 의지했다. 그리고 그 전략은 먹혀들었다.

파업이 끝난 후, 대규모 해고는 없었다. 오히려, 영국 내 아마존 창고를 대상으로 하는 새로운 노조 조직화 움직임이 시작됐다. 이번 파업으로 노동자들은 한 가지 사실을 분명히 알게 됐다. 아마존 노동자들은 강하고 전투적인 힘을 지닌 집단이라는 것. 그동안 절대적인 권력을 가진 관리자들에게 수동적으로 휘둘리는 피해자로만 묘사되었지만, 이번에는 그들이 직접 목소리를 냈다.

파업 물결은 더 큰 변화를 촉진했다. 사실 BHX4에는 이전에도 소수의 노조 조합원들이 있었다. 하지만 파업 이후 그 규모가 점차 커지기 시작했다. 비공식 파업이 결국 임금 인상이라는 결과를 얻지 못하면서 동력이 약해지자, 많은 사람들이 더 나은 임금을 쟁취하려면 노조가 필요하다고 확신하게 됐다. 그리고 그날의 작업 거부는 단순한 사건이 아니라, 저항의 시작점으로 전설처럼 회자됐다.

하지만 알렉스는 여전히 확신이 서지 않았다. 그의 아버지도 한때 노조원이었지만, 결국 패배했다. 그 시절은 이미 지나간 과거처럼 느껴졌다. 대처가 승리했고, 탄광은 문을 닫았으며, 공장들도 사라졌다. 이제 더 이상 싸울 것이 남아 있지 않은 듯했다. 알렉스는 승진해서 더 나은 위치로 올라가거나, 운이 좋으면 코번트리에 있는 대형 제조업체에 들어갈 수도 있다는 희망을 품고 있었다. 그를 노조에 가입하게 만든 건 아침마다 이야기를 나누던 한 나이 든 동료와의 대화였다. 60세쯤 되어 보이는 동료는 알렉스의 삼촌과 닮은 구석이 있었다. 금요일 아침, 알렉스는 주말에 어떤 계획이 있냐고 물었다. 남자는 잠시 조용히 있다가, "계획? 없어"라고 답하며 몸을 한 번 비틀더니, 손에 든 컵을 내려다보았다.

그는 원래 주 4일 40시간 근무를 했다. 하루는 낚시를 갔고, 나머지 이틀은 가족과 함께 보낸다고 했다. 하지만 생계를 유지하려면 이제 주 5일, 아니 6일까지도 일해야만 했다. "지금 같은 상황에서는 낚시 갈 돈도 없어." 그날 저녁, 알렉스는 퇴근하면서 휴대폰으로 노조에 가입했다. 비공식 파업은 또 하나의 명확한 사실을 드러냈다. 아마존이 각종 감시 도구로 노동자들을 철저하게 통제하려고 해도 그들을 완전히 무력화시킬 수는 없었다. 그 후에도 파업은 계속 이어졌고, 노조는 점점 성장했다. 알렉스도 첫 공식 파업에 나섰고, 두 번째 파업에도 참여했다. 파업은 일상이 되었다. 2023년이 끝날 무렵, BHX4 노동자들은 총 30일 이상 파업을 진행했다. 그리고 이제 노조는 사측이 임금 협상 테이블에 나오도록 하는 법적 방안을 논의하고 있다.

오늘 아침, 알렉스는 다시 파업에 나섰다. 이른 새벽 6시 30분. 그는 도로 한가운데 서 있다. 굵직한 빗방울이 쏟아지자 몇 초 만에 온몸이 흠뻑 젖는다. 창고 밖 도로 위에는 아마존 로고가 커다랗게 새겨진 하늘색 트럭들이 시위대에 막혀 멈춰 서 있다. 그들 사이에는 파업을 뚫고 출근하려는 직원들의 차들이 줄지어 서 있다.

알렉스는 차량들 사이를 걸어가며 경찰들이 도로를 뚫기 위해 이리저리 뛰어다니는 모습을 지켜본다. 저 멀리서 밥 말리의 노래가 흘러나오고, 누군가는 확성기로 구호를 외치고 있다. 창고를 연결하는 유일한 진입로에 400명 정도의 노동자가 흩어져 서 있다. 이들은 노조의 핵심 멤버들이다. 그는 대부분의 얼굴을 알고 있다. 모두와 친하게 지내지는 않더라도, 적어도 함께 밖에 나와 있다는 사실이 위안이 된다.

조금 전 노조원이 건네준 전단지는 이미 비에 젖어 형체를 알아볼 수 없게 됐다. 그러다 오른쪽을 보니, 차 안에 앉아 있는 익숙한 얼굴이 눈에 들어온다. 창문을 내리라고 손짓한다.

"어이, 친구. 잠깐 이야기 나눌 수 있어?"

6장
자유를 지키는
독재자들

―

미국 실리콘밸리,
투자자

타일러의 컴퓨터 화면에 띄워진 대시보드는 상승 곡선과 초록 불빛으로 가득하다. 겉보기에는 모든 것이 순조로워 보인다. 눈앞의 차트들은 사용자 수의 꾸준한 증가, 서비스의 확장, 그리고 개발 마일스톤 옆에 표시된 '진행 중' 표시를 보여준다. 빠르게 성장하는 회사의 활력 징후들이다. 출발이 나쁘지 않다. 그러나 충분하지 않다. 지난 1년 동안 타일러의 실적은 팀 평균을 밑돌았다. 최악의 성과를 낸 것은 아니지만, 최고도 아니다. 그는 이 사실을 받아들일 수 없었다. 이번 투자는 반드시 성공해야 한다.

타일러는 실리콘밸리에 있는 벤처캐피털Venture Capital, VC의 파트너다. 그의 일은 승자를 고르는 것, 즉 폭발적으로 성장할 가능성이 있는 스타트업을 찾아 투자하는 일을 한다. 타일러는 남부 캘리포니아의 대도시권에서 자랐다. 어머니는 가족의 도움 하나 없이 오로지 혼자 힘으로 그를 키워야 했다. 그래서 더 저렴한 집을 찾아 로스앤젤레스를 떠난 뒤, 샌버너디노에서 수의 간호사로 일하며 생계를 이어갔다. 타일러는 중산층 중에서도 하위 계층에 가까운 환경에서 자랐다. 빈곤에 시달리지는 않았지만, LA에 사는 사촌들과 비교하면 처지가 확연히 달랐다. 삼촌 집 수영장 옆에서 바비큐 파티가 열릴 때면, 자신이 어디에도 속하지 못한 이방인처럼 느껴졌다. 고등학생 시절, 그는 크로스컨트리 팀에서 활동했다. 특별한 재능이 있던 건 아니었지만, 그래도 어떻게든 끝까지 달렸다. 결승선을 통과하자마자 숨이 차서 쓰러지곤 했지만, 단 한 번도 포기하지는 않았다.

타일러가 VC 업계에 들어온 과정은 다소 특이했다. 원래는 인권 변호사를 목표로 공부했지만, 몇 번의 우연한 계기를 통해 방향을 틀었다. 대학 친구 중 한 명이 졸업 후 핀테크 스타트업에 입사했는데, 그 회사는 곧 수천만 달러 규모의 투자를 유치했다. 그렇게 스타트업의 젊은 직원들은 투자자들과 가까워졌고, 함께 버닝맨 축제에 가서 LSD를 나눠 먹을 정도가 됐다. 타일러도 그 자리에 함께 있었다. 그 후 몇 주 동안 스스로에게 이런 질문을 던졌다. "비영리 법률 단체에서 하는 일이 정말 세상을 바꾸는 최선의 방법일까?" 어쩌면, 스타트업 투자자가 되어 긍정적인 미션을 가진 기업에 자금을 지원하는 것이 더 나은 길일지도 몰랐다. 그렇게 그는 사직서를 냈다.

그가 속한 펀드는 5억 달러 규모의 자금을 운용하는데, 오직 테크 분야에만 투자한다. 목표는 10년 안에 투자 원금 대비 300퍼센트 수익을 창출하는 것. 투자한 스타트업 대부분은 끝내 수익을 내지 못할 테지만, 단 몇 개만 성공해도 1,000퍼센트 이상의 수익을 올릴 수 있다. 그의 회사는 주로 시리즈 A 단계의 투자에 집중한다. 시리즈 A 단계는 스타트업이 본격적으로 성장 자금을 확보하는 첫 번째 주요 펀딩 라운드로, 스타트업은 더 큰 성장을 위해 자금이 필요하고, VC들은 그에 상응하는 높은 수익을 기대하며 자금을 투입한다.

보통 투자자들이 수익을 실현하는 방식은 세 가지다. 첫째, 스타트업이 주식시장에 상장IPO하면서 보유 주식을 매각하는 경우. 둘째, 구글이나 아마존 같은 빅테크 기업에 인수되는 경우. 셋째, 후속 투자 라운드에서 다른 투자자에게 지분을 되파는 경우다. 타일러가 이 과정에서 맡는 역할은 단순한 투자자를 넘어선다. 그는 유망한 창업자들을 발굴하고, 그들이 사업을 제대로 성장시킬 수 있도록 실질적인 지원을 아끼지 않는다.

의자에서 몸을 돌려 주방으로 가 커피를 내린다. 이 습관은 언제나 마음을 안정시킨다. 원두를 갈고, 머신을 준비하고, 커피를 다져 넣고, 샷을 뽑고, 우유를 스팀하는 데까지 총 3분이 걸린다. 그 3분 동안만큼은 숫자를 신경 쓰거나 이메일을 확인하지 않아도 된다. 30분 뒤면 회사 차량이 그를 팔로알토 사무실로 데려다줄 것이다. 점심에는 미팅이 잡혀 있다. 같은 VC 업계 동료들과 실리콘밸리 스타트업 생태계에서 주목받는 신규 기업, 스탠퍼드 출신 창업가들,

대형 인큐베이터 프로그램, 그리고 각종 세미나에 대해 논의할 예정이다.

다시 대시보드 앞에 앉아, 차분히 지표들을 살펴본다. 그가 투자한 스타트업은 AI 기반의 산업안전 시스템을 개발 중이다. 회사는 기존 작업장 내 CCTV 영상 데이터를 분석해 위험 요소를 감지하고, 사고를 미연에 방지하는 기술을 만들고 있다. 작업자들이 안전 규정을 제대로 지키고 있는지도 지속적으로 모니터링한다. 이 기술의 핵심 목표는 항만, 교통 허브, 물류센터처럼 규모가 큰 작업 현장에서 안전 효율성을 극대화하는 데 있다. 회사 홈페이지에는 이렇게 적혀 있다. "매년 미국에서 5,333명이 산업재해로 목숨을 잃습니다. 우리는 이를 100퍼센트 예방할 수 있다고 믿습니다." 숫자 하나하나를 바라보며, 그는 이 믿음에 투자할 가치가 있는지를 판단해야 한다.

그런데 타일러가 주목하는 숫자는 따로 있다. 지난 분기의 대략적인 데이터를 기반으로 계산된 매출총이익률이 중요하다. 이는 스타트업의 총수익에서 시스템 운영 비용을 뺀 후 산출된 수치로, 지속적으로 추적해야 하는 핵심 지표다. 다른 스타트업과 마찬가지로 초기에는 적자가 컸다. 이제 서서히 손익분기점으로 향하고 있지만, 타일러는 상승 곡선의 기울기가 마음에 들지 않는다. 이 투자가 제대로 성과를 내려면 그래프가 훨씬 더 가파르게 올라가야 한다. 그의 머릿속에 두 가지 선택지가 떠오른다.

첫 번째 방법은 수익을 늘리는 것이다. 제품을 더 많이 판매하거나, 같은 양을 팔더라도 가격을 올리는 것. 하지만 후자는 현실적으로 어렵다. 겉보기에는 틈새시장처럼 보일지 몰라도, 이 분야는 이미 경쟁이 치열하다. 가격을 올리면, 누군가 더 저렴하게 제품을 공급해 시장 점유율을 가져갈 게 뻔하다. 결국 매출을 늘리려면 더 많은 사용자를 확보해야 한다. 그러려면 기존 고객층을 더 효과적으로 공략하거나 제품 기능을 확장해 새로운 고객층을 유입해야 한다.

타일러는 한 가지 가능성을 떠올린다. 현재의 시스템은 작업장에서 발생하는 안전사고와 규정 위반을 감지하는 역할을 한다. 그렇다면 시스템을 조금만 변형해서 다른 유형의 사건도 포착할 수 있도록 훈련시키는 건 어떨까? 예를 들어, 도난 가능성이 높은 상황을 감지하도록 하면 어떨까? 그렇게만 된다면 슈퍼마켓이나 물류창고에도 판매할 수 있지 않을까?

두 번째 방법은 비용 절감이다. 타일러는 회사의 지난달 지출 기록을 불러와 금액별로 정렬해 본다. 목록 상단에서 눈에 띄는 항목이 하나 있다. 바로 데이터 주석 작업. 현재 이 스타트업은 앨라배마주 버밍엄에 위치한 데이터 주석 업체에 매달 수십만 달러를 지급하고 있다. 해당 업체의 직원들은 하루 종일 영상을 보면서 특정 안전 규칙이 위반되는 순간이나 사고 발생 장면을 표시하는 일을 맡고 있다. 이들이 만든 데이터가 제품의 정확도를 높이는 핵심 요소가 된다. 타일러는 잠시 생각에 잠긴다. 데이터 주석 업체의 가장 큰 비용은 인건비이고 비용을 절감하는 가장 쉬운 방법은 더 저렴한 업체를 찾는 것이다. 현재 이 작업자들의 시간당 임금이 15달러 정도일

거라고 추측해본다. 그런데 전 세계에는 하루 15달러만 줘도 기꺼이 일하려는 사람들이 얼마든지 있다.

둘 중 어느 쪽이든 선택하는 게 불편하다. 타일러는 손으로 머리를 감싼 채 고민한다. 그의 회사에서, 이런 문제로 이토록 깊이 고민하는 사람은 아마 그뿐일 것이다. 대부분은 주어진 선택지 중에서 가장 합리적인 것을 고르고 실행하는 데 집중한다. 그러나 그는 언제나 의사결정의 윤리적 측면을 고민하는 편이다. 너무 깊게, 때로는 불필요할 정도로 들여다보곤 한다. 그렇다고 해도, 결국 비즈니스는 비즈니스다. 시장은 자원을 가장 효율적으로 배분하는 시스템이며, 그 흐름을 거슬러 성공할 수는 없다. 개인의 가치관을 기준 삼아 전체를 움직이게 할 수도 없다. 스타트업이 살아남으려면, 치열한 경쟁 속에서 자원을 가장 효율적으로 쓰는 방법을 찾아야 한다. 그렇지 않으면 매출총이익률은 개선되지 않을 것이고, 결국 누군가에게 인수되는 일도 없을 것이다. 그렇게 되면 타일러 역시 투자자로서의 목표를 달성하지 못할 것이며, 그 누구도 더 안전한 작업 환경을 누릴 수 없게 될 것이다.

그는 휴대폰을 꺼내 짧은 메모를 남긴다. "데이터 주석 - 비용 절감 가능? 미국 외 지역 업체? 동아프리카?" 사무실로 향하는 차 안에서는 좀 더 구체적인 내용을 담아 이메일을 작성할 생각이다. 오전엔 명상과 가벼운 운동으로 하루를 시작할 예정이다. 이후 팀 미팅, 그리고 점심 미팅까지 일정이 꽉 차 있다.

황금광 시대

지금까지 AI가 개발되고, 도입되는 현장에서 일하는 노동자들의 시각을 통해 AI의 영향력을 살펴보았다. 이번 장에서는 다른 시각을 취해보려 한다. 이번에는 엘리베이터를 타고 이사회실로 올라가, AI의 미래를 결정하는 투자자들의 관점에서 이야기를 풀어본다. AI 개발 과정이 어떤 비즈니스 환경 속에서 이루어지는지, 누가 이 과정을 통제하는지, 의사결정이 어디에서 어떻게 이루어지는지, 그들이 어떤 구조적 압력 아래에서 결정을 내리는지, 그리고 이들이 꿈꾸는 미래가 왜 문제일 수 있는지를 살펴볼 것이다.

AI 열풍은 마침 적절한 시기에 실리콘밸리에 도착했다. 2022년 말, 빅테크 기업들의 주가는 폭락했고, 대형 IT 기업들은 대규모 감원을 단행했다. 세상을 바꿀 혁신적인 아이디어는 어디에도 없어 보였다. 팬데믹이 정점에 달했을 때만 해도 실리콘밸리는 호황을 누렸다. 전 세계가 강제적으로 실내에 머무르게 되면서 디지털 중심 사회가 빠르게 찾아올 것처럼 보였다. 기업과 공공기관은 봉쇄조치에 대응하기 위해 하루아침에 10년 치 기술 도입을 압축적으로 진행해야 했다. 세계 경제가 침체하고 주가가 급락하는 가운데, 기술주만은 2020년 한 해 동안 43퍼센트 이상 급등했다.[1] IT 기업들은 한동안 실추된 이미지를 회복하는 듯 보였다. 감시 자본주의, 개인정보 침해, 독점 문제 등에 대한 논의는 잦아들었고, 팬데믹에 맞선 디지털 수호자라는 새로운 이미지를 구축했다. 정부와 노동자들에게 디지털 도구를 제공하고, 위기 극복을 돕는 '영웅'으로 칭송받았다. 하지만 호황은 오래가지 않았다.

2022년이 지나면서 빅테크 기업들은 동력을 잃었고, 새로운 돌파구를 찾지 못해 허둥댔다. 금리가 상승하고 인플레이션이 심화되는 경제 침체 속에서, 치솟는 운영비용의 부담을 온몸으로 체감하기 시작했다. 11월이 되자 메타는 약 1만 1,000명의 직원을 해고하겠다고 발표했다. 두 달 뒤, 알파벳은 1만 2,000명 감원을 발표했고, 아마존도 1만 8,000명을 정리해고할 예정이라고 선언했다. 한 해 동안 미국의 공공 및 민간 IT 기업에서 총 9만 3,000개의 일자리가 사라졌으며, 해고율은 전년 대비 무려 649퍼센트 증가했다.[2] 기술주 역시 연간 20퍼센트 하락하며, 실리콘밸리는 끝없는 추락의 늪에 빠진 듯했다.

한편, '넥스트 빅 아이디어'라고 불리던 혁신적 시도들은 번번이 실패로 돌아가고 있었다. 메타는 2022년 한 해 동안 메타버스Metaverse에 137억 달러를 쏟아 부었지만,[3] 사람들은 가상현실 속에서 일상을 보내고 싶어 하지 않았다. 결국 메타가 얻은 것이라곤 저해상도의 저커버그 아바타가 에펠탑 앞 공중에 떠 있는 이미지뿐이었다. 크립토crypto 시장도 비슷한 운명을 피하지 못했다. 가상화폐 거래소 FTX의 붕괴와 함께 시장은 바닥을 찍었고, 업계의 거물들은 사기 및 자금세탁 공모 혐의로 줄줄이 체포되어 법정에 서야 했다. 2022년을 되돌아보면, 웹3Web3, 크립토, 블록체인, NFT 같은 개념들은 그 당시 한창 유행하던 기술 낙관론에 취한 미래주의적 열병의

한 조각처럼 보였다.

물가 상승이 소비자의 구매력을 압박하고, 금리 인상이 기업의 부채 부담을 가중시키면서 투자자들은 대규모 리스크를 감수하는 데 점점 더 신중해졌다. 새로운 플랫폼 사업에 베팅하는 것은 더 이상 현실적인 선택지로 보이지 않았다. 그러나 실리콘밸리에는 아직 희망이 남아 있었다. 새로운 투자 기회가 서서히 모습을 드러내고 있었다.

전환점은 2022년 11월, 생성형 AI에 대한 관심이 폭발하면서 찾아왔다. 챗GPT의 출시와 함께 미드저니, 스테이블 디퓨전 같은 이미지 생성 기술이 주목을 받으면서 AI 혁명의 신호탄이 쏘아 올려졌다. 2023년 초 마이크로소프트가 오픈AI에 100억 달러를 투자한 것을 비롯해 일련의 대형 계약이 체결되었고 시장은 또 한번 요동쳤다. 그러나 이는 마이크로소프트가 AI에 처음 베팅한 순간이 아니었다. 이미 2019년, 마이크로소프트는 오픈AI에 10억 달러를 투자하며 자사의 클라우드 플랫폼을 AI 개발의 중심지로 만들기 위한 초석을 놓았다. 그리고 2021년에도 추가로 10억 달러를 투자했다. 사실, 글로벌 기업들의 AI 투자액은 저금리 시대였던 2021년에 1,190억 달러로 정점을 찍은 뒤, 2022년에는 640억 달러 수준으로 줄어든 상태였다.[4] AI 투자는 특정 지역에 집중되는 경향을 보였다. 2022년 기준, 미국의 AI 투자액은 474억 달러로, 중국보다 3.5배 많았고, 영국과 비교하면 10배 이상 차이가 났다.[5]

생성형 AI는 물류, 법률, 의학, 금융 등 거의 모든 산업을 뒤흔들 '일생일대의 기술 혁신'으로 찬사를 받았다. 그러나 AI가 과연 그 기대에 부응할 수 있을까? 투자자들에게 중요한 것은 AI가 현실적으로 얼마나 실용적인 기술인지가 아니다. 주가가 상승하고 기업 가치가 계속해서 뛰어오르는 한, 세부적인 질문은 생략된 채 시장의 파티는 계속될 것이다. AI에 대한 열기는 2023년 주식 시장에 강력한 동력을 제공했다. 주요 IT 기업들의 실적 발표는 투자자들의 신뢰를 더욱 공고히 했고 아마존, 마이크로소프트, 알파벳의 주가는 예상을 뛰어넘는 실적과 성장 전망 덕분에 강세를 이어갔다.

한때 주가가 60퍼센트나 하락했던 메타조차도, 비용 절감과 AI 투자 확대의 효과를 보면서 2023년 말 주가가 연초 대비 55퍼센트 상승하는 반등에 성공했다.[6] 2023년 한 해 동안 IT 및 통신 업종의 주가는 평균 40퍼센트 이상 올랐으며, AI 주도의 성장에 대한 낙관론이 널리 퍼져나갔다. 그러나 AI 연구를 선도해 온 구글 같은 기존 IT 강자들에게는 다소 불쾌한 일이었다. 10년 넘게 AI 연구를 주도해온 그들이 아니라, 오픈AI의 샘 알트먼이 하루아침에 AI 혁명을 대중에게 가져온 인물로 떠올랐기 때문이다.

2023년 초, 알트먼은 전 세계를 순회하며 세계 정상, 벤처캐피털리스트, 거물 개발자들을 만나 AI의 '안전한 발전과 글로벌 협력'을 외쳤다. 동시에, 향후 AI 규제가 자사의 비즈니스에 지나치게 걸림돌이 되지 않도록 사전 정지 작업을 했다. AI 산업을 주도하는 이 기업가는 처음엔 단순한 비전을 가진 인물처럼 보였다. 그는 농담 삼아 "AI가 세상의 종말을 가져올 가능성은 크지만, 그때까지는 훌륭한 기업들이 많이 탄생할 거예요"라고 말하곤 했다. 하지만 챗GPT가 출시된 이후, 오픈AI는 단숨에 새로운 시대를 선도하는 기업으로 자리매김했다. 2023년 4월, 오픈AI의 기업 가치는 290억 달러로 평가되었는데, 불과 6개월 후인 10월에는 860억 달러로 상승했다.[7] 반년 만에 기업 가치가 세 배로 뛴 셈이다. 오픈AI는 원래 비영리 조직으로 출발해서 2019년 '수익 상한 모델'을 도입하면서 독특한 거버넌스 구조를 갖게 됐다. 이 모델에서는 VC 등 투자자들이 최대 100배의 수익까지만 가져갈 수 있도록 제한되었으며, 최종적인 경영권은 비영리 법인이 과반 지분을 갖고 행사하도록 설계되어 있다. 이러한 구조를 만든 배경에는 '인류의 이익을 위한 AI 개발'이라는 원칙을 유지하겠다는 취지가 있었다. 다시 말해, 이윤 추구보다는 공익성이 우선시되어야 한다는 철학이 깔려 있었다.

 그러나 AI 상업화 경쟁이 본격적으로 가속화되면서, 이 같은 이상주의적 접근은 점차 설 자리를 잃었다. 오픈AI가 표방했던 '인류 전체에 도움이 되는 디지털 지능을 발전시키겠다'는 목표는 조용히 수정되었고, 결국 최대 투자자인 마이크로소프트 주주들에게 최대한의 이익을 안겨주는 방향으로 초점이 이동했다. 그뿐만이 아니었다. 오픈AI는 AI 도구의 군사적 활용을 금지했던 원칙을 철회했다. 지금은 미 국방부와 협력하여 사이버 보안 소프트웨어 개발에 참여하고 있다.[8] 이제 AI는 '인류의 이익'이 아니라, 기업과 군사 기관의 이익을 위한 도구로 탈바꿈하고 있다.

 이런 분위기 속에서 신생 AI 스타트업들도 대규모 자금을 유치하며 빠르게 성장하고 있다. 이들 기업은 수억 달러의 신규 투자금을 끌어모았는데, 그중에서도 가장 대표적인 기업이 앤트로픽이다. 이 회사는 2021년 오픈AI 출신의 직원들이 세운 곳으로, 첫해에만 시리즈 A 펀딩으로 1억 2,400만 달러를 유치했다. 앤트로픽의 챗봇 클로드Claude는 챗GPT와 경쟁하는 AI 모델이다. 이 기업의 대표적인 투자자로는 스카이프Skype 공동 창립자 얀 탈린Jaan Tallinn, 전 구글 CEO 에릭 슈미트Eric Schmidt 등이 있다. 또한, 몇 해 전 사기 혐의로 유죄 판결을 받은 샘 뱅크먼-프리드Sam Bankman-Fried가 운영했던 암호화폐 트레이딩 회사 알라메다 리서치Alameda도 5억 달러를 앤트로픽에 투자했다.

　앤트로픽의 투자 내역을 보면 '이펙티브 알트루이즘Effective Altruism, EA' 운동과 밀접한 관계가 있다는 것을 알 수 있다. EA는 '자본을 가장 효과적으로 활용해 선한 영향력을 퍼트리자'는 철학에 기반한 운동으로, 최근에는 AI가 인류 멸종을 촉발할 수 있다는 가능성에 주목하며, 그 위험성을 경고하는 방향으로 관심이 옮겨가고 있다.⁹ 「뉴욕타임스」에 따르면, 앤트로픽 내부에서는 AI를 개발하는 자신들을 원자폭탄을 만든 오펜하이머에 비유할 정도로 AI의 위험성을 인식하고 있다고 전해진다.¹⁰

　빅테크 기업들 역시 앤트로픽에 막대한 투자를 하고 있다. 2022년 말, 구글은 3억 달러를 투자해 회사 지분 10퍼센트를 확보했다. 이에 따라 구글이 앤트로픽의 공식 클라우드 제공업체가 되었다. 그러나 2023년 9월, 아마존이 40억 달러를 투자하면서, 앤트로픽의 클라우드 제공업체가 AWS로 변경되는 일이 벌어졌다.[11] 또한 AI 모델 개발을 위해 기존의 엔비디아 칩 대신 아마존의 특수 컴퓨터 칩을 사용하기로 합의했다.

또 다른 주목할 만한 AI 스타트업으로는 코히어가 있다. 2019년, 구글의 AI 연구원 출신인 에이든 고메즈Aidan Gomez와 이반 장Ivan Zhang, 그리고 캐나다 기업가 닉 프로스트Nick가 창업한 기업이다. 특히, 에이든 고메즈는 2017년 AI 업계를 뒤흔든 논문의 공동 저자로, 오늘날의 LLM의 기반을 마련한 인물이다. 코히어는 창립 2년 만인 2021년, 시리즈 A 펀딩에서 4,000만 달러를 유치했으며, 주요 투자사는 인덱스 벤처스Index Ventures다. 코히어는 오픈AI나 앤트로픽과 달리 기업용 생성형 AI개발에 집중하고 있다. 검색·요약·문서 작성 등의 AI 도구를 기업 환경에 적용하는 것을 목표로 삼았다. 2023년에는 맥킨지McKinsey와 협력하여 AI 기술을 컨설팅 및 기업 운영에 적용하는 프로젝트를 발표했다.

이들 기업 외에도 2023년 말 기준, 기업 가치 10억 달러 이상인 AI 스타트업이 200개가 넘는다.[12] 금융 시장 전반이 침체된 상황에서도, 생성형 AI 분야만큼은 여전히 뜨거운 투자 열기를 유지하고 있다.

금리가 상승하고 부채 조달 비용이 증가하자, 투기적 자금이 줄어들면서 빅테크 기업의 성장 방식도 변화하고 있다. 이제 스타트업 업계에서 높은 평가를 받는 '승자'들은 점점 기존 빅테크 기업의 보호 아래 들어가고 있다. 이들로부터 상당한 자금과 지원을 받고 있는데, 이는 AI 개발이 자본 집약적인 산업이라는 점과도 깊이 연관된다. 3장에서 살펴봤듯이, AI 모델을 훈련하는데 필요한 컴퓨팅 파워와 최신 인프라 사용 비용은 엄청나게 비싸다. 따라서 스타트업은 이를 감당할 만한 재정적 지원이 필요하다. 결과적으로 대형 테크 기업들이 스타트업의 방향성을 어느 정도 좌우할 수밖에 없는 구조가 형성됐다. 이를 두고 샘 알트먼은 "오픈AI는 실리콘밸리 역사상 가장 자본 집약적인 스타트업일지도 모른다"고 언급한 바 있다.[13]

과거 실리콘밸리 스타트업들은 지금과는 다른 방식으로 자금을 조달했다. 닷컴붐 시절에는 기업가들이 엔젤 투자자로 나서거나, 창업자의 가족과 친구들이 직접 투자하는 경우가 많았다. 예를 들어 1994년, 제프 베이조스는 부모에게서 30만 달러를, 22명의 지인들에게 각 5만 달러씩을 모아 창업 자금을 마련했다.[14] 마크 저커버그 역시 피터 틸Peter Thiel에게서 50만 달러의 엔젤 투자를 유치하는 조건으로 페이스북 지분 10.2퍼센트를 내주었다.

그러나 2020년 이후 AI 스타트업이 '게임에 참여'하고 싶다면, 기존의 빅테크 기업과 협력할 수밖에 없는 환경이 됐다. 대형 테크 기업들은 수십억 달러를 AI 스타트업에 투자하는 한편, 동시에 이들 스타트업이 자사의 클라우드 플랫폼을 사용하도록 강제해 일정한 금액을 회수하고 있다. 스타트업이 이들 클라우드 서비스를 이용하는 데 드는 비용은 대부분 공개되지 않고 있다.

현재 많은 AI 비즈니스 모델들이 상당한 수익을 만들어낼 수 있다는 가능성을 보여주는 신호들이 곳곳에서 나타나고 있다. 하지만 실리콘밸리 VC들에게 이는 어디까지나 '보너스'일 뿐이다. 앞서 설명했듯이, VC들은 스타트업이 더 큰 기업에 인수되거나 주식 시장에 상장할 때 수익을 실현한다. 이들에게 중요한 것은 '미래 수익성에 대한 기대'를 정당화할 수 있는 성장과 혁신의 서사를 만드는 것이지, 해당 비즈니스 모델이 장기적으로 지속 가능한지 여부는 상대적으로 덜 중요하다.

진짜 중요한 것은 바로 '가능성' 자체다. AI가 어떤 방식으로 수익을 창출할 것인가에 대해서는 아직 초기 단계라 확정된 것이 없다. 다만, 현재까지 등장한 초기 비즈니스 모델들은 주로 구독, 사용량 기반 과금, 기존 기업의 제품 통합 등의 형태를 띠고 있다.

한편 AI 스타트업들에 대한 평가가 지나치게 과열된 게 아니냐는 의문도 제기된다. 실리콘밸리 내부에서도 지금의 AI 기업들이 책정받는 기업 가치가 과도하다는 지적이 있다. 이런 상황에서, 타일러 같은 투자자들이 내리는 결정이 AI 개발은 물론, 그 기술을 추출 기계 안에서 실제로 작동시키는 노동자들의 삶에 어떤 영향을 미치는지를 이해하려면, 더 넓은 맥락에서 자본의 역사 자체를 들여다볼 필요가 있다.

캘리포니아 벤처캐피털의 역사

벤처캐피탈이라는 용어는 1960년대 캘리포니아에서 처음 등장했지만, 개념 자체는 수천 년 전부터 존재해왔다. 먼바다를 항해하던 상인들이 향신료, 설탕, 상아, 노예 등을 거래하면서 부를 축적하려 했던 것처럼, 부자들은 언제나 돈을 투자해 더 많은 돈을 벌려는 시도를 해왔다. 하지만 자본주의의 시작은 항구에서 출항하는 무역선이 아니라 농업에서 비롯되었다. 자본주의의 뿌리를 찾으려면 중세 영국으로 거슬러 올라가야 한다.

중세 영국의 봉건 영주는 권력을 이용해 농노로부터 경제적 잉여를 착취했다. 그러나 그들이 모든 것을 독점적으로 통제할 수 있었던 것은 아니다. 당시 영국에는 장원 관습manorial custom이라는 독자적 규범 체계가 존재했다. 이는 토지 이용을 비롯한 다양한 경제 활동을 공동체가 결정할 수 있도록 보장하는 규칙이다. 농노들은 법적으로 소유권을 가지지 않은 토지에도 공동 경작권을 행사할 수 있었고, 작물 재배 방식이나 경작 시기를 결정하는 데에도 공동체의 의견이 반영되었다.[15]

그러나 엔클로저Enclosure●의 등장은 이러한 공동체의 규칙을 철폐했다. 엔클로저는 단순히 농지에 울타리를 치고 농노를 내쫓는 것이 아니라, 경제적 의사결정에서 평범한 사람들이 가질 수 있었던 권리를 없애고, 모든 결정권을 토지 소유주에게 집중시키는 조치였

● 엔클로저는 18~19세기 영국에서 진행된 토지 사유화 과정으로, 공유지를 지주들이 울타리를 쳐서 사유지로 전환하면서 농업 생산성을 높이고 자본주의적 농업 체제를 확립한 역사적 사건이다.

다. 지주들은 새로운 농업 기술을 도입해 생산성을 높이는 과정에서 농노들을 해방한 것이 아니었다. 오히려 그들을 생존의 기반이었던 토지로부터 떼어내 버렸다. 그 결과, 농노들은 더 이상 자신이 경작하던 땅에 머무를 수 없게 되었고, 살아남기 위해 자신의 노동력을 팔아야 하는 프롤레타리아 계급으로 내몰렸다. 이들 중 많은 이들이 결국 18~19세기 산업혁명 시기에 방적기와 증기기관이 돌아가는 공장으로 유입되며, 톱니바퀴처럼 돌아가는 산업 자본주의의 노동자가 되어갔다.[16]

영국에서 시작된 자본주의적 토지 통제는 점차 국경을 넘어 확산되었고, 마침내 캘리포니아에 도착했을 때 그 파괴력은 극에 달했다. 유럽 식민주의자들이 처음 캘리포니아에 도착했을 당시, 원주민 인구는 대략 30만 명이었다.[17] 하지만 미국의 태평양 함대가 1846년 몬터레이 만에 정박하고 캘리포니아를 미국 영토로 선언했을 때, 이 숫자는 이미 절반으로 줄어든 상태였다.[18] 이 수치조차도 이후 벌어질 일들에 비하면 아무것도 아니었다. 역사학자 벤자민 매들리 Benjamin Madley는 이후 24년 동안 벌어진 인구 재앙을 '미국판 대량학살'로 정의한다. 그는 정착민들의 인종차별과 원주민에 대한 공포, 그리고 토지와 자원에 대한 탐욕이 결합하면서 체계적인 학살이 벌어졌다고 분석한다.[19] 1840년대에 1만 명도 채 되지 않던 백인 정착민 수는 1880년까지 86만 4,694명으로 급증했다. 반면 같은 기간 캘리포니아 원주민 인구는 80퍼센트 감소하여 1869년에는 3만 명, 1880년에는 1만 6,277명으로 줄어들었다. 이러한 급격한 인구 감소는 20세기의 가장 참혹한 사건들과 비교해도 유례를 찾기 힘들 정도다.

원주민들의 죽음은 단순히 질병이나 영양실조 때문이 아니었다. 강제 노역, 감금, 조직적인 살인과 대학살이 함께 진행됐다. 생존자들은 '서서히 죽음을 맞이하는 장소'라 불린 보호구역으로 강제 이주됐다. 정치학자 마무드 맘다니Mahmood Mamdani는 이 보호구역을 '나치의 강제 수용소보다 다소 나은 형태의 수용소'로 묘사하며, 미군이 직접 운영하던 원주민 말살 시설이라고 평가한다.[20] 자본주의는 특정한 역사적·정치적 과정 속에서 형성된다. 캘리포니아의 경제 시스템 또한 군사적 강제력과 토지 착취, 그리고 학살의 역사 위에서 형성된 자본주의적 질서를 반영하고 있다.

캘리포니아에서 벌어진 갈등의 핵심은 토지의 배타적 소유권과 통제권이었다. 원주민들은 영국의 농민들과 마찬가지로 공동체적이고 관습적으로 토지를 이용했다. 그들의 삶은 유목형 수렵채집 사회와 정착 농경 사회의 중간 어디쯤에 있었다. 원주민들은 마을을 세우고 복잡한 사회 조직을 발전시켰지만 옥수수, 콩, 호박 같은 작물을 경작하는 방식으로 경제를 구축하지 않았다. 대신, 자연환경을 관리하며 자원의 다양성과 가용성을 극대화하는 방식으로 사회를 유지했다.[21] 이러한 방식은 자원의 독점적 소유와 통제를 기반으로 한 정착민들의 논리와 근본적으로 충돌했다.

1849년 골드러시 이후 캘리포니아 자본주의 발전의 두 축은 채굴과 농업이었으며, 이 두 산업은 토지와 수자원에 대한 절대적

독점을 전제로 해야만 성장할 수 있었다. 인클로저는 농민들의 토지 사용권을 박탈하고 그들을 대규모 빈곤층으로 전락시켜 산업혁명의 '검은 악마 같은 공장'으로 유입시키는 결과를 낳았다. 그러나 캘리포니아에서의 인클로저는 달랐다. 원주민들은 노동자가 되는 대신, 철저히 제거당했다.[22]

대량 학살 이후 버려진 토지는 '캘리포니아식 자본주의'가 발전하는 밑거름이 됐다. 골드러시의 광풍이 지나가자 곧이어 농업 붐이 일어났다. 1939년, 변호사이자 저술가였던 캐리 맥윌리엄스Carey McWilliams는 캘리포니아의 농업을 가리켜 '대규모, 집약적, 다각화된 기계화 농업의 새로운 형태'라고 설명했다.[23] 당시 캘리포니아 농업은 미국 전역의 식량 수요를 충족할 수 있을 정도로 발전했다. 그런데 이러한 농업 시스템을 떠받친 것은 25만 명에 달하는 이주 노동자들이었다. 그리고 그들이 노동조합을 조직하려 할 때마다 극심한 탄압이 가해졌다. 맥윌리엄스는 이를 '농업 파시즘'이라고 표현했다.

이주 노동자들의 수는 주 정부와 연방 정부의 이민 정책을 통해 지속적으로 조정되었다. 1882년에는 중국계 이민을 금지했고, 1907년에는 일본인 노동자의 이민을 제한했다. 1917년에는 아프가니스탄에서 태평양에 이르는 광범위한 '아시아 금지 지역' 출신의 이민을 막았다. 1924년에는 인종별 이민 할당제를 도입했고, 1931년에는 대규모 강제 송환을 단행하기도 했다.[24] 그러나 이러한 억압적인 정책은 근본적인 모순을 내포하고 있었다. 국가가 이주 노동자들의 노동력에 의존하면서도 그들을 배척하는 태도를 보인 것이다. 말

콤 해리스Malcolm Harris는 이를 다음과 같이 설명했다. "캘리포니아의 농업 자본가들은 비백인 노동력을 마치 자전거 페달처럼 취급했다. 한 집단을 억누르면 또 다른 집단이 부상했고, 그렇게 하면서 전체 시스템은 계속해서 앞으로 나아갔다."**25**

이러한 흐름 속에서 캘리포니아 자본주의의 핵심 기관들이 태어났다. 농업 붐과 골드러시로 축적된 부는 1904년 샌프란시스코에서 설립된 이탈리아 은행Bank of Italy의 금고로 흘러들었고, 이 은행은 1930년 뱅크 오브 아메리카Bank of America로 이름을 바꾸며 거대한 금융기관으로 성장했다. 한편, 팔로알토에서는 철도 재벌이 샌프란시스코의 분노한 노동자들을 피하기 위해 세운 목장이 점차 확장되어 스탠퍼드대학교가 되었다. 스탠퍼드는 초기부터 라디오 기술 개발의 중심지가 됐다(그리고 동시에 우생학적 인종 연구의 중심지이기도 했다).**26**

1941년 미국이 제2차 세계대전에 참전하면서 연방 정부의 군사 연구비가 대학으로 쏟아져 들어왔다. 이는 스탠퍼드를 오늘날과 같은 기술 개발의 중심지로 만드는 데 중요한 계기가 된다. J. 윌리엄 풀브라이트J. William Fulbright 상원의원이 '군산학 복합체'라고 부른 이 구조는 스탠퍼드를 핵심 거점 중 하나로 만들었다.**27** 전자공학, 라디오, 레이더 연구는 전쟁이 끝난 후에도 스탠퍼드의 주요 연구 분야로 자리 잡았다. 1957년 소련이 스푸트니크 인공위성을 발사하자 미국 연방 정부는 연구 개발에 대한 투자를 더욱 확대했고 대학들은 냉전 시대의 전략적 요충지로 성장했다. 1955년부터 1965년 사이, 연방 연구 지원금은 2억 86,000만 달러에서 16억 달러로 증가하고 국방부는 최대 연구 투자 기관이 됐다.[28] 특히 투자는 캘리포니아에 집중되었는데, 학계, 군사, 산업 과학이 결합된 '황금 삼각지대'에서 세계적인 혁신들이 쏟아졌다. 실리콘밸리라는 이름을 탄생시킨 실리콘 반도체부터 현대 컴퓨터 기술까지 모든 것이 이곳에서 만들어졌다. 마거릿 오마라Margret O'Mara는 이를 두고 "미국 정부는 실리콘밸리의 최초이자, 어쩌면 가장 위대한 벤처캐피탈리스트였다"고 평가했다.[29]

우리가 오늘날 알고 있는 VC도 곧 뒤따라 등장했다. 대형 자산운용사들은 오래전부터 중소기업에 대한 고위험 투자를 하고 있었지만, VC는 점차 전자 산업의 발전을 뒷받침하는 특정한 초기 단계 투자 방식으로 자리 잡기 시작했다. 팔로알토 최초의 벤처 캐피털 펀드는 1959년 600만 달러의 자본으로 설립되었다. 이후 유사한 펀드들이 잇따라 등장했다.[30] 여기서도 연방 정부의 역할이 컸다. 1958년 제정된 중소기업투자법Small Business Investment Act 덕분에 VC들은 막대한 세금 감면 혜택을 받을 수 있었다. 또한 연방 대출을 활용해 투자 자본을 최대 300퍼센트까지 확대할 수 있었다.[31] 1961년이 되면 미국 전역에는 500개 이상의 중소기업투자회사Small Business Investment Company, SBIC 가 운영된다.

캘리포니아의 VC들이 가져온 가장 큰 혁신은, 다름 아닌 투자 방식 그 자체였다. 당시 미국 동부의 VC들은 대체로 기업에 소수 지분만을 투자하고, 비교적 거리를 두는 태도로 사업에 관여했다. 그러나 팔로알토의 VC들은 전혀 다른 방식을 선택했다. 이들은 보다 공격적인 투자 전략을 구사하며 투자 대상 기업의 상당한 지분을 확보했고, 창업자들과 긴밀한 관계를 맺으며 주요 의사결정 과정에 적극 개입했다. 때로는 기술 개발 초기 단계부터 직접 관여하기도 했고, 공공 연구 자금을 통해 기술의 개발 방향에 영향력을 행사하기도 했다.[32] 이처럼 이들은 단순한 자금 공급자를 넘어, 기술과 시장의 판을 바꾸는 실질적 행위자로 자리 잡았다.

이 방식이 효과를 발휘하면서, VC 업계는 급속도로 성장했다. 그러나 이러한 붐은 오래가지 않았다. 1970년대 경제 불황이 닥치면서 VC도 일시적으로 침체기에 접어든다. 전자 산업에 대한 투자의 위험이 커지자, 기관 투자자들의 관심이 줄어들었고 VC들은 보유 지분을 매각할 투자자를 찾기 어려워졌다. 그 결과, 기업의 가치가 낮아지면서 업계 전체가 위축되었다. 하지만 이 침체기는 점차 회복되다가, 개인용 컴퓨터와 인터넷이 등장하면서 완전히 반전됐다.

1991년부터 2000년 사이, 벤처캐피탈 펀드에 대한 신규 자본 투입은 2,000퍼센트 증가했다. 자금의 대부분은 연기금에서 유입되었는데,[33] 1980년대의 저조한 수익률을 딛고 1999년에는 평균 수익률이 100퍼센트를 넘어서며 정점을 찍었다. 당시 VC들이 투자한 대표적인 기업에는 애플, 마이크로소프트, 시스코Cisco Systems, 그리고 선 마이크로시스템즈Sun Microsystems 등이 있었다.[34] 이후 닷컴 버블 붕괴로 이러한 흐름은 한풀 꺾였지만, VC 업계는 위기에서 빠르게 벗어나, 과거보다 더욱 견고한 성장세를 이어갔다. 마치 거대한 자산 거품이 터진 것이 일시적인 사고였던 것처럼, 근본적인 구조적 불안정성을 잊은 채 VC 산업은 다시금 성장을 이어나갔다.

과감한 투자와 급속한 기술 발전이 가능했던 것은 상당 부분 정부의 공공 자금 덕분이다. 실리콘밸리는 더 넓은 의미에서 미국 국가 기구의 지원을 받아 탄생한 곳이다. 국방교육법부터 중소기업 투자법까지 오늘날과 같은 캘리포니아 자본의 형성이 가능했던 데에는 입법 지원이 결정적인 역할을 했다.35 실리콘밸리는 정부의 연구 자금을 기반으로 성장했고, 세금 감면과 연방 대출의 도움을 받아 확장했다. 흔히 자본은 독립적이라고 하지만, 실상은 그 독립성은 껍질일 뿐이다. 이처럼 과감한 공공 투자가 이뤄졌음에도, VC들은 자신들의 투자 방향을 공익을 위해 조정해야 할 민주적 의무를 지지 않았다. 오히려 그들은 자신들이 벌어들인 막대한 이익을 자본이득세로부터 보호하기 위해 싸웠다. 그렇게 공적 투자로 만들어진 경제적 성과의 상당 몫이 사적 영역으로 옮겨졌다.

지난 한 세기 동안 기술 발전의 방향을 결정한 것은 대부분 폐쇄적인 공간에서 이루어진 사적 의사결정이었다. 평범한 사람들은 기술 변화의 주체라기보다는 객체에 가까웠다. 오늘날 우리가 살아가는 경제 시스템은 철저히 사적 이익과 사적 의사결정에 의해 움직인다. 놈 촘스키의 표현을 빌리자면, 우리 미래를 형성하는 기업들은 '폭정의 섬'이며, 그 기반은 오랜 역사 속에서 이어져온 학살과 차별, 그리고 착취에 뿌리를 두고 있다.

민주주의가 배제된 기술

기술의 발전은 때때로 자연 현상처럼 보인다. 컴퓨터 성능이 2년마다 두 배로 증가한다는 무어의 법칙에 대해 들어본 적이 있을 것이다. '법칙'이라는 표현 자체가 뉴턴의 운동 법칙처럼 자연의 근본 원리 같은 느낌을 준다. 그렇게 생각하면 인류의 역사 또한 마치 동일한 법칙에 따라 움직여온 것처럼 보인다. 수레바퀴에서 시작해 인쇄기, 모바일폰을 거쳐 대형 LLM에 이르기까지, 기술이 단선적인 발전 과정을 거쳐왔다는 가정이 자연스러워 보인다. 하지만 현실은 그렇지 않다.

기술 발전을 지배하는 원칙은 뉴턴의 머리 위로 사과가 떨어지게 만든 물리 법칙과는 전혀 다르다. 기술은 사회적 힘이며, 기술을 결정하는 요소는 우리가 일상에서 경험하는 사회적 규칙과 동일하다. 즉, 이윤과 성장, 확장과 지배의 논리가 기술의 발전을 추동한다. 기술을 제대로 이해하려면 이를 형성하는 시스템과 그 안에서 벌어지는 갈등을 살펴봐야 한다.

앞에서 우리는 AI 기업과 투자자들이 활동하는 현대의 비즈니스 환경, 즉 'AI의 새로운 시대'를 살펴봤다. 또한 자본의 역사, 특히 캘리포니아 자본주의의 발전 과정을 통해, 왜 소유주와 경영진이 기술 개발의 방향을 독점적으로 결정하는지, 그리고 어떻게 실리콘밸리라는 자본 집적지가 형성되었는지를 돌아보았다. 이제는 한 발짝 더 나아가 두 가지 핵심 질문을 다뤄보려 한다.

첫째, AI 기술 발전을 추동하는 구조적 압력은 무엇인가?
둘째, 왜 테크 기업의 경영진들이 가진 세계관이 문제인가?

AI 발전의 주요 동력은 글로벌 자본주의 경제 속에서 경쟁하는 대형 테크 기업들이다. 기업 간 경쟁은 생산 비용을 낮춰야 한다는 지속적인 압박을 만든다. 현실적으로 이는 노동자들에게 더 많은 생산량을 요구하거나(즉, 노동 강도를 높이거나 임금을 삭감하는 방식), 생산성을 향상시키고 낭비를 줄일 수 있는 새로운 기술에 투자하는 방식으로 이루어진다. 새로운 기술을 개발하면 경쟁사보다 우위를 점할 수 있기 때문에, 기업들은 끊임없이 혁신을 추구한다.

경쟁의 압력 속에서 어떤 방향으로 움직일지를 결정하는 사람들은 자본을 소유했거나, 그 자본을 대리하는 이들이다. 경영진, CEO, 주주, 투자자 등이 바로 그들이다. 반면, 이들이 내리는 결정에 노동자가 실질적으로 개입할 수 있는 권한은 거의 없다. 생산의 핵심을 담당하고 있음에도, 그들의 목소리는 의사결정 테이블에서 좀처럼 반영되지 않는다. 대부분의 기업에서 조직의 대다수를 차지하는 노동자들은 기업 운영 방식에 대해 실질적인 발언권이 없으며 경영진과 대주주라는 소수 집단의 이해관계에 따라 모든 것이 결정된다.

AI를 둘러싼 글로벌 생산 네트워크의 운영 권한을 가진 이들은 극소수다. 지금까지 우리가 살펴본 이야기의 주인공들은 대개 자신의 삶 속에서 제한적인 선택지만을 가진 채 살아가고 있다. 하지만 이러한 네트워크의 특정 지점에서는 막대한 권력과 통제력, 정보 접근성을 가진 극소수의 인물이 존재한다. 그 인물들이 모인 곳이 바로 이사회다.

실리콘밸리는 오랜 시간 동안 자유지상주의적 정치관과 신자유주의적 경제관이 결합된 독특한 이념을 신봉해 왔다. 30여 년 전, 리처드 바르북Richard Barbrook과 앤디 카메론Andy Cameron은 이를 '캘리포니아 이데올로기California Ideology'라는 개념으로 정리하며 이목을 끌었다.[36] 이 이념은 신좌파와 신우파의 요소가 혼합된 형태였다. 구체적으로는, 반문화적 좌파의 낭만적인 개인주의와 보수주의의 반정부 성향, 자유시장 경제에 대한 신념이 뒤섞여 있었다. 여기에 기술 결정론, 그리고 네트워크화된 개인용 컴퓨터가 자유를 확산시킬 것이라는 낙관적인 믿음이 더해지면서, 실리콘밸리 특유의 세계관이 만들어졌다. 이러한 사조는 오늘날에도 여전히 일부 살아 있지만, 지난 수십 년간 기술과 사회, 그리고 경제의 변화 속에서 그 모습은 적잖이 변해 왔다.

최근 실리콘밸리의 기술 노동자들은 좀 더 진보적인 입장을 취하며, 극단적인 개인주의와 기술 낙관주의에 대해 비판적인 시각을 가지게 됐다. 특히 인종과 성에 대한 차별과 기후 위기에 대한 우려가 커지면서 변화의 속도가 빨라졌다. 한때 캘리포니아 이데올로기는 기술과 정보의 확산이 부의 창출과 인간의 자유를 증진할 것이라는 막연한 믿음을 대표했다. 하지만 2010년대 들어 새로운 감시 시스템, 기술 독점, 알고리즘 차별 문제가 점점 더 분명해지면서 상황이 달라졌다. 한편 2016년 도널드 트럼프의 대선 승리와 함께 미국 정치가 극단적으로 양극화되면서 실리콘밸리도 보다 명확한 정치적 입장을 요구받게 되었다. 일부는 거대 정당의 후원자로 나섰고, 블랙 라이브스 매터Black Lives Matter나 미투Me Too 같은 사회운동을 지지하기도 했다.[37] 이런 변화 속에서 테크 기업 경영진들은 주로 진보적인 입장을 취하며 미국 민주당 쪽에 서서 사회적 이슈를 다루었다. 하지만 이들 사이에도 정치적 입장은 다양하게 갈린다. 진보적인 흐름과 보수적인 흐름이 공존하며, 그 사이에도 다양한 차이가 존재한다.

하지만 한 가지 공통된 믿음이 있다. 바로 '창업자 중심의 사고방식'이다. 이는 스타트업 창업자나 테크 기업 CEO들이 가장 중요한 기술 개발 및 투자 결정을 내릴 최적의 위치에 있다는 신념이다. 이들은 민주주의보다는 시장을, 공공 지출보다는 기업과 자선 활동을, 그리고 법적 규제보다는 자율 규제를 더 신뢰한다.

창업자들은 스스로를 변화의 주역이라고 믿는다. 민주적 절차는 법적 틀을 만들고 세금을 관리하는데 필요하지만, 기업 활동을 과도하게 제한하는 규제로 이어져서는 안 된다고 본다. 정부의 규제를 공개적으로 지지하는 CEO들조차도 그것이 자사의 이익에 부정적인 영향을 미칠 경우 불쾌해하는 하는 경우가 많다.[38] 이러한 사고방식은 정치학에서 말하는 '얇은 이데올로기thin ideology'로 볼 수도 있다. 실리콘밸리의 기업가들은 자신의 관심사에 따라 정치적 의제 중 일부에만 집중하고, 자유주의나 보수주의 같은 더 넓은 이데올로기에는 부분적으로만 결합하는 경향을 보인다.³⁹ 이러한 사고방식은 한 가지로 규정하기 어렵고, 사회적으로 진보적인 입장부터 자유지상주의적 보수주의까지 다양한 스펙트럼을 가진다. 하지만 정치적 성향과 무관하게, 대부분의 테크 기업 경영진은 중요한 결정은 자신들이 내려야 한다고 믿는다.

진보적 스펙트럼의 대표적인 사례로는 마크 저커버그를 들 수 있다. 그는 다양한 진보적 이슈에 공감하며 대규모 자선 단체를 설립하는 등, 사회적 책임을 강조하는 행보를 보여왔다. 하지만 이러한 이미지와는 별개로, 그는 메타를 거의 왕국처럼 운영하고 있다. 회사의 특수한 의결권 구조 덕분에, 저커버그는 전체 지분의 일부만 보유하고 있음에도 불구하고 무려 61.1퍼센트의 의결권●을 행사할 수 있다.⁴⁰ 이 구조는 그에게 엄청난 통제력을 부여한다. 페이스북과 인스타그램의 알고리즘을 어떻게 조정할지, 어떤 게시물이 사용자에게 노출될지, 어떤 콘텐츠가 삭제될지, 혹은 어떤 경쟁사를 인수하거나 모방할지를 저커버그 혼자 결정할 수 있다. 결과적으로 단 한 사람이 전 세계 수십억 명이 사용하는 디지털 인프라를 실질적으로 통제할 수 있는 권한을 가진 셈이다. 억만장자들이 미국 사회에서 어떤 권력을 행사하고 있느냐는 질문을 받았을 때, 저커버그는 이렇게 답했다. "사적인 부의 축적으로 인해 특정 개인들이, 예를

● 마크 저커버그의 메타 지분율은 약 13퍼센트다.

들어 과학 연구에 대규모 자금을 지원하기도 합니다. 이를 두고 어떤 사람들은 '부유한 사람들이 어떤 과학 프로젝트에 자금이 투입될지를 어느 정도 결정하는 것이 과연 공정한가?'라고 질문할 수 있습니다. 솔직히 말하면, 저도 정확한 답을 모르겠습니다. 어떤 면에서는 공정하지 않을 수도 있지만, 그것이 최선의 대안일 수도 있습니다."[41]

테크 업계의 최고경영자들은 대중이 자신들을 믿어주길 바란다. 마크 저커버그 같은 인물들은 권력의 불평등을 당연시하면서 결국 모든 것이 '더 큰 선'을 위한 것이라는 논리를 내세운다. 그는 본질적으로 민간 기업가와 사적인 행위자들이 민주적으로 선출된 정부보다 더 나은 결정을 내릴 수 있다고 말하고 있다. 테크 산업은 일종의 능력주의적 필터이며, 그 필터를 거쳐 정상에 오른 사람들은 대체로 올바른 판단을 할 가능성이 높다는 믿음을 내보인 것이다.[42]

저커버그 같은 테크 업계 리더들은 자신들이 시민의 이익을 최우선으로 생각한다고 주장한다. 예컨대, 메타의 미션은 "사람들에게 커뮤니티를 구축할 힘을 주고, 세상을 더욱 가깝게 만드는 것"이다. 이보다 더 좋은 목표가 있을까? 저커버그는 자신을 선한 영향력을 가진 사람으로 여긴다. 그는 메타가 더 포용적인 기업이 되길 바라며, 인종적 다양성을 높이고 LGBTQIA+ 커뮤니티••가 더욱 힘을 얻을 수 있도록 지원하며, 기술이 인류 전체에 도움이 되기를 원한다. 그런데 이러한 가치들은 그가 기술 개발 과정에서 민간 자본이 무제한적으로 축적되고 사적인 권력이 행사되는 것에 아무런 문제의식을 갖지 않는 태도와 모순 없이 공존한다. 현대 사회의 기반을 이루는 기술과 인프라는 창업자와 기업가들이 주도적으로 만들어가야 한다는 것이 그의 신념이다.

문제는 이러한 사고방식이 마크 저커버그 같은 이들이 휘두르는 무제한적인 권력의 위험성을 쉽게 간과하게 만든다는 데 있다. 이들은 세상을 이해관계가 충돌하고, 다양한 사회 집단이 대립하는 복잡한 정치적 공간으로 보지 않는다. 그보다는 세상은 해결 가능한 기술적 문제로 가득 차 있으며, 자신과 같은 똑똑한 사람들이 적절한 자금과 자원을 제공받기만 하면 그런 문제들은 하나하나 풀어낼 수 있다고 믿는다. 이런 낙관적 세계관 속에서, 그들은 세상이 점점 더 나아지고 있으며 자신들이 그 진보에 핵심적인 역할을 하고 있다고 확신한다. 스스로를 장기적인 낙관주의자로 여기며, 기술이 결국 사회를 해방시킬 수 있다고 믿는 것이다.

그러나 이들이 제기하는 담론 속에는 '한 집단에 좋은 일이 다른 집단에는 해가 될 수 있는가?'라는 정치적 질문이 거의 다뤄지지 않는다. 그들은 자신을 위협적인 존재로 인식하지 않기 때문에, 결과적으로 우리 삶에 엄청난 영향력을 아무런 거리낌 없이 행사하고 있다. 이 무의식적인 권력의 행사는, 때로는 가장 큰 위협이 되기도

●● 성적 지향과 성 정체성이 다양한 사람들(레즈비언, 게이, 양성애자, 트랜스젠더, 퀴어, 인터섹스, 무성애자 등)을 포함해 이들의 권리와 평등을 지지하는 공동체.

한다.

실리콘밸리의 또 다른 창업자이자 억만장자 벤처캐피탈리스트 그리고 페이팔 마피아●●●의 대부[43] 피터 틸도 비슷한 생각을 가진 것으로 보여진다. 자칭 보수적 자유지상주의자인 틸은 실리콘밸리 정치 스펙트럼에서 우측을 대변한다. 그는 창업자 중심 사고방식을 극단적으로 밀어붙이는 인물이기도 하다. 틸은 정부 규제를 완전히 철폐해야 한다고 주장하며, 사유재산과 시장의 절대적인 지배력에 기반한 인간 자유라는 매우 특이한 비전을 주장한다.[44] 이 비전은 20세기 경제학자 루트비히 폰 미제스Ludwig von Mises, 빌헬름 뢰프케Wilhelm Röpke, 프리드리히 하이에크Friedrich Hayek 등이 발전시킨 신자유주의 사상의 가장 공격적인 버전이라고 할 수 있다.[45] 이전의 신자유주의자들과 마찬가지로, 틸이 말하는 자유란 사람들이 의사결정에 참여하고 삶을 누릴 수 있는 자유가 아니라, 무한한 이윤을 창출할 자유(그리고 그에 따른 착취의 자유)를 의미한다.

틸의 정치 철학은 다른 테크 기업 경영진들과 비교했을 때 상당히 이질적인 면이 있지만, 기술 발전의 방향은 자신들이 결정해야 한다는 믿음만큼은 비슷하다. 그리고 그는 이 신념을 행동으로 옮겨, 이미 AI의 대규모 활용 방향을 실질적으로 주도하고 있다.

틸이 창업한 감시 테크 기업 팔란티어Palantir는 2007년부터

●●● 페이팔 출신의 주요 창업자들 사이에 이루어진 인적 네트워크.

2021년까지 미국 연방 정보 보안 기관과 무려 940건의 계약을 체결해 15억 달러 이상을 벌어들였다. 이 회사는 주로 미국의 경찰과 군에 감시 서비스를 제공하는 데, 바로 이 점 때문에 시민 감시와 프라이버시 침해 문제로 비판의 대상이 되기도 했다. 미디어 연구자 앤드류 일리아디스Andrew Iliadis와 아멜리아 애커Amelia Acker에 따르면, 팔란티어는 "얼굴 인식, 예측 감시, 소셜미디어 마이닝social media mining●을 포함한 데이터 수집, 분류, 모델링 기술을 활용해 고객이 그림자 데이터 인프라shadow data infrastructure●●를 구축하도록 지원함으로써 통제와 거버넌스를 강화하는 것이 목표"다.[46]

틸은 클리어뷰 AIClearview AI라는 기업에도 투자하고 있다. 이 회사는 인터넷에서 수집한 30억 개의 이미지를 활용해 얼굴을 인식을 하는 기술을 개발한 곳으로 유명하다. 틸은 이 기술을 미국 이민 단속 기관이 신원 확인 및 추방 대상자를 체포하는 데 사용하도록 결정했다. 클리어뷰 AI는 현재 600곳 이상의 미국 경찰서에서 쓰이고 있다. 이뿐만 아니라, 실시간 인구 위치 데이터베이스를 구축하는 세이프그래프SafeGraph, 스마트 국경 인프라를 개발하는 안두릴Anduril도 틸이 투자한 기업들로, 흔히 틸버스Thielverse라고 불리는 거대한 감시 네트워크를 형성하고 있다. 이들 기업은 AI 기반의 데이

● 소셜미디어 상의 데이터를 분석하여 대중의 특징과 성향을 분석하는 방법.
●● 기업 내 IT의 인지 범위 밖에 존재하는 데이터

터·인프라 기술을 통해 감시 기관의 확장을 돕고 있으며, 그 아래에는 철저한 반(反)민주적 엘리트 통치 철학이 자리 잡고 있다.

창업자 중심 사고방식은 여러 형태로 나타날 수 있다. '가족 친화적 글로벌 커뮤니티 구축자'로 자처하며 사람들이 친구들과 더 쉽게 연결되기를 바라는 마크 저커버그 같은 인물이 있는가 하면, 대규모 감시 시스템을 설계하는 피터 틸 같은 인물도 있다. 정치적 스펙트럼에서 차이가 있더라도, 실리콘밸리 경영진 대다수가 공유하는 공통된 특징이 있다. 바로 정부의 역할에 대한 불신과 자기 선의에 대한 확신이다.

이들은 스스로를 '글로벌 커뮤니티의 지정학적 리더'로 부르며, 자신들의 조(兆) 단위 기업과 엘리트 자선 조직이 세상을 변화시키고 있다고 주장한다. 여기서 민주적 투표나 공공 정책과 같은 '비효율적인 절차'는 이들의 비전에 걸림돌일 뿐이다. 이들의 지휘 아래, AI는 특정한 방향으로 발전하고 있다. 사실 AI는 전혀 다른 모습이 될 수도 있었다. 노동을 해방하는 기술, 자원을 효율적으로 분배하는 기술, 인간을 해방하는 기술이 될 수도 있었다. 하지만 현실에서 AI는 '노동 가속기'이자 '감시 강화 장치'로 자리 잡아 가고 있다.

이런 경로는 두 가지 요인에 의해 결정된다. 하나는 현재의 글로벌 경제 시스템이 만든 구조적 압박이고, 다른 하나는 특권층이 가진 정치적 비전이다.

지금의 기술 발전은 가장 강력한 테크 기업들이 주도하고 있으며, 이들은 끊임없이 사업을 확장하고 수익을 극대화해야 하는 강한 동기를 갖고 있다. 그리고 이들이 AI 발전을 통제하는 위치에 있는 한, 그들에게 가장 의미 있고 중요한 기술은 가장 큰 이윤을 안겨줄 기술일 수밖에 없다. 착취 기계 속에 얽혀 있는 대부분의 사람들은 시스템의 전반적인 운영 방식에 대해 아무런 발언권이 없다. 반면, 소수의 사람들은 AI의 미래 경로를 결정할 수 있는 거의 유일한 권한을 가진 채, 세계를 바꿀 선택을 내리고 있다.

자기합리화인가, 더 나은 미래를 위한 선택인가

같은 날 저녁, 타일러는 샌프란시스코 미션 지구에서 NGO에서 일하는 친구 넷과 저녁을 먹기로 했다. 요즘은 이곳에 잘 오지 않는다. 도시마다 노숙자 문제를 체감하는 정도는 다를 수 있지만, 이곳 지하철역 근처에서는 그 현실이 더욱 또렷하게 다가온다. 단지 눈에 보이는 풍경 때문만은 아니다. 텐트, 휠체어, 빈 병 같은 물건들이 시야에 들어오기 전에, 가장 먼저 마주치는 건 바로 냄새다. 따뜻한 날씨임에도 불구하고, 낡고 더러운 담요 아래로 한 남자의 맨발이 드러나 있다. 그의 발은 일정한 리듬 없이 미세하게 떨리고 있고, 그 움직임은 이곳에 스며든 피로감과 취약함을 조용히 보여준다.

다섯 친구는 좋아하는 바에 들어가 맥주를 마시며 각자의 직장 이야기와 상사의 험담을 늘어놓는다. 자연스럽게 향수에 젖어, 대학을 갓 졸업하고 어떻게 하면 세상을 변화시킬 수 있을까 고민하던 시절의 이야기를 주고받는다. 밤이 깊어지자 도로레스 공원의 20번가 쪽 벤치로 올라간다. 밤하늘 아래 울퉁불퉁 솟아 있는 도심의 마천루들이 불빛을 반짝인다. 하늘을 올려다보니 별 몇 개와 비행기 몇 대가 떠 있다. 보름달이 환하다.

오늘 아침, 타일러는 자신이 투자하고 있는 AI 스타트업 창업자들에게 데이터 주석 작업을 앨라배마에서 동아프리카로 이전할 것을 강력히 제안했다. 그가 제안한 일들은 대개 그대로 진행된다. 이게 바로 벤처캐피털리스트의 역할이자 힘이다. 자신의 경험과 지식을 활용해 회사와 제품의 방향을 결정하는 중요한 의사 결정을 내리는 것. 예상 절감액은 70퍼센트 이상, 목표대로 실현된다면 수익이 크게 개선될 것이고, 전체 지표도 훨씬 안정권에 접어들 것이다. 창업자들은 다음 주에 새로운 데이터 주석 업체들과 미팅을 잡았다. 품질이 유지될지 걱정하는 눈치지만, 타일러는 충분히 가능할 거라 확신한다.

처음엔 앨라배마의 노동자들에게 미칠 영향을 고민했지만, 결국 타일러의 머릿속을 지배한 질문은 이거였다. "동아프리카 노동자들에게 일자리를 주지 않는 게 더 불공평한 것이 아닐까?" 세계 경제에서 누군가는 손해를 보기 마련이라면, 이번에는 그 대상이 앨라배마 사람들일 뿐이다. 그는 이 결정을 '앨라배마에서 일자리를 빼앗는 것'이 아니라, '케냐와 우간다 사람들에게 기회를 주는 것'으로 생각하기로 했다. 잠시 후, 그는 컴퓨터 화면을 바라보며 미소 짓는 데이터 주석 노동자들의 얼굴을 떠올린다. 그들은 더 나은 삶을 살아갈 기회를 잡은 사람들이다.

그들과 타일러가 뚜렷한 공통점을 가지고 있는 건 아닐지 몰라도, 같은 프로젝트를 위해 각자의 자리에서 일하고 있다는 사실만큼은 분명했다. 이것이야말로 글로벌 노동 분업이 만들어낸 조용한 경이로움 아닌가. 타일러는 문득 그들이 의존하는 클라우드 서비스와, 어딘가에서 묵묵히 돌아가고 있을 서버 랙을 떠올린다. 마무리 단계에 접어든 사용자 인터페이스를 설계하고 있는 디자이너들, 시스템의 온화한 감시 아래 창고에서 카트를 밀고 있는 노동자들, 그리고 이 모든 조각들을 하나의 완성된 제품으로 엮어내기 위해 분투하는 엔지니어들.

그들은 지금 이 순간에도, 이 도시 어딘가에서 묵묵히 자기 자리를 지키며 일하고 있을 것이다. 그와 그들의 일은 변화를 만든다. 단순하지는 않지만, 분명 세상을 변화시키고 있다. 그것이야말로 타일러가 언제나 원했던 것이다.

7장
오래된 미래에 맞서는 사람들

―

나이지리아 나이로비,
노조 활동가

불꽃이 튄다. 나이로비 외곽에 위치한 어느 따분한 사무실에서 관리자와 직원들이 참석하는 정기 미팅이 진행되고 있다. 폴은 자신과 동료가 제대로 된 지원을 받지 못하는 현실에 좌절하고 분노했다. "우리한테 일이 너무 많이 몰려요! 시간을 제발 더 주세요. 아주 충격적인 영상을 계속 봐야 한단 말입니다." 폴은 우리가 머리말에서 만난 머시와 같은 센터에서 콘텐츠 검수원으로 일한다. 그들은 단기 계약, 긴 근무 시간, 충격적인 콘텐츠에 대한 지속적인 노출, 너무 지루한 반복 업무 등 형편없는 근무 환경에 시달리고 있다. 폴은 좌절감 때문에 미칠 지경이다. 경영진의 변명은 질릴 대로 질렸다. 회사가 충분히 더 나은 환경을 제공할 수 있다는 것을 알고 있다. 쓸데없는 짓처럼 보일지라도 그는 자신과 동료들이 얼마나 고통받고 있는지 관리자에게 다시 한번 단호하게 전한다. 한계점에 와 있다. 이번에는 달라야 한다.

회의를 주재하던 관리자가 멍한 표정으로 폴을 바라본다. 폴의 말에 진지하게 귀 기울이기보다는, 곧바로 핵심 성과 지표와 해외 고객사와의 불안정한 계약에 대한 장황한 독백을 늘어놓기 시작한다. 때때로 그녀는 십분 넘게 쉬지 않고 이런 이야기를 늘어놓곤 하는데, 마치 어린 학생들에게 "세상은 원래 이런 거야"라고 가르치려는 듯 하다. 그녀의 메시지는 분명하다. "속도를 늦출 수 없습니다. 우리가 제때 성과를 내지 못하면, 이 일은 인도로 넘어가고 말 거예요." 관리자는 늘 이런 식으로 문제를 무마해 왔다. 현장에서 불만이 터져 나올 때마다 무의미한 미사여구로 둘러대며 아무런 조치도 취하지 않는 것이 그들의 방식이었다. 하지만 이번에는 예상치 못한 일이 벌어졌다.

폴의 항의에 다른 직원들이 동참하기 시작했다. 여기저기서 목소리가 높아지고, 긴장감이 방 안을 가득 채운다. 더 이상 참을 수 없는 건 폴 뿐만이 아니었다. 동료들 또한 분노하고 있었다. 하나둘씩 나서서 자신들이 겪고 있는 문제들을 쏟아내며, 개선 사항을 요구하기 시작한다. 이렇게 공개적으로 불만을 표출하는 것은 큰 위험을 감수해야 하는 일이다. 문제직원으로 낙인찍히면, 계약이 연장되지 않을 수 있다. 일부 직원들은 관리자가 내부에 밀고자를 두고 있다고 의심하고 있었다. 실제로 그런 사람이 있는지는 불분명했지만, 어찌됐든 회사가 직원들의 항의를 받아들인 적은 거의 없었다. 관리자는 당황한 기색을 감추지 못하고 방 안을 둘러본다. 그녀는 책상 위의 서류를 뒤적이며 마치 중요한 메모를 하는 척하지만, 사실은 불안함을 감추려 애쓰는 중이다. 한 번도 경험해 본 적이 없는 상황이다. 결국, 최대한 빨리 회의를 마무리하자마자 재빨리 방을 빠져나간다.

사측은 즉각적으로 대응했다. 직접 대면하는 회의를 없애고, 직원들이 더 이상 불편한 질문을 던질 수 없는 온라인 회의로 전환하기로 결정한 것이다. 노동자들이 제기한 모든 문제는 묵살됐다. 그리고 회의에서 벌어진 소란은 몇몇 '문제 인물'의 선동 때문이라는 결론을 내리고, 이들을 면밀한 감시 대상에 올렸다.

하지만 이 결정은 노동자들을 침묵시키기는커녕, 결집시켰다. 직접 목소리를 낼 기회가 사라지자, 그들은 조직화를 시작한다. 움직임은 단체 채팅방에서 시작됐다. 폴은 신뢰할 만한 동료 몇 명을 초대했고, 이들은 해결해야 할 문제들을 목록으로 정리했다. 불만이 터져 나오고, 농담이 오가며, 밈^{meme}도 공유된다. 시간이 흐를수록, 그들은 자신들이 처한 열악한 환경이 우연이 아니라 회사의 구조적 문제라는 사실을 깨닫게 된다. 이제 논의는 온라인을 넘어 오프라인으로 확장된다. 소규모 모임을 갖고, 구체적인 전략을 세우기 시작한 것이다.

처음에는 참여하는 인원이 적었다. 몇몇 동료들은 그나마 고충을 터놓고 이야기할 공간이 생겼다는 사실에 안도감과 용기를 얻었다. 하지만 다른 이들은 여전히 불안해 했다. 그들은 경영진이 늘 강조하던 "회사의 계약이 얼마나 불안정한지"에 대해 걱정했다. 자칫 잘못하면 회사가 계약을 잃고 자신들은 일자리를 잃게 될지도 모른다는 생각을 떨칠 수 없었다. 그럼에도 불구하고, 모임에 참석한 노동자들은 자신들이 혼자가 아니라는 사실을 알게 됐다. 몇 주간의 논의 끝에, 그들은 요구 사항을 담은 청원서를 완성했다.

우리는 콘텐츠 검수와 관련해서 다른 국가와 동일한 수준의 보수를 요구한다. 우리는 정신 건강 지원, 적절한 보수, 더 나은 근무 환경을 위해 더 많은 것이 해결될 것을 요구해야 한다. 콘텐츠 검수자들은 디지털 분야에서 중요한 기여를 하고, 그들의 안녕은 우선시되어야 한다. 위의 요구사항이 받아들여진다면, 우리는 더 건강하고 더 생산적인 업무 현장 환경을 만들 수 있다.

일주일 안에 요구 사항이 받아들여지지 않으면 집단 사직하겠다는 경고와 함께, 거의 200명의 노동자가 청원서에 서명했다. 하지만 회사는 그들의 요구를 받아들이는 대신, 폴을 해고했다. 동료들을 괴롭혔다는 이유였다. 그러고는 고위 간부를 보내 나머지 직원들을 회유하기 시작했다. 일부 직원들은 "이 일자리를 원하는 사람이 얼마나 많은지 알고 있느냐?"라는 협박을 들었고, 또 일부는 승진을 미끼로 경영진 편에 서도록 유혹받았다. 그러자 폴은 국제 언론의 몇몇 기자들과 접촉해 회사의 근무 환경을 기사로 내 달라고 요청했다. 첫 보도가 나간 뒤, 나이로비에서 일하는 데이터 노동자들의 충격적인 노동 환경을 고발하는 추가 보도들이 잇따랐다. 직원들은 언론의 압박이 결국 회사를 움직이게 만들 것이라 기대했다. 하지만 회사의 대응은 예상과는 전혀 달랐다.

회사는 기업의 이미지가 나빠질 것을 우려해, 노동 환경을 개선하는 선택을 하기보다는 원청사와의 계약을 포기해 버렸다. 대신 상대적으로 주목도가 낮은 데이터 주석 작업에 집중하기로 결정했다. 그날로, 수백 명의 콘텐츠 검수자들이 쫓겨났다. 이 싸움에서 승자는 없었다. 노동자들은 일자리를 잃었고, 원청사는 더 열악한 조건을 제시한 아웃소싱 업체에 같은 업무를 맡겼다.

분노한 노동자들은 결국 행동에 나섰다. 회사 앞에서 항의 시위를 조직하고, 원청사와 나이로비의 두 아웃소싱 회사를 상대로 부당 해고 소송을 제기했다. 단체 메시지방에는 한 사람이 이런 글을 올렸다. "우리가 시위를 벌이는 이유 중 하나는, 이 회사가 '윤리적인 기업'이라는 이미지를 지키고 싶어 하기 때문입니다. 우리는 세상에 우리의 현실을 보여주어야 합니다."

회사 건물 앞, 노동자들은 인쇄한 청원서를 손에 들고 흔들며, 큰 목소리로 구호를 외친다. 그들의 목소리는 오랫동안 묵살돼 왔던 현실을 드러내는 메아리처럼 거리에 퍼져나갔다.

"우린 절대 물러서지 않는다!"

"옳소!"

"우린 절대 물러서지 않는다!"

"옳소!"

하루 종일 이어지던 집회는 결국 경찰에 의해 강제 해산된다. 하지만, 싸움은 여기서 끝나지 않았다. 노동자들은 드디어 깨닫기 시작했다. "우리에겐 정식 노조가 필요하다. 그래야 합법적인 권리를 가지고 싸울 수 있다." 하지만 대부분의 노동자들은 노조에 가입해 본 적은 물론, 어디서부터 시작해야 할지도 몰랐다. 다행히 폴은 해고되기 전, 노조 설립 절차에 대한 서류를 준비해두었고, 이를 동료들에게 넘겨주었다.

마침내, 2023년 5월 1일, 세계 노동자의 날, 나이로비 뫼벤픽 호텔에서 아프리카 콘텐츠 검수원 노조African Content Moderators Union, ACMU가 150여 명의 노동자들이 모인 가운데 공식적으로 결성했다. 무대 위로 색종이가 흩날리고, 음악이 흐르며, 사람들은 박수와 환호로 승리를 축하했다. 이제 ACMU는 케냐법에 따른 정식 노조로 인정받게 됐고, 앞으로 데이터 노동자들의 목소리를 대변하게 될 것이다. 폴은 다시 회사로 돌아가지 못했다. 하지만 그의 투쟁은 아프리카 최초의 콘텐츠 검수자 노조라는 역사적인 유산을 남겼다. 이제, 노동자들은 더 이상 혼자가 아니다. 그들은 더 나은 미래를 위해 계속 나아갈 것이다.

아프리카 최초의 데이터 노동자 조합

ACMU를 비롯한 전 세계의 데이터 노동조합의 앞길에는 희망과 불확실성이 공존한다. 이들이 임금과 근무 환경을 개선하고, 정당한 존중과 존엄을 보장받으려면 헤쳐나가야 할 난관이 아직 많다. ACMU는 전 글로벌 데이터 노동 시장의 구조적 한계를 돌파해야 하는 어려운 과제를 안고 있으며, 이들의 투쟁이 얼마나 성과를 거둘 수 있을지는 미지수다.

2023년 말, 우리는 ACMU가 공식적으로 출범한 지 6개월이 지난 시점에서 노조 활동가 세 명—로즈, 모하메드, 브라이언—과 이야기를 나누었다.[1] ACMU는 메타, 바이트댄스^{ByteDance}, 오픈AI와 같은 대형 테크 기업의 아웃소싱 회사에서 일하는 전현직 콘텐츠 검수자들이 설립했다. 이들과 대화를 나누면서 우리는 조심스럽지만 희망적인 전망을 품을 수 있었다. 다만, ACMU가 상대해야 할 대상이 전 세계에서 가장 큰 테크 기업과 그들의 아웃소싱 파트너들이라는 점을 상기할 필요가 있다.

로즈는 ACMU의 목표 중 하나로 콘텐츠 검수자가 '전문적인 직업'으로 인정받고, 자격 인증 제도가 도입되는 것을 꼽았다. 또한, 정부 차원의 규제를 통해 최소한의 근무 조건과 적절한 임금이 보장되어야 한다고 강조했다. 하지만 노조가 출범한 날의 뜨거운 열기에도 불구하고, 지난 6개월간 상황이 좋지만은 않았다. 나이로비의 콘텐츠 검수자들의 근무 환경과 임금 수준은 오히려 나빠졌다. 처음에는 더 열악한 환경의 다른 회사로 계약이 넘어갔고, 결국 이 회사조차 메타와의 계약을 유지하지 못하면서 수백 명의 노동자들이 실업의 위기에 놓이게 됐다. 이들 대부분은 가족의 생계를 책임지고 있는데, 다른 일자리를 구하기도 쉽지 않은 상황이었다.

사실 콘텐츠 검수자를 비롯한 대다수 데이터 노동은 특별한 훈련이 필요하지 않다는 인식이 널리 퍼져 있다. 그렇다고 해서 일이 단순하다는 의미는 결코 아니다. 이들은 고도의 숙련도와 속도, 정확성을 요구받지만, 이 일이 노동자의 창의성과 개별적 기술은 철저히 배제한 채 설계되었다는 점에서 문제가 있다. 콘텐츠 검수자들은 일종의 알고리즘처럼 시스템에 맞춰진 존재로 취급되며, 모든 작업이 표준화되고 자동화된 환경에서 수행된다. 이러한 '반복적인 업무 설계'는 노동자들을 점점 더 비숙련화시켜서, 결과적으로 그들이 다른 직군으로 이동하기 어렵게 만든다. 회사를 떠난 노동자들은 자신들이 '인적 자본'을 축적한 것이 아니라, 기계의 부속품으로 기능했을 뿐이라는 사실을 깨닫게 된다.

ACMU 활동가들은 낮은 임금 문제에도 깊은 우려를 표했다. 노조 설립의 핵심 목표 중 하나는 다른 지역의 콘텐츠 검수자들과 동등한 임금을 받는 것이다. "케냐의 데이터 노동자들은 엄청난 가치를 창출하고 있지만, 정작 그 가치를 돌려받지 못하고 있습니다." 그러나 이 요구를 실현하기 위해서는 전 세계 데이터 노동 시장의 구조적 문제를 뛰어넘어야 하는 난관이 존재한다. 콘텐츠 검수자들은 문화적·언어적 이해가 필요한 직군이기는 하지만, 동아프리카만이 그런 역량을 갖춘 지역은 아니다. 더욱이, 데이터 노동의 상당수는 지리적 제약 없이 이루어질 수 있기 때문에, 노동자들은 전 세계의 노동자들과 임금을 놓고 경쟁해야 한다. 이는 결과적으로 업계 전반의 임금이 하향 평준화되는 원인이 되고 있다.

ACMU가 직면한 또 다른 난제는, 케냐의 높은 실업률이다. 임금이 낮고 업무 강도가 높음에도 불구하고, 이 일자리를 원하는 사람이 많다는 사실이 그들의 협상력을 떨어뜨렸다. 콘텐츠 검수직은 비공식 경제에서 일하는 것보다는 높은 급여를 제공하는 경우가 많다. 따라서 상당수 노동자들이 사측과 대립하는 것을 꺼린다. 기업의 경영진들도 이러한 현실을 잘 알고 있어서, 때로는 이를 공개적인 압박 카드로 쓰기도 한다. "우린 임금을 올려줄 수 없어요. 인도와 경쟁해야 하거든요." "고객이 월요일 아침까지 이 작업을 완료하라고 했습니다. 계약을 유지하려면 주말에도 나와야 해요." "이 일이 싫으면 그냥 떠나세요. 대체할 사람은 많으니까요." 로즈는 이런 말들이 관리자들 사이에서 일상적으로 오갔다고 회상했다.

ACMU가 과연 그들의 요구를 관철시킬 힘을 가질 수 있을까? 글로벌 데이터 노동 시장의 현실 속에서, 노조가 어떻게 영향력을 행사할 수 있을지에 대한 우리의 대화는 점차 희망에서 절망으로 옮겨갔다. 브라이언이 먼저 입을 열었다. "이 일자리가 우리에게 오는 이유는 우리가 저렴한 노동자이기 때문이죠." "그들은 언제든 더 싼 노동력을 찾아 떠날 수 있어요." 이것이 바로 ACMU가 직면한 가장 근본적인 문제다.

현실적으로 실행 가능한 대안이 거의 없는 듯 보였다. 세 명의 활동가들은 대화를 이어갈수록 점점 낙담했다. "솔직히, 이제 와서 우리가 뭘 할 수 있을지 전혀 감이 안 잡혀요. 가나에 새로운 기업이 세워질 거라는 소문이 돌고 있어요. 회사는 완전히 새 출발을 하려는 것 같아요." 모하메드도 동의했다. "기업들이 이전을 결정하면 노동자들이 할 수 있는 건 거의 없어요. 회사는 어디로든 이동할 수 있죠. 정책이란 게 결국 산업을 보호하기 위한 것이지, 노동자들을 보호하는 게 아니거든요. 오히려 노동자들은 더 위험해지는 거예요."

ACMU는 앞으로 어떻게 나아가야 할지에 대한 명확한 가이드라인이 없다. 이들이 참고할만한 콘텐츠 검수자 노조의 선례도 전혀 없다. 거기다 우리가 만난 세 명의 활동가 중 누구도 이전에 노조에 가입해 본 적이 없었다. 성공적인 노동운동의 역사적 사례에 대한 지식이 부족하다는 점은 로즈, 모하메드, 브라이언 같은 이들에게 더욱 불리한 조건이 되었다. 기차 기관사나 부두 노동자처럼 오랜 노조 활동의 역사가 있는 업종과 달리, 데이터 노동자들은 참고할 만한 사례가 거의 없었고, 이는 노동자들이 현 상태를 당연한 것으로 받아들이게 만드는 결과를 낳았다.

ACMU에게는 완전히 기초부터 모든 것을 쌓아 올려야 했다. 기존의 케냐 노동조합들은 도움이 되지 않았다. "대부분 우리가 하는 일을 제대로 이해하지 못해요. 우리를 콘텐츠 크리에이터로 착각하는 경우가 많아요." 로즈는 이렇게 말했다. 콘텐츠라는 단어를 듣는 순간, 기존 노조 관계자들은 ACMU가 틱톡에서 춤을 추는 사람들의 모임이라고 생각했다. 결국, ACMU는 스스로 조직을 만들어가는 것 외에는 선택지가 없었다. 국제적 연대가 일부 이루어지기도 했다. ACMU는 글로벌 노동조합 연맹 같은 국제 조직으로부터 제한적인 지원을 받고 있다. 그러나 대부분의 활동가들에게 노조 활동은 사실상 자원봉사에 가깝다. 이들은 본업에 시달리는 바쁜 일상 속에서, 남는 시간을 쪼개가며 전략을 짜고 대응 방안을 모색해야 했다.

ACMU의 사례는 데이터 노동자들이 직면한 문제들을 잘 보여준다. 이들의 일자리는 점점 비숙련화되고 저임금화되고 있다. 노동은 전 세계적인 시장에서 거래되고, 대부분의 노동자들은 노조에 가입하지 않은 상태다. 성공적인 노조 조직화 사례는 거의 찾아보기 힘들다. 이러한 조건을 고려할 때, ACMU와 같은 조직이 결성되었다는 사실 자체가 기적에 가깝다. 개별 노동자들이 더 나은 근무 조건을 요구하려면 노조에 가입해야 하지만, 우리가 앞에서 살펴본 바와 같이, 조직화가 노동 환경 개선을 위한 필요조건이라고 해도 그것만으로 충분치 않다. 그렇다면 데이터 노동자들은 어떻게 대응할 수 있을까?

기업들이 노동자들의 협상력이 낮다고 판단할 때, 노동조합이 변화를 이끌어낼 수 있는 전략은 두 가지로 요약할 수 있다. 하나는 '흐름을 차단하는 전략'이고, 다른 하나는 '경종을 울리는 전략'이다.[2]

첫 번째 전략은 노동자들이 단체 행동을 하는 것, 즉 파업이나 태업으로 대응하는 것이다. 이는 노동자들의 일이 필수적인 업무일 때 특히 효과적인데, 기업이 노동자를 쉽게 대체할 수 없거나, 노동자들이 가치 사슬의 작동을 방해할 수 있는 경우에 유리하다. 두 번째 전략은 기업의 평판을 공격하는 캠페인을 활용하는 것이다. 이는 기업이 대외적으로 내세우는 윤리적 가치를 저버리고 있다는 점을 부각시켜 부정적인 여론을 조성하고, 결과적으로 기업이 행동을 바꾸도록 압박하는 방식이다.

첫 번째 전략인 단체 행동을 통한 파업은 오랜 세월을 거쳐 검증된 방법이다. 이 방식은 노동자들이 생산 네트워크나 경제 시스템의 핵심적인 병목 지점을 차지하고 있을 때 효과적이다. 노동자들은 서 있는 위치에 따라 두 가지 방식으로 이를 실현할 수 있다. 먼저, 위상적 병목topological bottleneck은 네트워크의 전체 구조에서 특정 위치가 차지하는 중요성 때문에 발생한다. 예를 들어, 모든 상품이나 서비스가 반드시 특정 지점을 거쳐야 한다면, 그 지점에서 일하는 노동자들은 강력한 협상력을 갖게 된다. 부두 노동자들이 대표적인 예다. 대부분의 나라에서 상품을 수출입하려면 반드시 항구를 거쳐야 한다. 그래서 부두 노동자들이 파업을 하면 경제에 큰 타격을 줄 수 있다. 마찬가지로 항공 관제사, 세관 직원, 화물 운전사들도 파업을 하면 즉각적인 경제적 혼란과 공급망 마비를 초래할 수 있는 중요한 위치에 있다.

병목은 시간적 요인에 의해서도 발생할 수 있다. 모든 업무가 일정한 시간 내에 수행되어야 하거나, 모든 상품이 특정 기한 내에 전달되어야 하는 경우, 노동자들이 파업을 하면 심각한 영향을 미칠 수 있다. 예를 들어, 의사나 간호사가 파업을 하면 그 기간 동안 환자들의 생명이 위험해질 수 있다.

그렇다면 데이터 노동자들은 집단적 파업을 통해 사측에게 의미 있는 양보를 이끌어낼 수 있을까? 이를 판단하려면 데이터 노동자들이 네트워크에서 어떤 위치에 있는지를 살펴보아야 한다.

결론부터 말하자면, 우리의 대답은 '그렇다'이다. 데이터 노동자들은 자신들이 속한 생산 네트워크에서 필수적이며 없어서는 안 될 존재다. 콘텐츠 검수자가 신고된 콘텐츠를 지속적으로 검토하지 않는다면 소셜미디어 플랫폼은 원활하게 운영될 수 없다. LLM은 노동자들이 출력 결과를 검증해 주지 않으면 정상적으로 작동할 수 없다. 자율주행차는 도로 위 사물에 주석을 달고 분류하는 노동자들이 없으면 제대로 주행할 수 없다.

시간적 병목의 관점에서도, 특정한 상황에서는 답이 '그렇다'가 될 수 있다. 일부 데이터는 실시간 처리가 필수적이다. 베트남에서 우리는 한 아웃소싱 업체를 인터뷰했는데, 이 회사는 유럽의 대형 우편 서비스의 작업 흐름에 통합되어 있었다. 유럽의 고객사는 매일 약 1,000만 통의 우편물을 처리해야 한다. 이를 위해 현지 자동화 시스템을 사용해 우편물을 지역, 국가, 국제단위로 빠르게 분류한다. 광학 카메라는 우편물의 앞면의 문자를 스캔하는 방식으로 약 80퍼센트의 물류를 처리한다. 하지만 나머지 20퍼센트는 사람이 직접 판별해야 한다. 이것들 중 상당수는 필체가 난잡하거나 주소가 여러 개 포함된 경우로, 어느 카테고리에 넣어야 할지 판단이 필요하다. 이런 우편물의 사진은 호찌민 시에 위치한 아웃소싱 센터의 500명의 노동자 중 한 명의 화면으로 전송되며, 해당 노동자는 30초 이내에 주소를 판독해 우편물이 제대로 배달되도록 조치한다. 만약 베트남의 노동자가 30초 안에 주소를 해석하지 못하면, 편지는 '미분류' 함으로 분류되고, 훨씬 높은 비용이 드는 유럽의 노동자가 수작업으로 분류해야 한다. 따라서 베트남 노동자 측에서 작은 차질이라도 발생하면 유럽 측의 전체 작업 속도가 느려지고 운영비용이 늘어나게 된다.

그렇다면 왜 더 많은 데이터 노동자의 파업이나 태업이 일어나지 않는 걸까? 앞서 살펴본 것처럼, 노동자들이 조직화하는 데는 수많은 장애물과 위험이 따른다. 하지만 그에 더해 또 하나의 중요한 이유가 있다. 바로 이 글로벌 생산 네트워크의 극단적인 불투명성이다.

예를 들어, 우리가 이 장에서 '유럽의 우편 서비스'라고만 언급하고 구체적인 기관명을 밝히지 않는 이유는, 해당 기관이 베트남의 데이터 공급업체와 체결한 비공개 계약NDA에 따라 정보 공개가 철저히 금지되어 있기 때문이다. 이는 결코 예외적인 사례가 아니다. 전 세계적으로 수많은 고객사들이 공급업체에 업무 내용 및 관계에 대한 외부 공개를 금지하고 있으며, 노동자들조차 자신이 누구를 위해 일하고 있는지 모르는 경우가 많다. 우리가 만난 대다수 노동자들은 자신이 맡은 작업이 더 큰 비즈니스 흐름과 어떻게 연결되어 있는지를 거의 모르고 있었다. 이처럼 공급망의 작동 방식에 대한 정보가 전반적으로 부족하다 보니, 특정 기업을 겨냥한 파업이나 생산 방해 활동을 조직하는 것은 현실적으로 매우 어렵다. 보이지 않는 네트워크 안에 있는 이상, 투쟁의 타깃조차 명확하지 않은 셈이다.

　이런 상황에서는 두 번째 전략인 '경종을 울리기'가 중요해진다. 노동자들이 흐름을 차단하는 방식으로 영향력을 행사할 수 없는 경우라도, 고용주의 평판을 손상시키는 방식으로 압력을 가할 수 있다. 상당수 기업들은 자신들을 진보적이고 윤리적이며 포용적인 기업으로 브랜딩하는 데 막대한 자원을 투입한다. 스타벅스 매장 벽면에서 커피 농장에서 일하는 노동자의 사진을 쉽게 발견할 수 있다. 이들은 친근하게 미소를 짓고, 작은 수공예 바구니에 커피콩을 담아 한가롭게 들판을 거니는 모습으로 연출된다. 스타벅스가 전달하고자 하는 메시지는 분명하다. "우리 제품을 구입하면 이 노동자들의 삶이 나아집니다." 공정무역Fairtrade이나 B-코프B-Corp 같은 인증 시스템도 기업이 이러한 서사를 구축하는 데 도움을 준다.

　그래서 일부 노동조합들은 대대적인 공공 캠페인을 벌여 이와 상반되는 이야기를 세상에 알리는 전략을 펼치고 있다. 노동조합이 사용하는 전술은 매우 다양하지만, 공통된 목표는 노동 환경의 실상을 알리고, 이를 통해 기업의 긍정적 이미지에 균열을 내는 데 있다. 예를 들어, 영국에서 2012년에 결성된 풀뿌리 노동조합인 IWGB가 온라인 식료품 배달업체 오카도Ocado를 상대로 벌인 캠페인을 보자. 이들은 배달 기사들이 외부 하청 업체가 아닌 오카도의 직접 고용 직원이 되어야 하며, 공정한 임금과 적절한 근무 조건이 보장되어야 한다고 요구했다. 이를 위해 소비자들에게 #ShameOnOcado 해시태그를 사용하도록 장려하며 기업을 압박했다.[3]

또한, 2023년에는 방글라데시, 캄보디아, 스리랑카, 미국의 노동조합들이 연합해 아디다스^{Adidas}에 공개서한을 보냈다. 이들은 아디다스의 하청업체에서 일하는 노동자들이 겪는 피해를 상세히 설명하며, 문제 해결을 위해 하청업체가 아닌 아디다스 본사와 직접 협상하고 싶다는 뜻을 밝혔다. 서한에서 노동조합은 "공급망의 최상위 결정권자인 당신들과 직접 협상하길 원한다"라고 명시했다.[4] 이에 대한 아디다스의 공식 입장은, 해당 하청업체가 과거에는 아디다스 제품을 생산했지만, 파업 당시와 그 이후에는 그렇지 않다는 것이었다. 이는 기업이 하청업체와의 관계를 부인함으로써 책임을 회피하려는 전형적인 전략이다.[5]

이러한 사례들은, 노동조합이 직접적인 노동 철회가 어려운 상황에서도 기업의 평판을 겨냥한 사회적 압력이 효과적인 전략이 될 수 있음을 보여준다. 특히 데이터 노동자들의 경우, 조직적인 파업을 통해 단기간에 성과를 거두기는 어렵지만, 기업이 소비자에게 내세우는 '윤리적 기업' 이미지를 무너뜨림으로써 변화를 이끌어낼 수 있다.

하지만 이 전략에는 분명한 한계가 있다. 이런 평판 캠페인이 주로 대기업에만 영향을 미칠 수 있다. 메타, 구글처럼 글로벌 브랜드 이미지를 중시하는 기업들은 소비자 여론에 민감하게 반응하지만, 그보다 더 하위 단계에 있는 아웃소싱 업체들은 그렇지 않다. 이들은 브랜드 이미지나 명성보다 비용 절감과 계약 유지에 더 관심이 많고, 일반 대중의 시선에서 벗어나 있기 때문에 평판이 흔들리더라도 이를 심각하게 받아들이지 않는다. 예컨대 국제적으로 유명한 커피 체인은 소비자들이 노동 환경에 대해 어떻게 생각하는지 민감하게 반응하지만, 케냐나 인도네시아, 브라질에서 실제로 커피를 재배하고 수확하는 공급업체들은 소비자 관심의 사각지대에 있는 경우가 대부분이다.

데이터 노동자 노조도 비슷한 약점이 있다. 데이터 처리 회사들은 소비자와 직접 연결되어 있지 않다. 이들은 플랫폼을 운영하지도, 자율주행차를 만들지도, LLM을 직접 판매하지도 않는다. 따라서 ACMU와 같은 노조가 기업의 평판을 지렛대삼아 노동 환경 개선을 요구하려면, 자신들의 작업 환경과 최종적으로 이 노동을 활용하는 유명 대기업들을 연결할 수 있는 방안을 찾아야 한다.

지금까지 살펴본 것처럼, 데이터 노동자들이 협상을 통해 양보를 얻어내기 위해서는 수많은 제약을 넘어야 한다. 개별적인 협상력은 약하고, 병목지점이나 정보 접근성도 제한적이다. 따라서 AI 생산 네트워크 전반에서 다양한 노동자 집단 간 연대와 정보 공유, 그리고 공동의 요구를 명확히 설정하는 일이 무엇보다 중요하다.

그래서 무엇이 달라졌는가

데이터 주석 작업자들은 AI 생산 네트워크 내에서 고소득 화이트칼라 테크 노동자들과 직접 연결되어 있는, 독특한 위치를 차지하고 있다. 그동안 노동조합은 테크 산업에서 영향력을 행사하는 데 어려움을 겪어왔다. 미국에서는 테크 노동자의 노조 가입 비율이 약 1퍼센트에 불과하다. 이는 다른 지역도 크게 다르지 않다.[6] 소프트웨어 엔지니어들은 상대적으로 희소하면서도 수요가 높은 기술을 보유하고 있기 때문에 노동 시장에서 강한 협상력을 가진다.[7] 그래서 기업들은 이들을 경쟁사에 빼앗기지 않기 위해 높은 급여와 좋은 근무 조건을 보장해 왔다.[8] AI를 전문으로 하는 엔지니어와 개발자들의 연봉은 특히 더 높다. 「비즈니스 인사이더」에 따르면, 구글의 일반적인 AI 엔지니어 연봉은 약 25만 4,701달러에 달한다.[9] 마이크로소프트의 수석 엔지니어의 연봉은 40만 달러가 넘고, 메타에서는 AI 엔지니어의 중위 보수가 36만 477달러, 애플에서는 최하위 수준의 엔지니어도 연봉이 20만에서 25만 달러를 받는다. 그러나 최근 들어 테크 노동자들도 조직화를 시도하고 있다. 이유는 무엇이며, 이들로부터 어떤 점을 배울 수 있을까?

작가이자 테크 노동자인 벤 타르노프Ben Tarnoff는 도널드 트럼프의 당선이 노조 조직화의 토대를 마련한 중요한 촉매제였다고 말한다.[10]● 트럼프는 미국 내 모든 무슬림을 데이터베이스에 등록하겠다는 등의 파시즘적인 공약을 내걸었으며, 이에 따라 테크 노동자들은 자신들이 차기 행정부 아래에서 어떤 역할을 맡게 될지 뼈저리게

● 여기서 도널드 트럼프의 당선은 2016년을 말한다.

깨닫게 되었다. 미국 전역의 테크 노동자들은 2016년 테크 노동자 연대Tech Solidarity라는 단체를 설립했다. 2016년 대통령 선거가 끝난 지 불과 몇 주 만에, 이 단체는 '네버 어게인 서약Never Again pledge'을 발표한다. 이는 아마존, 애플, 구글, 마이크로소프트 등 대형 IT 기업의 노동자들이 인종, 종교, 출신 국가를 기준으로 특정인을 식별하는 정부용 데이터베이스 구축에 반대하며, 그러한 작업에 참여하지 않겠다고 공개적으로 선언하는 약속이었다.[11] '네버 어게인'이라는 명칭은 홀로코스트 당시 IBM이 나치 정부의 데이터 처리 작업을 도운 사례에서 영감을 받은 것이다.[12] 이 작업을 거부하면 직장을 잃을 수도 있었지만 일주일 만에 약 3,000명의 테크 노동자들이 서약서에 동참했다.[13]

테크 노동자들의 집단 행동은 중요한 의미를 가진다. 이들은 근무 환경이나 급여와 같은 직접적인 문제에 대해서만 행동한 것이 아니라, 더 광범위한 사회적 영향력을 행사할 수 있음을 보여주었다. 처음에는 대형 IT 기업들 중 트위터Twitter만이 공식적으로 트럼프 행정부의 무슬림 데이터베이스 구축 계획에 반대 의사를 밝혔다.[14] 그러나 서명자가 수천 명에 이르자, 애플, 구글, 마이크로소프트, 우버, 심지어 IBM까지도 이러한 정부 프로젝트에 협력하지 않겠다는 공개 입장을 발표했다.

이를 통해 테크 노동자들은 자신들이 세계에서 가장 중요한 생산 네트워크의 핵심적인 연결 지점을 차지하고 있다는 사실을 깨닫게 됐다. 이 사건 이후로 테크 노동자들의 조직화는 비슷한 방식을 따르고 있다. 이 운동에서 중심적인 역할을 해온 단체 중 하나가 테크 노동자 연합Tech Workers Coalition, TWC이다. TWC는 2014년 설립된 이후 빠르게 성장했으며, 포럼과 메시지 앱을 활용하여 지리적으로 분산된 회원들을 관리하고 있다. TWC의 목표는 명확하다. 실리콘밸리 기업들의 비즈니스 이해관계에 맞설 균형추를 만들고, 지금까지 노동조합 활동이 거의 없었던 테크 산업에 노동 운동을 도입하는 것이다. 2018년 열린 컨퍼런스에서 한 대표자는 TWC를 다음과 같이 설명했다.

"우리는 IT 업계의 다양한 화이트칼라 직종 종사자로 구성되어 있습니다. 프로그래머, 엔지니어, 프로덕트 매니저 등이 대표적이죠. 하지만 중요한 점은, 우리는 업계 전체를 대상으로, 모든 직업과 계층을 아우르는 조직화를 지향합니다. 식당 노동자에서 고객 서비스 담당자, 데이터 과학자에 이르기까지 모두가 함께하는 조직을 만들고 싶습니다.

TWC는 처음에는 서비스 노동자들의 노조 조직화 캠페인을 지원하는 단체로 출발했습니다. 테크 기업의 숙련된 엔지니어들이 이러한 캠페인을 지원하도록 유도하는 것이 목표였죠. 하지만 시간이 지나면서 우리의 비전은 더욱 커졌습니다. 특히, 서비스 노동자들과의 연대 경험을 통해, 우리 스스로도 '전문직'이 아니라 같은 투쟁을 하는 노동자로서 인식하게 되었습니다.

따라서 플랫폼 자본주의에 맞서고 이를 변화시키는 노동 조직화 측면에서, 우리는 테크 산업 내 숙련된 노동자들의 전략적 위치를 활용하고자 합니다. 그리고 이는 현재 진행 중인 '플랫폼 노동자' 운동과 맞물려 있습니다. 즉, 우리는 플랫폼을 구축하는 노동자들과 플랫폼을 사용하는 ‒ 혹은 플랫폼에 의해 착취당하는 ‒ 노동자들 간의 계급적 연대를 구축할 가능성에 대해 진지하게 고민하고자 합니다."[15]

2020년대 초반까지 미국에서만 최소 37개의 테크 노동자 노조가 결성되었다. 여기에는 아마존 노동조합Amazon Labor Union, ALU, 알파벳 노동자 노조Alphabet Workers Union, AWU도 포함된다.[16] 2022년 6월, 마이크로소프트는 노동자들의 조직화를 방해하지 않겠다고 약속했으며, 현재 미국통신노동자협회Communication Workers of America와 단체 교섭 협상을 진행하고 있다.[17] 또한, 기존의 노조를 통해 조직화하려는 시도도 있었다. 예를 들어, 구글의 계약직 노동자들은 유나이티드스틸워커스 노조United Steelworkers Union를 통해 조직화를 진행했다.[18] 2023년 말까지, 테크 산업 내 다양한 집단행동을 기록하는 프로젝트인 'Collective Action in Tech(CAT)'는 총 542건의 노동자 집단행동이 있었다고 보고하고 있다.[19]

TWC는 기술 노동자들이 조직화하는 세 가지 주요 이슈를 다음과 같이 정리했다. 첫째, 과로, 임금, 스트레스 등 전통적인 직장 내 문제, 둘째, 테크 기업 내 다양성 부족, 성차별, 인종차별과 같은 문제, 셋째, 기업이 진행하는 프로젝트 및 사회적·정치적 입장과 관

련된 윤리적 문제이다.**20**

첫 번째 이슈인 직장 내 문제에서, 과로는 특히 엔지니어와 데이터 과학자 같은 고숙련 노동자들 사이에서 만연해 있다. 많은 테크 기업들은 직원들이 최대한 오랫동안 책상 앞에 머물도록 유도하기 위해 무료 또는 저렴한 식사를 제공하는 등 과로 문화를 조장해 왔다. 이는 미국만의 문제가 아니다. 중국의 테크 노동자들은 '996 근무제'(오전 9시부터 오후 9시까지, 주 6일 근무)에 맞서 조직화를 시도했다. 이 근무제가 중국 본토의 상당수 테크 기업에서 공식적인 근무 일정으로 자리 잡자, 2019년 초 이를 비판하는 996.ICU 캠페인이 등장했다. 이 캠페인의 명칭은 이러한 노동 환경이 결국 노동자를 중환자실ICU로 보내게 될 것이라는 의미에서 유래했다.**21** 마이크로소프트의 노동자 단체는 996.ICU를 지지하는 공개서한을 발표하기도 했다.**22** 이 서한은 한발 더 나아가 마이크로소프트가 검열 시도에 저항할 것을 요구하는 한편, 국제적인 연대를 선언하기도 했다. 서한은 다음과 같은 문장으로 마무리되었다. "역사는 다국적 기업들이 노동자들을 서로 경쟁하게 만들어 노동 기준을 약화시키고, 이윤을 추구하는 과정에서 일자리를 아웃소싱해 왔음을 보여준다. 우리는 국경을 넘어 함께 연대하여 모든 노동자들에게 공정한 노동 조건을 보장해야 한다."**23**

테크 산업의 아웃소싱 노동자들이 겪는 문제는 더 심각하다. 테크 산업 전반에서, 수많은 블루칼라 및 화이트칼라 노동자들이 공식적으로는 제3자 인력 업체에 고용된 형태로 일하고 있다. 이들은 정규직 직원들보다 낮은 임금을 받으며, 복리후생이나 고용 안정성에서도 불이익을 받고 있다. 2019년 기준, 구글에 일하는 22만 명의 노동자 중 다수가 정규직이 아닌 계약직이었다.[24] 이러한 노동의 계층화는 기업들이 인건비를 절감하고 노동자에 대한 통제력을 높이기 위해 오랫동안 활용해 온 전형적인 전략이다.[25] 이 구조는 노동자들의 조직화에 큰 걸림돌이 되지만, 동시에 기존의 틀을 벗어난 연대 방식을 시도할 수 있는 길을 열어주었다.

실제로 열악한 노동 조건에 대응하기 위해, 아웃소싱 노동자들과 정규직 직원들이 함께 협력하는 캠페인이 곳곳에서 조직되고 있다. 대표적인 사례 중 하나가 2019년 구글에서 있었다. 당시 구글은 구글 어시스턴트를 구축하던 계약직 직원들의 계약을 축소했는데, 이에 대응해 900명이 넘는 정규직 직원들이 청원서에 서명했다. 그들은 계약직 노동자들을 정규직으로 전환하고, 정당한 복리후생을 제공할 것을 회사에 요구했다. 정규직 직원들의 압박 끝에, 구글은 결국 미국 내 계약직 노동자들에게 최소 시간당 15달러의 임금을 보장하고, 포괄적인 건강보험을 제공하겠다고 발표했다.[26] 이 사례는 기업의 공급망 내 중심부에 있는 노동자들이 움직일 때, 같은 네트워크에 있는 더 취약한 위치의 노동자들까지 영향을 받을 수 있음을 보여준다. 전 세계 수백만 명의 데이터 노동자들의 작업 환경을 실질적으로 개선하려면, 이러한 연대와 압박의 전략이 미국 내부에만 머무르지 않고, 국경을 넘어 확산되어야 한다.

두 번째 유형은 다양성과 포용성 문제, 즉 성차별, 인종차별, 성희롱 문제와 관련된 것이다. 2018년, 구글이 성희롱 사건을 은폐한 것에 항의하며 전 세계 50개 도시에서 2만 명 이상의 노동자들이 동시다발적으로 집단 행동walkout을 단행했다.[27] 이 시위를 조직한 일곱 명의 활동가들은 「더 컷」에 기고한 글에서 다섯 가지 핵심 요구 사항을 정리했다. 첫째, 강제 중재 조항을 폐지할 것. 둘째, 임금 및 기회 불평등을 해소할 것. 셋째, 성희롱 사건에 대한 투명성 보고서를 공개할 것. 넷째, 명확하고 일관된, 그리고 전 세계적으로 포용적인 성비위 신고 절차를 마련할 것. 다섯째, 최고 다양성 책임자Chief Diversity Officer가 CEO에게 직접 보고하도록 하고, 직원 대표를 이사회에 임명할 것.[28] 노동자들의 대규모 저항에도 불구하고, 요구 사항 중 어느 것도 제대로 실현되지 않았다. 시위가 일어난 지 1년 후, 「LA 타임스」가 분석한 결과에 따르면, 다섯 가지 요구 사항 중 극히 일부만 받아들여졌다.[29]

마지막으로, 노동자들은 더 넓은 윤리적·정치적 문제에 대해서도 조직적으로 행동해왔다. 그중 가장 주목받은 사례 중 하나는 구글 노동자들이 미국 국방부의 드론 영상 분석 프로젝트에 반대하며 벌인 행동이었다. 이 프로젝트는 머신러닝을 활용하여 드론이 촬영한 영상을 분석하는 기술을 개발하는 것인데, 여기에 참여하게 된 노동자들은 이 프로젝트가 구글이 2000년대 초부터 내세워온 모토인 "악이 되지 말자Don't be evil"와 명백히 배치된다고 보았다.[30]

처음에는 사내의 소셜미디어에서 우려를 표출하는 수준이었으나, 이후 5,000명의 직원이 프로젝트 철수를 요구하는 공개 서한을 회사에 보냈다.³¹ 이 캠페인은 네버 어게인 서약 이후 테크 노동자들이 조직적으로 행동한 또 다른 사례로 평가받았다. 결국 구글이 국방부와의 계약을 연장하지 않기로 결정하면서, 노동자들은 자신들의 집단적인 힘이 기업의 비윤리적 결정을 바꿀 수 있음을 깨달았다. 캠페인을 이끈 한 사람은 이렇게 말했다. "이 프로젝트는 단순히 구글이 군대를 위한 기술을 개발해야 하는가에 관한 문제가 아니었습니다. 우리의 힘을 활용하여 이윤을 위해서만이 아니라, 사회적 이익을 위해 기술이 개발되도록 만드는 것이 핵심이었습니다."³² 구글 노동자들의 반발은 테크 업계 전반에 파장을 일으켰다. 2018년에는 마이크로소프트 노동자들이 국방부의 프로젝트에 참여하지 말 것을 요구했으며, 2019년에는 미군에 증강현실 헤드셋을 제공하는 계약을 철회할 것을 촉구하는 캠페인을 진행했다.³³ 당시 서한에는 이렇게 적혀 있었다. "우리는 무기를 개발하기 위해 이 직업을 선택한 것이 아니다. 우리가 만든 기술이 어떻게 사용되는지에 대해 발언할 권리가 우리에게는 있다."³⁴ 하지만 마이크로소프트는 결국 이 프로젝트를 수주했고,³⁵ 노동자들의 요구는 받아들여지지 않았다. 그럼에도 불구하고, 이러한 조직화된 저항은 멈추지 않았다.

2022년에는 아마존과 알파벳의 노동자들이 지역 단체들과 연대하여 프로젝트 님버스Project Nimbus에 반대하는 시위를 벌였다.³⁶ 이 프로젝트는 2021년 5월 이스라엘 정부와 체결된 12억 달러 규모의 클라우드 컴퓨팅 서비스 계약이다. 이에 반대하는 노동자들은 #NoTechForApartheid 캠페인을 조직하여 구글 본사 앞에서 항의

시위를 벌였다. 이후 다른 행사에서도 시위를 이어갔다.[37]

데이터 노동자들과 마찬가지로, 고숙련 테크 노동자들도 AI 생산 네트워크에서 중요한 병목지점을 차지하고 있다. 만약 이들이 집단적으로 노동을 철회한다면, 이는 고용주뿐만 아니라 네트워크 전체에 막대한 경제적 타격을 초래할 것이다. 하지만 흥미롭게도, 테크 노동자들이 조직화를 시도했음에도 불구하고, 실제로 파업이나 업무 중단이 실행된 사례는 거의 없다. 대부분의 조직화 활동은 청원과 공개 성명 같은 방식으로 나타났다.[38]

기업들은 노동자 조직화로 인해 발생하는 부정적 언론 보도를 우려하는 한편, 노동자 조직화가 더 광범위한 행동으로 확대될 가능성을 경계한다.[39] 결국, 노동자들이 이 두 가지 위험을 기업에 동시에 부각시킬 때, 실질적인 승리를 거둘 수 있다. 데이터 노동자들과 달리, 고숙련 테크 노동자들은 두 가지 중요한 이점을 가지고 있다.

첫째, 데이터 노동자들은 네트워크 내에서 극단적인 불투명성 때문에 방해를 받지만, 고숙련 기술 노동자들은 자신들의 작업이 어떻게 활용되는지 더 잘 알고 있으며, 핵심 프로세스를 방해하거나 방해하겠다고 위협할 수 있는 능력이 있다.

둘째, 데이터 노동자들은 글로벌 노동 시장에서 무한에 가까운 예비 노동군과 경쟁해야 하지만, 테크 노동자들은 높은 수요를 가진 전문 기술을 보유하고 있다. 기업은 특정 지역에서 수천 명의 데이터 주석 노동자를 해고하고 다른 지역에서 다시 고용하는 선택을 할 수 있지만, 같은 방식으로 수천 명의 머신러닝 엔지니어를 해고하고 대체하는 것은 현실적으로 불가능하다. 앞서 살펴본 일부 성공 사례에서 알 수 있듯이, 이러한 기본적인 차이가 테크 노동자들에게 더 강한 협상력을 부여한다.

국경을 넘어서

고소득 테크 노동자들은 데이터 주석 노동자 및 콘텐츠 검수자들과 어떻게 연대할 수 있을까? 연대를 통해 가장 취약한 노동자들에게 어떻게 적절한 임금과 양질의 일자리를 보장할 수 있을까? 기업들이 전 지구적 노동 시장을 이용해 노동자들을 압박하는 것처럼, 노동자들 또한 글로벌 네트워크를 활용할 방법을 찾아야 한다. 이를 위해서는 자신의 직업이 특정한 지역에 국한된 것이 아니라, 전 세계에 걸친 복잡한 생산 네트워크의 일부라는 인식을 가져야 하며, 이를 바탕으로 국경을 초월한 전략 수립과 행동을 조직화해야 한다. 그렇다면, AI 생산 네트워크에서 가장 취약한 노동자들의 요구를 실현하기 위해 어떤 형태의 초국적 연대가 가장 효과적일까? 노동자들이 초국가적으로 조직화할 수 있는 방법은 크게 세 가지가 있다.

첫째, 연대 행동
둘째, 초국적 연합
셋째, 초국적 노동조합

이 세 가지 방식은 각각 노동자들에게 어떤 기여를 할 수 있을까? 첫 번째 방식은 한 지역의 노동자들이 다른 지역의 노동자들과 연대하여 행동하는 것이다. 100여 년 전 영국 런던의 이스트인디아 부두 노동자들은 영국 정부가 폴란드 정부에 무기를 보내려는 계획을 막기 위해 군수품 선적을 거부했다. 1973년 칠레에서 피노체트가 쿠데타를 일으키자 영국 리버풀의 부두 노동자들은 칠레로 향하는 모든 식량 하역을 거부하여 독재 정권의 경제에 타격을 주고자 했다. 또한, 스코틀랜드 이스트 킬브라이드의 롤스로이스Rolls-Royce 항공기 엔지니어들은 칠레 공군의 전투기 엔진을 수리하는 것을 거부했다.

이 외에도, 2003년 미국과 영국의 이라크 침공을 앞두고 스코틀랜드의 철도 노동자들은 무기 보관소로 가는 화물열차 운행을 거부했다. 이들 노동자들은 강력한 노동조합의 보호를 받았기 때문에 징계를 피할 수 있었다. 또한, 2023년 이스라엘의 가자 침공 당시, 영국의 여러 군수 공장에서 노동조합원들이 대규모 피켓 라인을 형성해 공장을 폐쇄시키기도 했다. 이러한 캠페인들은 매우 효과적인 수단이 될 수 있다. 특히, 상대적으로 힘이 약한 노동자들에게 외부의 연대가 실질적인 승리를 안겨줄 수 있다. 그러나 이러한 방식은 궁극적으로 연민과 이타심에 의존해야 한다. 연민과 이타심은 강력한 힘이 될 수 있지만 생산 네트워크 내에서 근본적인 힘의 균형을 바꾸지는 못한다.

두 번째 방식은 초국적 연합을 통해 조직화하는 것이다. 이 방식에서는 노동자들이 더 상호적인 관계를 맺으며 협력한다. 초국적 연합에는 노조, 노동자 협회, 시민사회 단체, 노동자 옹호 단체가 포함될 수 있다. 연합이 수행할 수 있는 핵심 역할 중 하나는 초국적 기업들과 직접 협상하며, 특정 지역 노동자들의 요구를 넘어선 글로벌 차원의 노동자 요구를 관철하는 것이다. 초국적 연합은 개별 조직들이 독립성을 유지하면서도 국제적 차원에서 전략을 조율하는 연대 구조가 될 수 있다.

국경을 초월한 노동자 간의 연대는 예전부터 있어 왔다. 특히 저소득 및 중소득 국가에서는 정부가 신자유주의 이데올로기에 영향을 받고, IMF의 엄격한 금융 지원 조건에 제약을 받는 가운데 노동 규제를 축소하거나 철회해 왔다. 그로 인해 생겨난 보호의 공백을 메우기 위해, 노동자들은 점차 국경을 넘는 연대를 형성하고 강화해 왔다. 이들 국가에서는 노동을 규제할 대상이 아니라, 비교우위를 확보하기 위한 자원으로 간주해왔다. 더 나아가, 노조의 근로 환경 개선 요구를 탄압하거나, 때로는 노조를 향한 폭력을 묵인하기도 했는데, 이런 지역의 노동자들은 글로벌 생산 네트워크 내에서 독자적으로 실질적인 양보를 얻어내기는 어렵다. 이러한 한계를 극복하기 위해 초국적 연대는 전 세계적인 생산 네트워크에서 최소한의 노동 기준을 보장하는 글로벌 프레임워크 협정global framework agreements, GFA을 체결하기 시작했다.

클린 클로즈 캠페인Clean Clothes Campaign, CCC은 45개국에서 235개 이상의 단체가 참여하는 글로벌 네트워크로, 의류 공급망 내 노동자들의 역량을 강화하고 노동 환경을 개선하는 것을 목표로 한다.[40] 2013년 방글라데시 라나 플라자 공장 붕괴 사고● 이후, CCC는 의류 산업의 보건 및 안전 기준을 법적으로 보장하는 '어코드' 협정을 추진했다.[41] 어코드는 중요한 안전 조치 및 검사 규정을 포함하며, 노동자들이 위험한 작업을 거부할 권리도 보장한다. 특히, 안전 검사 결과에 따라 협력 공장이 보수 및 유지보수를 위해 일시적으로 폐쇄될 경우, 해당 브랜드가 노동자들에게 임금 보상을 제공할 의무가 있다. 이 협정의 두 번째 버전은 2021년에 발효되었으며,[42] 2023년 기준 200개 이상의 기업이 서명했다. 이러한 협정은 개별 지역 노조들이 거대 다국적 패션 브랜드로부터 개별적으로는 쟁취하기 어려운 성과이다.

또 다른 사례가 있다. 엑스체인스ExChains는 국경을 초월한 연대를 구축하기 위해 지역 노동자들의 힘을 기반으로 삼고자 한 초국적 프로젝트다. 엑스체인스는 2002년 독일의 두 번째로 큰 노동조합인 베르디ver.di의 운동가들에 의해 설립됐다.[43] 이 네트워크는 아시아의 의류 공장 노동자들과 독일의 소매업 노동자들을 연결한다. 엑스체인스는 NGO가 주도하는 클린 클로즈 캠페인과 달리, 풀뿌리 운동이다. 즉, 노동자들과 현장 노조원들이 조직의 의제를 설정하고 전략을 주도한다.[44] 엑스체인스는 노동자들이 생산망의 다른

● 5개 의류 공장에서 1,134명의 노동자가 사망한 대참사였다.

곳의 노동 환경을 이해할 수 있게 함으로써 미래의 국제적 노동자 연대에 대한 기반을 마련해준다. 노동자들의 국제적 연대는 그러한 이해 없이는 절대로 형성될 수 없다.

엑스체인스의 전략은 많은 기업들이 노동자를 협상의 주체나 일자리의 성격을 공동 결정할 대상으로 보지 않는 현실을 반영한다. 노동자는 그저 구매하고 지시할 수 있는 상품이자, 최대한 많은 가치를 착취해야 하는 자원으로 간주된다. 일부 기업들은 연대 캠페인이나 초국적 동맹이 행사하는 압력에 흔들릴 수도 있지만, 생산 네트워크의 불투명성으로 인해 그렇지 않은 기업들도 많다. 이런 기업들에게 파업은 유일하게 효과적인 전술이 될 수 있다.

노동자들이 전 세계적으로 압력을 행사할 수 있는 세 번째 방식은 초국적 노동조합을 만드는 것이다. 이는 같은 생산 네트워크에 속한 전 세계 노동자들이 하나의 조직적 단위가 되어 집단적으로 대응하는 방식이다. 이를 통해 노동자들은 앞선 두 가지 전략(연대 행동, 초국적 동맹)만으로는 실현하기 어려운 목표를 달성할 수 있다. 가장 중요한 것은 노동자들이 선택적 파업을 조정할 수 있는 능력을 갖추는 것이다. 선택적 파업은 전체 노동자들이 일손을 놓는 것이 아니라, 특정 핵심 병목지점에 있는 노동자들만이 전략적으로 노동을 철회하는 방식이다.

이 접근법은 1968년 유럽에서 처음 등장했다. 당시 노조는 공장 내 중요한 작업장을 단기간 폐쇄하여 전체 생산 시설의 운영을 마비시켰다. 이 전략은 1990년대 초 승무원 노동조합 Association of Flight Attendants, AFA에 의해 공식화되어 이후 카오스Creating Havoc Around Our System, CHAOS라는 이름으로 발전했다. 카오스는 일부 승무원들이 승객 탑승 직전에 갑자기 업무를 중단하는 방식으로 항공사는 어떤 항공편이 영향을 받을지 예측할 수 없었기 때문에 결국 승무원들의 요구를 수용할 수밖에 없었다.**45** 최근에는 미국자동차노동자조합United Auto Workers, UAW이 2023년 주 4일 근무제 도입, 임금 인상, 복리후생 개선을 요구하며 선택적 파업을 했다. UAW는 핵심 부품을 공급하는 업체를 멈추게 하거나, 공급이 부족한 특정 차량 모델을 생산하는 공장을 폐쇄하는 방식으로 기업에 압력을 가했다.

독일의 베르디(약 200만 명의 조합원을 보유)는 사회적으로 가장 혼란을 초래할 가능성이 높은 직군의 노동자들이 파업할 수 있도록 조직하여, 수백만 명의 노동자의 근로 조건을 개선하는 전술을 활용했다. 2023년에는 쓰레기 처리 노동자들이 선택적 파업을 돌입했는데, 요구조건은 전체 노동자들의 임금을 10.5퍼센트 인상하라는 것이었다.**46** 만약 도시의 쓰레기 수거가 몇 주간 중단된다면 어떤 일이 벌어질지를 상상해 보라. 선택적 파업은 소수의 인력만으로도 전체 생산 네트워크를 마비시키거나, 심각한 경제적·사회적 혼란을 유발할 수 있음을 보여준다. 이 전략은 파업 기금을 보존하고, 노동자들이 부담하는 위험을 최소화하면서도 기업이 양보하도록 만드는 지렛대 효과를 극대화할 수 있다.**47**

그러나 이러한 선택적 파업 사례들은 모두 개별 국가 내에서 일어났다는 점에서 한계를 가진다. 이는 폴과 그의 동료들 같은 노동자들에게는 적용하기 어렵다. 데이터 노동은 하나의 국가나 지역에 머물지 않는다. 작업이 완료되는 즉시, 그 결과물은 국경을 넘어 이동하며 글로벌 생산 네트워크 속에 편입된다. 이런 현실에서 지역적 수준의 생산 기반은 전체 구조의 아주 작은 일부에 불과하다. 아마존, 구글 같은 거대 기업들은 이미 전 지구적 규모로 생산 네트워크를 조정하고 통제하고 있다. 그렇다면 여기에 맞서는 노동자들 역시, 국가 단위를 넘어서는 연대와 조직화, 즉 글로벌한 규모에서 힘을 구축하는 전략이 필요하다. 로컬을 넘어서야만, 진짜 변화가 시작될 수 있다.

그렇다면, 다른 노동조합들은 베르디와 UAW가 하고 있는 일을 어떻게 초국적으로 실현할 수 있을까? AI 산업에서 카오스 전략을 어떻게 개발할 수 있을까? 그리고 전체 생산 네트워크를 아우르는 노동조합을 어떻게 구축할 수 있을까?

이러한 변화를 실현하려면, 단순히 글로벌 네트워크의 정보를 공유하는 수준을 넘어서야 한다. 필요한 것은 바로 초국적 수준에서 노동자들을 조직하고, 전략적으로 선택적 파업을 실행할 수 있는 새로운 형태의 노동조합이다.

이 전략은 아직 현실에서 본격적으로 시도된 적이 없다. 그 이유 중 하나는 아이러니하게도, 기존의 국가 기반 노동조합들이 자신들의 조합원—즉 조합비를 내는 회원들—을 더 큰 초국적 조직으로 이전하는 데 소극적이거나 반대할 가능성이 높기 때문이다. 이는 각국 조합들이 여전히 국가 단위의 이해관계를 중심으로 움직이고 있다는 현실을 드러낸다. 또 다른 이유는 초국적 노동조합이 국가별 법률 체계 밖에서는 제 기능을 하기 어렵다는 구조적인 제약 때문이다. 예컨대, 영국의 친기업적 노동법은 노동조합이 직접적인 고용주가 아닌 제3자 기업과 분쟁을 벌이는 것을 법적으로 금지하고 있다. 이런 법적 제약은 노동조합이 글로벌 생산 네트워크의 중심 기업을 대상으로 전략적이고 효과적인 선택적 파업을 실행하는 데 커다란 장애물이 된다.

그럼에도 불구하고, 초국적 노동조합이라는 개념이 완전히 비현실적인 것은 아니다. AI 산업에서 초국적 노동조합이 조직될 경우, 기존 조직이 거의 없는 상태이기 때문에 새로운 노조가 자리 잡을 여지가 크다. 산업 구조의 변화로 인해 기존의 대형 노동조합들은 그 역할이 크게 축소되고 있다. 데이터 노동자들은 아직까지 조직된 경험이 거의 없다. 그렇기 때문에 새롭게 등장할 초국적 노동조합은 기존 노조 체계에 종속되지 않으면서도 각국의 법적 규제를 유연하게 조정하며 운영될 가능성이 있다. 이 조합은 '클라우드 기반'의 추상적인 가상 조직이 아니라, 실제 지역 단위의 지부를 통해 노동자들을 실질적으로 조직하는 방식으로 작동할 수 있다. 물론 수많은 난관이 따를 것이다. 하지만 지금까지 단 한번도 노동자들의 권력을 구축하는 과정이 쉬웠던 적은 없었다.

데이터 노동자가 취할 수 있는 전략 세 가지를 알아보았다. 정리하면 다음과 같다.

— 연대 행동 : 노동자 그룹 간 비대칭적인 방식으로 힘을 행사하여 더 약한 노동자들을 돕는 방식
— 초국적 연합 : 글로벌 차원에서 다국적 기업과 균형을 맞추는 전략
— 초국적 노동조합 : 글로벌 생산 네트워크 전체를 아우르는 노동자 조직 결성

대형 노동조합들이 여러 산업이나 생산 네트워크를 아우르는 방식으로 조직화된 사례는 있지만, 전 지구적 규모에서 통합된 노동조합을 구축하려는 시도는 아직 없었다. 그러나, 노동자들이 글로벌 생산 네트워크에서 승리하려면, 결국 전 세계적으로 협력해야 한다. 데이터 노동자들은 단순히 먼 나라에 있는 노동자들의 이타적인 연대에 의존할 수는 없다. 물론 이타심이 디지털 자본주의에 내재된 착취를 해결할 구조적 수단은 아닐지라도, 이를 무시하거나 배제해서도 안 된다. 테크 산업 안팎에서 이루어진 초국적 연대는 노동자들의 삶에 실질적인 변화를 가져온 사례가 많다. 이러한 연대는 더 적극적으로 활용되어야 하며, 반드시 지속되어야 한다. 하지만, 이것만으로는 충분치 않다.

전 세계 노동자들은 단일 캠페인, 초국적 연합, 또는 아직 구축되지 않은 초국적 노동조합 등을 통해 지구적 차원에서 조직할 방법

을 모색해야 한다. 현재 노동자들은 다양한 방식으로 미래를 실험하고 있다. 미디어 캠페인, 청원, 파업, 공급망을 넘나드는 조직화 노력 등 다양한 압박 전략을 시도하고 있다. 정책 결정자와 기업을 향한 압력은 계속 증가하고 있으며, 노동자들은 소비자와 경영진을 설득하는 동시에, 관리자들에게 두려움을 심어주고 있다. 그리고 이 모든 것은 조직화된 행동을 통해 이루어지고 있다.

결국, 노동자들이 어떤 방식으로 조직화하고 힘을 구축하는지가 향후 노동권의 향방을 결정할 것이다. 지금 우리가 제시할 수 있는 것은 이론적으로 정리된 전망에 불과하다. 결국 미래를 결정하는 것은 결국 현장의 노동자들이다. 노동자들의 권익은 집단적인 조직과 행동을 통해서만 실현될 수 있다. 그 누구도 대신 싸워주지 않는다. 노동자들이 스스로 일어서야 한다.

8장

기계 재설계하기

인공지능 시대의
노동 전략

우리는 챗봇이나 검색엔진, 자동완성 소프트웨어보다는 공상과학소설 속에서 AI에 대한 더 인상적인 이미지들을 만나곤 한다. 특히 강렬한 묘사로 잘 알려진 작품으로는 스코틀랜드 작가 이언 M. 뱅크스Iain M. Banks의 『컬처Culture』 시리즈가 있다. 뱅크스는 먼 미래의 유토피아적 사회를 배경으로, 희소성이 사라진 세계를 그리고 있다. 이 사회가 이토록 부유하고 풍요로운 이유는 대부분의 일을 처리하는 고도화된 초지능 AI가 존재하기 때문이다. 힘들고 단조로운 노동이 사라지면서 인간은 진정한 유토피아를 만들어낼 수 있게 됐다. 이곳에서는 돈도, 임금 노동도 없으며, 뭔가를 간절히 원하는 사람도 없다. 사람들의 삶은 사치와 쾌락으로 가득하고, 모든 것은 모두를 위해 존재한다. 그리고 대부분의 것은, 그냥 공짜다. 그런데 과연 이런 모습이 우리가 바라는 사회일까?

공상과학소설은 기술의 미래가 지금과는 전혀 다른 모습으로 펼쳐질 수 있다는 상상력을 우리에게 심어준다. 그리고 우리가 살고 있는 사회에서, 아직 불가능하거나 상상조차 어려워 보이는 존재들에 대해 새로운 방식으로 생각하고 고민해보도록 자극한다. 철학자 에른스트 블로흐는 이런 말을 남겼다. "상실의 가장 비극적인 모습은 안도감을 잃는 것이 아니다. 상황이 다를 수 있다는 상상력을 잃는 것이다."[1] 우리는 공상과학소설을 통해 세상이 다양한 경로로 어떻게 조직될 수 있는지에 대한 구체적인 비전을 얻고, 기존의 사회규범과 권력 구조에 의문을 던질 수 있다.

하지만 오늘날 우리가 살아가는 현실은 이언 M. 뱅크스가 상상한 세상과는 또 다른 모습이다. 기계는 예술을 창조하고, 음악을 작곡하며, 시를 쓰기까지 하는데, 정작 수많은 사람들은 이런 놀라운 기계가 일할 수 있도록 저임금의 단조로운 노동을 반복하고 있다. 로봇처럼 일하면서, 정작 기술의 혜택에서는 멀어져 있다. 지금의 AI는 종종 우리가 직접 통제하고 목적에 따라 설계할 수 있는 도구라기보다는, 우리가 적응해야만 하는 불가피한 힘으로 여겨진다. 지금 우리는 테크 기업가들이 자신의 발명이 세상을 얼마나 더 좋게 바꿔줄 것인지 거창하게 홍보하는 기술결정론의 시대를 살고 있다. 하지만 이러한 기계들을 만들고, 유지하고, 수리하는 수많은 사람들은 종종 감춰진 채, '스스로 작동하는 자동화'라는 허구를 지탱하기 위해 무대 뒤에서 보이지 않는 노동을 하고 있다.

어떻게 우리는 인간이 기계의 하인처럼 살아가는 세상이 아니라, 기계가 인간을 위해 존재하는 세상을 만들 수 있을까? 지금 필요한 것은 기술의 진보 뿐만 아니라 그 기술이 누구를 위한 것인지에 대한 근본적인 질문과 새로운 상상력이다.

우리 저자들은 단 한 번의 행동이나 특정 집단의 노력으로 인간을 위한 세상을 만들 수 있다고 믿지 않는다. 이 책에서 살펴본 것처럼, AI 네트워크는 극도로 집중된 권력 구조를 갖고 있다. 데이터 주석 작업자, 콘텐츠 검수자, 물류 노동자, 예술가, 머신러닝 엔지니어 등 다양한 위치에서 일하는 노동자들이 네트워크를 구성하고 있지만, 그들에게는 공통된 제약이 있다. 누구도 자신의 노동 조건을 스스로 결정할 수 있는 실질적인 통제권을 갖고 있지 않다.

이들은 자신의 일이 어떻게 조직되는지, 어떤 규칙 아래 이루어지는지, 그 노동에서 창출된 가치가 얼마나 착취되고 있는지, 그리고 그것이 더 넓은 사회에 어떤 영향을 미치는지를 선택하거나 판단할 수 없다. 이들은 전 지구적 차원에서 노동력을 조직하고 조정하는 거대한 시스템에 소속되어 있다. 그리고 이 시스템은 단순히 노동을 추상화하거나, 노동자를 기계의 부품처럼 대체 가능한 존재로 만드는 데 그치지 않는다. 노동자들을 철저히 구분하고 분할한다.

이 책에 등장한 노동자들에게 AI 생산 네트워크는 블랙박스와 같다. 시스템을 완전히 이해할 수 있는 지도는 존재하지 않으며, 시스템과 긴밀하게 연결된 주체들조차 그 끝이 어디까지 뻗어 있는지

알기 어렵다. 물론 개별 네트워크마다 활동을 조율하는 대형 기업들이 존재하지만, 생산 시스템 자체는 이들 기업보다 훨씬 더 크고 복잡하다. 그렇기 때문에 시스템이 야기하는 위험이나 피해는 어느 한 사람이나 특정 기술적 조치만으로는 해결하기 어렵다.

따라서 보다 인간적이고, 정의롭고, 품위 있는 AI 네트워크를 만들기 위해서는 다양한 전략들이 서로 연결되고, 여러 곳에서 동시에 실천되어야 한다. 이 전략들은 서로 다른 장소에서, 서로 다른 규모로, 다양한 주체들에 의해 실행될 수 있어야 한다. 그리고 이러한 다층적인 노력이 결합될 때 비로소 우리는 시스템의 일부를 고치는 것이 아니라, 시스템 전체를 변화시킬 수 있는 가능성을 열 수 있다.

이 장에서는 모든 AI 노동자가 존엄과 존중을 보장받을 수 있는 사회로 나아가기 위한 다섯 가지 구체적인 전략을 제안한다. 여기서 제시하는 방법들은 AI 모델 자체를 기술적으로 개선하거나 시스템의 구조를 재설계하는 데 목적을 두고 있지 않다. 대신, AI 네트워크 안에서 일하는 노동자들의 경제적 조건을 실질적으로 개선하는 데 초점을 맞춘다. AI 기술 자체의 개입이나 구조 논의는 기술 전문가의 몫으로 남겨두고, 이 장에서는 다음과 같은 다섯 가지 실천적 전략을 중심으로 이야기해보려 한다.

첫째, 노동조합과 노동자 조직의 집단적 힘을 강화한다.
둘째, 시민사회가 조직적으로 기업을 견제하고 책임을 묻는다.
셋째, 엄격한 규제를 도입한다.

넷째, 노동자들이 기업을 직접 소유하거나 경영에 참여할 수 있는 구조를 모색한다.

다섯째, 기업을 넘어서 전체 시스템의 불평등과 부정의에 맞선다.

이 다섯 가지 전략은 AI 생산 시스템에서 노동자에게 더 공정한 환경을 제공하며, 상호 보완적으로 작동할 수 있다. 하나의 목표가 진전되면 다른 목표 달성에도 도움이 된다. 예를 들어, 저개발국가 하청업체에 대한 규제가 강화되면 전체 노동자들의 협상력도 높아진다. 이 전략들이 함께 실행된다면, 우리는 인간이 AI를 위해 일하는 세상이 아니라, AI가 인간을 위한 도구가 되는 사회를 만들 수 있다.

노동조합과 노동자 조직의 집단적 힘을 강화한다

이 책에서 다룬 노동자들이 겪는 문제의 근본 원인은, 자신의 삶에 큰 영향을 미치는 시스템에 대해 의미 있는 결정을 내릴 권한이 없다는 데 있다. 노동자들은 전 세계적으로 얽힌 복잡한 시스템의 일부로 기능하지만, 이를 통제할 힘은 갖고 있지 않다. 이들은 직장에서 상사의 직접적인 감독뿐 아니라, 공급망과 AI 네트워크 전반에 작용하는 구조적 압력에도 영향을 받는다. 데이터 주석 노동자들은 엄격한 통제 속에서 일하지만, 이들을 관리하는 감독자들조차 경쟁에서 밀려나지 않기 위해 열악한 조건을 강요받고 있다. 개별 노동자는 업무 수행 과정에서 일정 수준의 자율성을 가질 수 있지만, 기업의 자원 배분이나 방향을 결정하는 권한은 투자자와 경영진에게 있다. 데이터 주석자부터 머신러닝 엔지니어에 이르기까지 누구도 공식적으로 의사결정 과정에 참여하지 못하며, 고용주와의 관계에서 구조적인 힘의 차이를 경험한다.

노동자들이 이러한 무력감에 힘들어하면서도 이를 감내하는 이유는, 개별 노동자가 대체 가능한 존재이기 때문이다. 아무리 숙련된 엔지니어라도 개인으로서는 조직과 대립했을 때 협상력이 거의 없다. 이들이 제공하는 기술과 노동력은 언제든지 다른 곳에서 조달될 수 있기에, 구조적으로 권력을 행사하기 어려운 위치에 놓이게 되는 것이다.

물론 이러한 구조는 결코 새로운 것이 아니다. 역사적으로 다양한 사회 집단은 지배 계층의 착취와 통제에 맞서 싸웠다. 대다수 사회는 소수 엘리트가 다수의 노동력을 통제해 이익을 얻는 경제 시스템을 기반으로 운영되어 왔으며, 그 구조는 시대에 따라 형태가 바뀌었을 뿐 유사하게 반복되어 왔다. 중세에는 농노들이 귀족을 위해 땅을 경작했고, 산업사회에서는 공장 노동자들이 자본가를 위해 조립 라인에서 일했으며, 오늘날의 기술 경제에서는 데이터 주석 노동자들이 AI 모델을 훈련시키고 있다. 소수의 지배층은 노동을 통해 창출된 가치를 독점하면서, 지배를 정당화하는 제도와 시스템을 구축해왔다.

이는 과두제oligarchy 즉, 소수 권력층이 다수를 지배하는 상황을 자연스러운 것으로 만들고, 노동에서 발생한 가치를 독점하는 현상으로 설명할 수 있다. 역사적으로 지배 계층은 권력을 잡게 되면 이를 유지하기 위해 강력한 제도와 기관을 조직해왔다. 가부장제 사회에서 남성이 여성을 지배했던 구조, 백인 중심 사회에서 유색인종을 억압했던 구조, 유럽 식민주의자들이 비유럽 민족을 지배했던 구조가 그러했다. 이런 지배 구조는 일반적으로 두 가지 방식으로 권력을 유지한다. 하나는 물리적인 강제력을 행사해 저항을 억누르는 것이고, 다른 하나는 피지배 계층을 분열시킨 뒤 기존 체제가 그들에게도 이익이 된다고 믿게 만드는 것이다.

여기에 맞설 방법은 없을까? 변화는 언제나 다수가 조직화되어 소수의 권력층에 맞서 싸웠을 때 가능했다. 고대 아테네의 민주주의도 부패한 귀족 지배에 저항한 가난한 시민들의 집단적 투쟁에서 비롯되었고[2], 20세기 탈식민지화 운동 역시 식민 지배에 반대한 노동자 계급과 노동조합의 연대에서 시작됐다.[3] 미국의 민권운동 또한 인종차별을 정당화하던 백인 지배 계층에 맞서 대중이 집단적으로 나선 결과, 역사적 전환점을 만들어낼 수 있었다.[4]

이러한 사회 운동이 성공할 수 있었던 이유는 지배층의 선의에 기대지 않고, 스스로 힘을 구축해 정치적 투쟁을 통해 변화를 이끌었기 때문이다. 미국의 인권운동가 프레더릭 더글러스Frederick Douglass의 유명한 말처럼, "권력은 요구가 없으면 양보하지 않는다.

결코 그랬던 적이 없으며, 앞으로도 그럴 일은 없을 것이다."[5] 억압받는 사회 집단은 지배층의 자발적인 개혁에 의존하기보다는, 집단적 힘을 통해 변화를 모색해야 한다.

이런 관점은 독재적인 권력자들이 공정성과 정의라는 원칙에 설득당해 스스로 개혁할 것이라 믿는 입장과는 정면으로 충돌한다. 넬슨 만델라, 로자 룩셈부르크, 마틴 루서 킹, 안젤라 데이비스와 같은 급진적 사회운동가들은 진정한 사회 변혁은 권력 구조 자체가 바뀌어야 가능하다고 믿었다. 이 책에 등장하는 일곱 명의 인물 중 투자자를 제외한 노동자들은, 시스템이 변화하고 가치와 권력이 보다 공정하게 분배되길 바라고 있다. 각자의 위치나 출신 국가에 따라 처한 환경은 다르지만, 이들은 모두 AI 시스템을 만들어내는 착취적 기계에 끌려들어가 있으며, 자신이 창출한 가치에 비해 적은 보상을 받고 있다. 그러나 이들에게는 AI 네트워크를 바꿀 힘도, 자신의 노동이 어떻게 사용되는지를 결정할 권한도 없다.

오늘날의 글로벌 자본주의 시스템에서 AI는 기업의 이윤을 극대화하기 위해 개발되고 있으며, 이 목표가 AI의 발전 방향과 노동 조건을 결정짓는 핵심 요인으로 작용하고 있다. 그렇다면 이 착취적 기계 안에서 노동자들이 집단적 힘을 구축하기 위한 첫걸음은 무엇일까?

바로 노동조합을 만드는 것이다.

노동조합은 임금과 노동 조건을 개선하고, 노동자의 권리를 보호하며, 고용주의 일방적인 권력 행사에 대항하는 균형추 역할을 한다.⁶ 개별 노동자가 거대한 기업과 맞서기에는 힘이 부족하지만, 집단적인 캠페인을 통해 연대하면 자신의 권리를 지키고 전략적 목표를 실현할 수 있다. 노동조합은 단순히 단체 교섭을 위한 조직이 아니라, 노동자의 평등과 존엄을 주장하고 사회 권력이 소수에게 집중되는 것을 견제하는 정치적 주체이기도 하다.⁷ 궁극적으로 노동조합은, 노동자들이 보다 공정한 사회를 만들기 위해 사용할 수 있는 가장 강력한 무기다.

노동조합과 더불어 노동자들의 권한을 강화할 수 있는 또 다른 방법으로 공동결정Co-determination 거버넌스가 있다. 이는 노동자들이 선출한 대표가 기업의 의사결정 과정에 직접 참여하도록 보장하는 제도로, 노동자가 이사회에 대표를 선출해 경영진과 함께 주요 결정을 논의할 수 있도록 한다. 가장 널리 알려진 사례로 독일의 공동결정 제도인 미트베스팀뭉Mitbestimmung이 있다. 독일에서는 1918년, 노동자들이 직장 내 민주적 통제권 확대를 요구하며 대규모로 조직화된 이후 이 제도가 도입되었다.⁸ 일부 모델에서는 이사회뿐 아니라 작업평의회를 통해 일상적인 기업 운영에도 노동자들이 참여할 수 있도록 했다. 공동결정 제도가 모든 문제를 해결할 수 있는 것은 아니지만, 연구에 따르면 이 제도는 노동자의 임금을 높이고, 고용 안정성을 강화하며, 기업의 경쟁력을 해치지 않으면서도 노동자의 권한을 확대하는 데 기여할 수 있다.⁹ 최근 벨기에 사회학자 이자벨 페레라스Isabelle Ferreras는 기업 거버넌스를 양원제 구조로 운영할 것을 제안했다.¹⁰ 그녀는 노동자들이 투자자들과 동등한 권리를 가져야 한다고 주장하며, 기업 내에 두 개의 대표 기구—하나는 투자자, 다른 하나는 노동자—를 두고, 주요 의사결정 시 양측의 과반수 동의를 얻도록 해야 한다고 보았다.

AI 기업의 지배 구조에서 권력 균형을 재조정하는 것뿐만 아니라, 기업이 창출한 가치를 더 민주적으로 분배하는 방식도 고려할 수 있다. 그중 하나가 노동자 소유 제도다. 이 모델은 일정 규모 이상의 민간 기업이 노동자 지분 소유를 위한 기금을 조성하도록 강제한다. 노동자가 임금만 받는 것이 아니라, 기업의 이해관계자로서 발언권과 소유권을 갖도록 하는 것이다. 이 개념은 1970년대 스웨덴 경제학자 루돌프 마이드너Rudolf Meidner가 처음 제안한 마이드너 플랜Meidner Plan에서 출발했다.[11] 이는 주주가 보유한 자본을 점진적으로 노동자에게 이전하는 임금노동자 기금 모델로, 노동자가 기업의 지분을 확보할 수 있도록 설계됐다. 그러나 강력한 정치적 반대에 부딪히며 전면적으로 실행되지는 못했다.

유사한 모델로는 영국의 공공정책연구소Institute for Public Policy Research가 제안한 포괄적 소유 기금이 있다. 이 방안은 2019년 영국 노동당의 총선 공약에도 포함되었다.[12] 노동당의 존 맥도넬John McDonnell은 매년 기업 지분의 1퍼센트를 노동자 소유 기금으로 이전해, 10년 안에 노동자들이 기업의 10퍼센트 지분을 보유하도록 하자는 계획을 제시했다.[13] 이런 정책들의 핵심은 노동자들이 임금을 받는 고용된 존재로 머무는 것이 아니라, 기업의 실질적인 지분을 가진 이해관계자로서 경제적 권력을 보다 공정하게 분배받도록 하는 데 있다.

물론 노동조합의 권리를 확대하거나 노동자 소유 제도를 추진하는 과정에는 고려해야 할 변수들이 많다. 노동조합 내부에서도 조합원과 지도부 사이의 긴장이 생길 수 있고, 산업 간이나 국가 간 노동자 조직화를 어떻게 조율할 것인가도 쉽지 않은 과제다. 앞서 7장에서 살펴봤듯, AI의 글로벌 생산 네트워크에서는 블루칼라와 화이트칼라 노동자를 연결하는 초국적 연대가 필요하다. 노동자들의 권한을 강화하는 방식은 여러 형태로 나타날 수 있지만, AI 산업에서 일하는 누구든 자신의 일자리에 대한 결정권을 되찾고자 한다면, 그 출발점은 '집단적인 힘을 구축하는 것'이다.

시민사회가 조직적으로 기업을 견제하고 책임을 묻는다

소비자와 시민사회 단체가 기업에 압력을 가하는 방식도 중요한 변화의 동력이 될 수 있다. 이는 노동자들이 기업 내부에서 조직력을 키워 변화를 요구하는 것과 달리, 외부에서 기업의 평판을 지렛대로 삼아 압박하는 전략이다. 앞서 살펴본 것처럼, 공개적으로 기업에 망신을 주는 캠페인은 책임을 강제하는 효과적인 수단이 될 수 있다. 기업들은 부정적인 언론 보도를 피하기 위해 막대한 자원을 투입하기 때문에, 사회적 비판은 더 책임감 있는 행동을 유도할 수 있다. AI 네트워크 내에서도 노동 조건에 직접 영향을 미칠 수 있는 핵심 기업들이 존재하며, 이들을 겨냥한 표적 캠페인은 공급망 전반의 관행을 바꾸는 데 효과적일 수 있다.

시민사회가 주도한 수많은 캠페인이 있었지만, 이 책에서 다룬 이야기와 관련 있는 사례 하나를 소개한다. 바로 페어워크^{Fairwork} 프로젝트다. 우리 저자들은 이 프로젝트에 직접 참여하고 있다. 페어워크는 플랫폼 기반 기술이 실제 노동 현장에서 어떻게 작동하는지를 평가하고, 기업이 더 책임감 있게 운영되도록 압박하는 데 목적이 있다. 프로젝트는 공정 노동을 위한 열 가지 원칙을 기준으로 각 기업에 0~10점의 점수를 매긴다.[14] 0점은 단 하나의 기준도 충족하지 못했다는 의미이고, 10점은 모든 최소 기준을 충족했다는 뜻이다. 이 프로젝트는 2018년 독일 정부의 지원 아래 남아프리카공화국과 인도에서 시작되었으며,[15] 현재는 39개국으로 확장되어 총 618개 기업을 평가했고, 299건의 노동 조건 개선을 이끌어냈다.[16]

2023년, 페어워크는 동아프리카에서 활동 중인 AI 데이터 주석 기업 사마를 평가했다. 사마는 수만 명의 노동자들을 글로벌 AI 생산 네트워크에 연결하며 "원조가 아닌 일자리를 제공하라"는 슬로건을 내세우고 있다. 웹사이트에는 밝게 웃는 노동자들의 사진과 함께 "2008년 이후 6만 5,000명의 삶에 긍정적인 영향을 미쳤다", "2022년 기준 2만 5,000건의 기술 교육을 완료했다"는 등의 자료가 게시돼 있다.[17] 겉보기에는 사회적 가치에 기여하는 윤리적인 기업처럼 보이지만, 이러한 홍보가 실제 노동 환경을 얼마나 정확히 반영하는지는 또 다른 문제다.

소비자와 시민사회는 바로 이 지점을 짚어야 한다. 기업의 이미지와 실제 현실 간의 괴리를 드러내고, 그에 따른 책임을 요구하는 것이 외부 압력의 핵심이다. 우리는 페어워크의 기준을 바탕으로 사마가 주장하는 '윤리적 AI'가 실제로 어떤 노동 환경에서 만들어지고 있는지를 확인하고자 했다. 몇 주에 걸쳐 케냐와 우간다에서 수십 명의 노동자들을 인터뷰한 결과, 사마는 가장 기본적인 기준조차 충족하지 못하고 있었다. 노동자들은 감정을 억누르며 인터뷰에 응했고, 자신들이 겪은 피해를 생생하게 증언했다. 최저 생계비에도 미치지 못하는 급여, 무급 초과 근무, 불안정한 단기 계약 등 심각한 문제가 반복적으로 제기됐다.

증언을 바탕으로 산출한 페어워크 점수에서 사마는 10점 만점에 0점을 받았다. 그러나 우리 저자들은 점수를 즉시 공개하지 않았다. 대신 기업에 개선 조치를 취할 수 있도록 몇 달간의 유예 기간을 설정했다. 그리고 공정 노동 기준 10가지 항목별로 사마가 개선해야 할 사항을 정리해 전달했다. 놀랍게도 사마는 두 달 만에 총 24가지 개선 정책을 시행했다. 모든 노동자에게 생계 임금을 보장하고, 1개월 단위였던 계약을 12개월로 연장했으며, 무급 초과 근무도 철폐하는 등의 변화가 이루어졌다.[18] 그 결과 사마의 점수는 5점으로 상승했다.[19] 처음 0점에서 보면 상당한 진전이었지만, 여전히 공정 노동의 최소 기준이라 할 수 있는 10점의 절반 수준에 머물렀다. 페어워크 프로젝트는 지금까지 총 299건의 노동 환경 개선을 이끌어냈는데, 이런 변화는 대부분 외부 압력의 결과였다. 노동자들의 임금 하한선을 설정하거나 건강보험을 제공하고, 차별 금지 정책을 도입하는 등의 조치들은 노동자들의 요구 때문이 아니라, 외부 연구팀과의 대화를 통해 이루어졌다. 기업들이 내부 노동자의 목소리보다 외부 연구자의 평가에 더 민감하게 반응한다는 사실은 한편으로 당혹스럽지만, 동시에 외부 압박이 얼마나 강력한 영향을 미칠 수 있는지를 잘 보여준다.

기업들이 왜 우리의 지적을 수용했을까? 이유는 분명하다. 부정적인 평판은 기업에 큰 위협이 되기 때문이다. 특히 복잡한 노동 문제를 한눈에 보여주는 점수 형태로 제시하면, 소비자에게도 즉각적인 영향을 줄 수 있다. 기업 평판이 나빠지면 고객 이탈로 이어지고, 이는 곧 수익 감소로 직결된다. 오늘날 ESG 경영 같은 책임 있는 자본주의가 강조되는 시대에, 테크 기업들은 스스로를 윤리적인 기업으로 보이기 위해 많은 노력을 기울이고 있다. 책임 있는 자본주의라는 개념은 논란의 여지가 있지만, 상당수 기업들은 스스로 책임감을 보여야 한다고 믿고 있다. 바로 이 지점을 활용해 AI 네트워크 안에서 변화를 만들어낼 수 있다.

이미 일부 기업은 자사의 공급업체에 최소한의 기준을 적용하고 있다. 예를 들어, 구글, 마이크로소프트, 아마존은 외주업체 직원들이 주 60시간 이상 일하지 못하도록 규정하고 있으며, 구글은 7일에 하루는 반드시 휴식을 보장해야 한다고 명시하고 있다.[20] 메타는 미국 내 계약직 노동자들에게 최소 15일의 유급 휴가를 제공하고, 유급 육아휴직을 위해 4,000달러 상당의 자녀 복지 지원금도 지급하고 있다. 하지만 이는 다른 나라의 외주업체에는 적용되지 않는다.

언뜻 개선되고 있는 것처럼 보이지만 실상은 그렇지 않다. 북반구의 여러 국가에서는 주 60시간 노동제나 주 6일제가 이미 한 세기 이상 전에 폐지됐다. 그럼에도 불구하고 이 사례들은 AI 네트워크의 핵심 기업들이 공급망에 대해 일정 수준의 영향력을 행사할 수 있다는 사실을 보여준다. 따라서 필요한 것은 공급망에 기준을 적용할 수 있는지를 설득하는 것이 아니라, 그 기준을 높이는 것이다. 즉, 노동 시간을 줄이고 임금을 올리는 등 구체적인 개선 조치를 요구하는 것이 중요하다. 페어워크의 사례는 기업의 평판을 압박 수단으로 활용하면, 실질적인 변화를 유도할 수 있다는 것을 보여준다. AI 생산 네트워크에서 가장 취약한 위치에 있는 노동자들은 직접적인 피해를 입어도 이를 공식적으로 호소할 창구가 없는 경우가 많다. 따라서 핵심 기업들의 책임을 묻는 전략은 네트워크 전반에 걸쳐 노동환경을 개선하는 데 긍정적인 효과를 낼 수 있다.

창작자들은 AI가 자신의 작업을 무단으로 도용하거나 대체하지 않도록 보호장치를 요구할 수 있고, 기술자들은 지나친 작업 강도를 조정할 것을 요구할 수 있다. 엔지니어들도 자신이 만드는 AI 기술이 윤리적 기준을 충족하도록 보장받을 권리를 요구할 수 있다. 시민사회는 노동단체와 손잡고 복잡하게 얽힌 AI 네트워크를 분석하며 각 지점과 연대함으로써, 핵심 기업들에 노동자의 처우 개선을 요구할 수 있는 전략적 기회를 만들어낼 수 있다.

그런데 시민사회의 압박은 노동조합이나 제도적 규제와 결합되지 않으면 쉽게 사그라들 수 있다. 사회의 관심은 대개 단기적이고, 기업들은 표면적인 조치만으로 문제를 회피할 가능성이 크기 때문이다. 따라서 이 전략만으로는 AI 생산 네트워크의 권력 균형을 근본적으로 바꾸지 못한다.

엄격한 규제를 도입한다

앞에서 노동자와 시민이 기업의 권력을 어떻게 견제할 수 있는지를 살펴보았다. 이러한 전략들은 분명 효과적일 수 있지만, 법적 규제가 뒷받침되지 않으면 기업은 언제든지 이런 시도를 무력화하거나 원점으로 되돌릴 수 있다. 따라서 법적 규제가 반드시 필요하다.

효과적인 규제를 마련하기 위한 첫 번째 과제는 관할권 jurisdiction에 대한 신중한 고려다. AI 네트워크는 전 지구적으로 작동하지만, 법은 특정 지역 안에서 만들어지고 집행된다. 많은 테크 기업이 자신들을 '클라우드에 존재하는' 조직이라 말한다. 하지만, 기업은 구체적인 법적 관할권 내에서 운영되며, 해당 지역의 법률을 따라야 한다. 따라서 AI 네트워크의 지리적 특성을 면밀히 분석하여, 각국의 법이 노동 환경에 어떤 영향을 미치는지 평가해야 한다. AI 산업에서 핵심이 되는 법적 규제는 세 가지 범주로 나눌 수 있다.

첫째, 업스트림 규제로, 저임금 노동이 집중된 국가에서의 규제다.

둘째, 다운스트림 규제로, 구글이나 메타 같은 주요 테크 기업이 위치한 국가에서의 규제다.

셋째, 네트워크 규제로, 국제적 차원에서 적용되는 포괄적 규제다.

이러한 구분은 AI 생산 과정 전반에 걸쳐 각각 다른 방식으로 법적 개입이 가능하다는 점을 시사한다.

업스트림 규제는 저임금 노동이 이루어지는 국가에서 직접적으로 시행할 수 있는 규제 방식이자, 동시에 가장 실행하기 어려운 형태의 규제이다. 데이터 주석이나 콘텐츠 감수 같은 업무는 임금이 낮고 규제가 느슨한 국가에서 주로 수행된다. 이러한 환경을 활용하는 기업들은 경제적 기회를 제공한다는 명분을 내세우지만, 노동 환경이 강화되면 언제든지 철수할 수 있다는 점을 무기로 휘두른다. 그래서 해당 국가들은 기업이 떠나는 것을 우려해 노동자 보호를 위한 규제 도입을 주저한다. 대표적으로 BPO 산업에서만 100만 명 이상의 노동자가 일하고 있는 필리핀을 예로 들 수 있다. 2014년, 우리는 마닐라에서 필리핀의 BPO 산업에 대해 현장 연구를 진행했다. 현장 연구 마지막 주에는 필리핀 정보통신기술[ICT] 사무소의 고위 관계자와 면담할 기회를 가졌는데, 그 자리에서 우리는 BPO 노동자의 업무 환경을 개선할 수 있는 방안을 제안했다. 그러나 그 고위 관계자는 노동의 질보다는 고용의 양을 유지하는 것이 더 중요하다는 입장을 보였다. "필리핀에는 1억 명의 인구가 있습니다. 그리고 매년 50만 명 넘는 대학생이 쏟아져 나옵니다"라며, 지금 있는 일자리를 유지하는 것이 우선이라고 강조했다. 그의 관점에서 저임금 일자리는 필리핀 경제에 반드시 필요하기 때문에, 임금을 인상하는 것은 정부 목표에 반하는 일이었다.

필리핀 ICT 사무소의 핵심 역할은 ICT 관련 일자리를 창출하는 것이지, 노동자의 복지를 향상시키는 일은 우선순위 밖이었다. 그러나 정부 내 일부 인사들은 BPO 노동자의 권리를 보호하고 복지를 향상시키려는 노력을 이어가고 있다. 2009년 이후 필리핀에서는 이를 위한 여러 법안이 반복적으로 제출되었다. 대표적으로 BPO 노동자 복지 및 보호법BPO Workers Welfare and Protection Act이 있다. 이 법안은 BPO 고용주에게 노동법 준수를 의무화하고, 폭력적이거나 학대적인 처우를 금지하며, 과중한 업무로부터 노동자를 보호하는 내용을 담고 있다. 또한 기업은 근로 조건과 복지 혜택, 고객사 및 하청업체와의 계약 내용에 대한 정보를 노동자에게 제공해야 하고 수습 기간이 6개월을 넘지 않는 한 모든 노동자를 정규직으로 전환하도록 요구한다. 그러나 이 법안은 여러 차례 국회에서 통과되지 못한 채 지금도 계류 중이다.[21]

이처럼 노동 환경 개선이 산업 성장에 걸림돌이 될 수 있다는 우려는 저임금 노동을 기반으로 한 경제 모델의 근본적인 딜레마를 드러낸다. 경제학자 조안 로빈슨Joan Robinson의 "자본가에게 착취당하는 고통은 아예 착취조차 당하지 못하는 고통에 비하면 아무것도 아니다"**22**라는 문장은, 저개발국가의 정책 입안자들이 겪는 현실적인 어려움을 상징적으로 보여준다.

　데이터 노동이라고 해서 모든 업무가 지리적인 한계에서 자유롭지는 않다. 일부 업무는 지리적 특성상 특정 지역에 고착되기 쉬워, 아웃소싱이 간단하지 않다. 이러한 경우에는 정부의 개입이 훨씬 효과적일 수 있다. 예를 들어, 이탈리아에서는 고용 관련 원칙만 법으로 규정하고, 구체적인 사항은 노사 간 협상에 맡겨진다. 그러나, 정부는 여전히 중요한 정치적 역할을 하며 노사 협상을 적극적으로 촉진해왔다. 실제로 이탈리아의 아마존 물류창고 노동자들은 정부의 강력한 지원 덕분에 보다 효과적으로 조직화할 수 있었다. 2023년, 아마존의 영향력과 이에 대한 대응을 주제로 열린 정상회담에서 이탈리아의 전직 노동부 장관은 정부의 개입과 노동조합 활동이 결합된 결과, 아마존이 사회적 대화에 응하도록 강제할 수 있었다고 밝혔다. 그 결과 아마존과 하청업체들을 포함하는 강력한 노사 협약이 체결되었다. 협약은 그 효과가 피부로 체감될 만큼 뛰어나서 다른 직종의 노동자들이 아마존으로 이직할 정도였다.**23**

　다운스트림 규제는 이와는 다른 방식으로 작동한다. AI 네트워크가 아무리 글로벌하고 유동적이라 해도, 다운스트림 규제는 비교적 고정된 지리적 위치에서 문제를 해결하는 조치다. 예컨대, 필리핀에서 인도로, 남아프리카공화국에서 케냐로 생산 기지가 이전될 수는 있지만, 시장 자체는 변하지 않는다. 자동차 제조업체는 여전히 프랑스나 독일 시장에서 경쟁하고 싶어하며, 소셜 미디어 기업들은 미국 사용자 기반을 확보하길 원한다. 이 단순한 사실 덕분에 정책 입안자들이 글로벌 기업들의 노동 기준을 설정하고 관리하는 데 핵심적인 역할을 수행할 수 있다.

전 세계를 아우르는 생산 네트워크를 고려할 때, 한 나라의 법이 어떻게 다른 지역 노동자들의 근무 조건에 영향을 미칠 수 있을지 다소 비현실적으로 보일 수 있다. 하지만 이미 몇몇 국가에서는 이러한 목표를 실현하려는 다양한 규제를 시행 중이다. 2023년, 독일에서는 공급망 실사법이 발효되었다. 이 법은 독일에 본사를 둔 3,000명 이상의 직원을 보유한 기업(2024년부터는 1,000명 이상)에 대해, 전 세계 공급망 전반에 걸쳐 일정한 최소 기준을 준수할 법적 의무를 부여한다. 즉, 독일 기업들은 협력업체와 계약하는 것을 넘어서, 해당 업체들이 법에서 규정한 인권 및 노동 기준을 충족하도록 보장할 책임이 있다.

이 법이 요구하는 핵심 기준에는 아동노동 및 강제노동의 식별·예방·완화, 결사의 자유 보장, 노예 노동 금지, 기타 인권 침해 방지 등이 포함된다. 법의 장기적 효과는 아직 평가하기 이르고 특히 일부 테크 기업들에 이를 적용하는 데 있어 어려움이 있다는 점도 드러나고 있다. 그럼에도 불구하고 이 법의 핵심적 의의는, 이제 선도 기업들이 공급망 내 노동 조건에 대한 도덕적 책임에서 벗어날 수 없다는 데 있다. 즉, 제품이나 서비스를 기술적·운영적 기준에 따라 생산하는 것뿐만 아니라, 윤리적 기준까지 충족해야 한다는 개념이 본격적으로 법 제도 안에 포함되고 있다.

OECD 국가 중 일부는 공급망을 더 투명하게 만들고 기업의 책임을 강화하기 위해 다양한 공급망법을 도입하고 있다. 캐나다의 S-211 법안은 캐나다 기업들이 생산 과정에서 강제노동이나 아동노동 위험을 줄이기 위해 어떤 조치를 취했는지를 보고하도록 요구한다. 영국과 호주의 현대 노예법Modern Slavery Acts, 프랑스의 기업 경계 의무법Corporate Duty of Vigilance Law 역시 비슷한 의무를 기업에 부과하고 있다. 노르웨이의 투명성법Transparency Act은 한 걸음 더 나아가, 공급망 전반에 걸친 실사를 의무화할 뿐 아니라, 노동 조건에 대한 정보 요청이 들어오면 이에 반드시 응답해야 한다고 규정하고 있다.

다만 독일의 공급망법을 제외하면, 대부분의 법안은 광범위한 노동 인권이나 공정 노동의 이슈까지는 충분히 다루지 않는다. 그러나 현재 논의 중인 유럽 기업 지속가능 실사 지침European Corporate Sustainable Due Diligence Directive은 이보다 훨씬 더 강력한 법적 구속력을 가질 수 있다.[24] 이 지침은 단순히 환경과 인권 침해를 금지하는 것을 넘어서, 생계 임금 이하의 보수 지급, 노동조합 결성 금지, 직장 내 구조적 불평등 방치 등의 문제도 위반 사항으로 간주할 수 있도록 규정하고 있다. 지침의 초안은 EU 기반의 대기업뿐 아니라, EU 내에서 상당한 매출을 올리는 모든 글로벌 기업에도 적용되기 때문에, 규제가 느슨한 국가로 기업이 이전해 책임을 회피하는 행위를 방지하는 데 중요한 역할을 할 수 있다.

마지막으로, AI 산업 전체를 포괄하는 네트워크 수준의 규제가 어떤 역할을 할 수 있을지도 고민해볼 필요가 있다. 이와 관련해 주목해야 할 기관은 바로 국제노동기구International Labour Organisation, ILO다. ILO는 유엔 산하의 전문 기구로, 국제 노동 기준을 설정하고 양질의 노동을 촉진하는 역할을 수행한다. ILO 협약을 개발하고 채택하는 과정은 단순하지 않지만, 일단 187개 회원국이 이를 비준하면 법적 구속력을 갖는 국제 규범으로 자리 잡게 된다. 만약 업스트림(저임금 국가)과 다운스트림(주요 테크 본사 소재 국가)의 규제만으로는 AI 네트워크 전반에서 발생하는 노동 착취와 인권 침해를 막기에 부족하다면, ILO 협약을 통해 글로벌 수준의 최소 노동 기준을 설정하는 것이 실질적인 해결책이 될 수 있다.[25] 이러한 협약은 AI 산업 전체에 적용될 수 있는 공통의 윤리적·법적 기준을 마련하고, 개별 국가나 기업의 자의적 판단에 의존하지 않고 노동자의 권리를 국제적으로 보호할 수 있는 기반이 될 수 있다.

노동자들이 경영에 참여할 수 있는 구조를 모색한다

법은 노동자를 보호하기 위해 최소한의 기준을 설정하고, 고용주가 반드시 따라야 할 규칙을 마련한다. 노동조합은 노동자를 대표해 협상하고, 공정한 몫을 보장받기 위해 싸운다. 하지만 노동자들이 '기존의 파이에서 몫을 더 받기 위해 싸우는 것'이 아니라, 아예 '자신들만의 파이를 굽는 것'은 어떨까? 이것이 바로 노동자 협동조합의 목표다. 협동조합은 노동자들이 공동으로 소유하고 직접 운영하는 조직이다. 예를 들어, 빵집의 직원 16명이 사업의 재정적 지분을 똑같이 나누고, 정기적으로 모여 운영 방안을 함께 결정하며, 최종 수익은 모두에게 공평하게 분배하는 방식이다.

노동자 소유는 공동의 힘을 모으고, 이익을 함께 나누는 방식일 뿐 아니라, 일터에서 민주주의를 실현하는 구체적인 방법이기도 하다. 국가들에서는 활발하게 운영되고 있다. 유럽협동조합 보고서에 따르면, 유럽 인구의 17퍼센트 이상이 협동조합 회원으로 등록되어 있다.[26] 인도, 아시아, 아프리카 전역에서는 농업과 금융 분야를 중심으로 다양한 형태의 협동조합이 널리 퍼져 있다.[27]

현대 협동조합 운동은 산업혁명 초기로 거슬러 올라간다. 로버트 오웬Robert Owen과 샤를 푸리에Charles Fourier 같은 사상가들이 초기 협동조합 모델을 제안했고, 1844년 영국 로치데일에서 28명의 면직공이 설립한 협동조합은 오늘날까지 가장 널리 알려진 선구적 사례로 평가받고 있다.[28] AI 네트워크 안에서도 노동자 협동조합 모델을 실현하려는 시도가 있다. 대표적인 예가 카리야Karya라는 인도의 데이터 주석 기업이다. 2021년 벵갈루루에서 출범한 이 비영리단체는 스스로를 "세계 최초의 윤리적 데이터 회사"로 정의하고 있으며, 남부 및 중부 인도 지역에서 디지털 환경에 충분히 반영되지 않은 현지 언어의 음성 데이터세트를 구축하는 데 집중하고 있다.

카리야의 방식은, 사람들이 자신의 모국어로 음성을 앱에 녹음하고, 그 데이터를 기반으로 만든 음성 데이터세트를 테크 기업에 판매하는 구조다. 창립자들은 마이크로소프트에서 AI 현지화 프로젝트에 참여했던 연구자들로, 인도의 다언어 현실에 대한 이해를 바탕으로 카리야의 구조를 설계했다. 인도는 인구 13억 명 중 영어 사용자 비율이 11퍼센트에 불과하고, 100만 명 이상이 사용하는 언어만 해도 30개가 넘지만, 상당수 언어는 출판물도 부족하고, AI 학습용 데이터도 거의 없다. 현재 AI 음성 비서는 카슈미르어, 구자라트어, 아삼어로 같은 명령은 받아들이지 못한다. 카리야는 이러한 언어 불균형을 해결하는 동시에, 데이터를 생산하는 사람들에게 실질적인 소유권과 보상을 제공하는 협동조합 기반 모델로 AI 산업의 구조를 바꾸려는 실험을 하고 있다.

AI 기반 음성 서비스는 원어민 화자의 음성 데이터를 필요로 한다. 즉, 이런 서비스의 이면에는 현지 노동자들이 제공한 수많은 음성 데이터가 존재한다. 카리야의 공동 창립자 사피야 후세인 Safiya Husain은 "AI 학습 데이터는 지구상에서 가장 가치 있는 자산 중 하나지만, 이를 생산한 사람들은 거의 보상을 받지 못한다"고 말했다.[29] 카리야는 데이터 주석 노동자의 중위 시급이 10~50센트에 불과하다는 사실을 확인했다. 하지만 이 데이터는 원가보다 200배 넘는 가격에 판매되고 있었고, 노동자는 자신이 만든 가치의 0.5퍼센트도 받지 못하고 있었다. 이를 해결하기 위해 카리야는 시간당 약 5달러의 임금을 지급하고 있다. 이는 인도 최저임금보다 몇 배 높은 수준이다.

높은 임금을 받는다고 해서 그 자체로 협동조합이라 부를 수는 없지만, 카리야에는 협동조합 모델로 발전할 수 있는 몇 가지 중요한 요소들이 포함돼 있다. 그중 대표적인 것이 '공공 데이터 라이선스Public Data License' 구조다. 이 모델은 노동자가 데이터세트를 공동 소유하고, 그것이 재판매될 때마다 수익을 나눌 수 있도록 설계돼 있다.[30] 실제로 카리야의 일부 데이터세트는 두세 차례 재판매되며, 경우에 따라 시간당 1,000루피(약 12달러)에 달하는 수익이 발생하기도 한다. 이는 인도 최저임금의 약 40배에 해당하는 금액이다. 기존의 데이터 노동이 한 번의 보상으로 끝나는 구조였다면, 카리야 모델에서는 데이터가 재사용될 때마다 노동자에게 추가적인 수익이 돌아가는 방식이다.

이 모델이 확산되면, 노동자는 단순한 하청 인력이 아니라 AI 시스템 구축의 협력자로 인정받을 수 있다. 물론 기존 산업 구조와의 충돌, 법적·재정적 제약 등 해결해야 할 과제도 많다. 그럼에도 불구하고, 노동자가 자신이 만든 데이터 자산을 공동 소유하고 반복적으로 수익을 얻는 발상은 AI 산업 내 노동 개념을 근본적으로 바꿀 수 있다. 협동조합이 직면한 가장 큰 한계 중 하나는 자본 조달의 어려움이다. 협동조합은 일반 기업보다 수익률이 낮고 자본 회수 기간이 길며, 주식에 의결권이 없어 투자 유치가 어렵다. 이로 인해 성장과 시장 경쟁에서 불리한 위치에 놓이기 쉽다. 플랫폼 협동조합주의 컨소시엄 디렉터 트레보 숄로츠Trebor Scholz는, 협동조합이 성공하려면 다른 협동조합 사업체, 협동조합 은행 같은 투자기관, 우호적인 세제 혜택을 제공하는 정책 등 연관된 생태계가 필요하다고 말한다.[31] 이러한 조건이 갖춰지지 않으면, 개별 협동조합이 성장하기는 어렵다. 특히 대규모 데이터 센터 운영이나 AI 모델 훈련처럼 자본이 많이 필요한 분야에서는 협동조합이 생존하기 어렵다. 반면, 데이터 주석 작업, 예술가 협동조합, 소비자 대상 서비스 등 보다 소규모이고 참여 중심적인 데이터 협동조합 모델은 현실성이 어느 정도 있다.

협동조합의 핵심은 수익 창출이 아니라, 보다 다원적이고 민주적인 경제에 기여하는 데 있다. 협동조합은 노동자에게 금전적 보상을 제공하는 것을 넘어서, 더 나은 서비스를 만들고, 구성원 간 관계를 강화하며, 민주적인 의사결정 경험을 가능하게 한다는 데 진정한 가치가 있다. 현재 협동조합의 경제적 비중은 크지 않지만, 협동조합 간의 연대와 연결을 통해 점진적인 성장은 가능하다. 그러나 비윤리적으로 노동을 착취하는 경쟁 기업들과 직접 경쟁해야 하는 현실에서 협동조합의 성장은 구조적으로 제약을 받을 수밖에 없다. 이로부터 더 근본적인 물음이 제기된다. 지금 필요한 것은 개별 협동조합의 생존 전략인가, 아니면 자본주의 경제 구조 자체의 변화인가?

결국 어떤 대안을 추진하든, 협동조합이 지속 가능한 모델이 되기 위해서는 정책적, 제도적 보호 장치와 사회적 지지가 반드시 필요하다. 노동자들의 강한 연대, 협동조합을 지원하는 생태계 확장, 그리고 장기적으로 보다 정의로운 경제 구조를 만드는 노력이 뒷받침되어야 협동조합이 실질적인 대안이 될 수 있다.

시스템의 불평등과 부정의에 맞선다

　그리 오래되지 않은 과거까지만 해도, 노예제와 농노제는 전 세계적으로 광범위하게 존재했다. 노동자는 소모품으로 취급되었고, 자신의 시간이나 몸에 대한 자율권, 건강과 안전을 지킬 권리, 생계를 유지할 수 있는 임금을 받는다는 개념 자체가 상상하기 어려웠다. 오늘날에도 착취 구조의 잔재가 남아있지만 동시에 전 세계 노동자들에게 일정 수준의 권리와 보호 장치가 보장되고 있는 것도 사실이다. 물론 이러한 권리는 불완전하고 사각지대가 많으며, 모든 사람에게 존엄한 삶을 보장하기에는 여전히 부족하다. 그럼에도 이 제도들은 과거의 노동자들이 투쟁을 통해 직접 쟁취해낸 성과라는 점에서 의미가 있다. 이러한 변화는 결코 우연히 주어진 것도, 기득권층이 자발적으로 베푼 것도 아니다.

　노동자들은 끊임없이 더 나은 세상을 요구했고, 그들의 행동이 지금 우리가 살아가는 사회의 토대를 만들었다. 그 결과, 부모와 조부모 세대가 누리지 못했던 권리들이 오늘날 후손들에게 이어졌고, 많은 나라에서 보통선거권, 주 5일제, 노동조합 결성권이 보장되고 있다. 그러나 이 권리들이 모든 곳에서 동일하게 적용되는 것은 아니다. 예컨대, 스위스나 스웨덴에서 살아가는 18세 청년이 누리는 권리와, 방글라데시나 부룬디에 사는 또래 청년이 누리는 권리 사이에는 현저한 차이가 있다. 어떤 국가에서는 여전히 노동자의 존엄과 공정한 삶을 보장하는 기본 조건조차 충족되지 않은 현실이 이어지고 있다. 이 싸움은 끝난 게 아니라 지금도 계속되고 있고, 그 완성을 위한 책임은 우리 모두에게 있다.

이 책은 그런 현실 속에서 작동하는 AI의 글로벌 네트워크를 조명해왔다. 이 시스템은 겉으로는 노동자들을 하나로 연결하는 듯 보이지만, 실제로는 애초부터 승자와 패자가 정해진 구조로 설계돼 있다. 우간다의 데이터 주석 노동자들은 제대로 된 보상도, 지속 가능한 역할도 부여받지 못한 채 착취 구조 안에 갇혀 있다. 그들은 구조를 바꿀 수 있는 실질적인 힘도 자원도 갖고 있지 않다.

인터넷이 처음 등장했을 당시, 많은 사람들은 정보 접근이 민주화될 것이라 기대했다. 누구나 디지털 기술을 통해 동등한 기회를 얻고, 지식을 공유하는 열린 세계가 만들어질 거라고 믿었다. 하지만 그런 기대는 실현되지 못한 채, 지금의 현실은 또 다른 격차와 착취 구조를 드러내고 있다. 이론적으로 디지털 기술은 세상을 바꿀 수 있는 잠재력을 가지고 있다. 우리는 인터넷을 통해 정보를 자유롭게 공유하고, 지구 반대편에 있는 사람과도 즉시 연결될 수 있다. 하지만 실제로는, 디지털 혁명은 많은 이들이 기대했던 '위대한 평등'을 실현하지 못했다.

그 이유는 글로벌 자본주의에 있다. 지식과 자원, 기술 역량의 격차가 극심한 현실에서, 디지털 연결성은 오히려 더 많은 사람들을 착취 구조에 편입시키는 도구로 작동했다. 오늘날의 AI 산업은 식민주의적 착취 구조의 최신 버전일 뿐이며, 이 시스템은 노동자들이 구조 자체를 바꿀 수 없도록 철저히 설계되어 있다. 자본만이 글로벌 생산 네트워크의 흐름을 통제하고, 자본만이 노동이 어디서, 어떻게 배치될지를 결정할 권한을 가진다.

해답은 단순히 인터넷 접근성을 확대하거나, 기술을 더 많이 보급하는 것이 아니다. 공정한 미래를 만들기 위해 우리가 해야 할 일은, 구조 자체를 해체하고 새로운 시스템을 구축하는 것이다.

과거의 왕이나 황제가 자발적으로 권력을 내려놓지 않았듯, 오늘날 디지털 제국을 지배하는 거대 기업들 역시 스스로 권력을 포기하지 않을 것이다. 그들에게는 자신들에게 불리한 방식으로 시스템을 바꿀 이유도, 의지도 없다. 하지만 그들이 더 이상 선택의 여지가 없도록 만드는 상황이 온다면 이야기는 달라진다. 진정한 변화는 자발적인 양보에서 오는 것이 아니라 조직된 압력에서 비롯된다.

강자와 약자는 모두 같은 시스템 안에서, 같은 착취 구조의 일부로 존재한다. 더 공정한 세상을 만들기 위해 우리가 해야 할 일은, 이 기계 자체를 다시 설계하는 방법을 고민하는 것이다. 물론 쉽지 않은 일이다. 쉽다고 말하는 건, 진실을 외면하는 일일 것이다. 그러나 우리가 나아가야 할 방향을 분명히 인식하고, 야심차고 대담하게 요구하며, 창의적으로 행동한다면, 더 공정하고 정의로운 미래를 만들 수 있는 길은 분명 존재한다.

맺음말

이스라엘 가자지구를 바라보며

2021년 가자지구에서 벌어진 11일 전쟁 당시, 이스라엘 방위군IDF은 이를 '최초의 AI 전쟁'이라고 선언했다.[1] 2019년 설립된 표적 행정부Targets Administrative Division는 머신러닝 도구를 활용해 표적 선정 속도를 크게 높였다. 당시 IDF 참모총장이었던 아비브 코하비Aviv Kochavi는 "과거에는 1년에 50개 표적을 생성했지만, 이제는 하루에 100개를 생성할 수 있다. 그중 절반이 실제 공격 대상이 됐다"고 밝혔다.[2]

전쟁 기술은 오랫동안 '전쟁을 더 인도적으로 만든다'는 명분 아래 발전해왔다. 1980년대 남부 레바논 침공 당시, IDF는 공군의 공습을 '외과적 정밀 타격'이라고 불렀고, 걸프전에서 미국은 정밀 유도 폭탄을 '스마트 폭탄'이라 명명하며 민간인 피해를 줄이기 위한

기술이라고 주장했다.³ 그러나 이런 서사는 실제 목적보다는 홍보 전략에 가까웠다.⁴

IDF의 AI 기반 표적 선정 시스템은 기계처럼 정밀하고 선택적으로 작동하는 듯 보이지만, 실상은 그 반대의 결과를 낳고 있다. 2023년 11월, 언론 보도와 조사를 통해 IDF에 '하스보라Hasbora'와 '복음'이라는 AI 기반 표적 선정 프로그램이 존재하며, 군사 시설뿐 아니라 민간 주택, 고층 아파트, 공공건물까지 공격 대상으로 삼고 있음이 드러났다.⁵ 이는 하마스에 대한 민간 차원의 압박을 유도하려는 전략으로, "고층 건물이 무너질 때 하마스의 사기가 꺾일 것이라 믿는다"는 인식 아래 가자지구 시민의 불안을 의도적으로 조성하기 위해 도입됐다.⁶ 우체국, 정부 청사 같은 공공시설도 표적이 되었다.

2023년 10월 7일 하마스의 이스라엘 기습 이후, IDF는 민간인 피해를 감수하는 기준을 더욱 완화했다. IDF는 공격 시 예상되는 민간인 사망자 수를 미리 산출하고, 이를 바탕으로 '정당화 가능한 수준'의 피해라고 판단되면 공격을 감행한다.⁷ 이제 AI는 전쟁을 '정밀하게 만든다'는 수사를 뒤집고, 오히려 대규모 민간 피해를 '계산 가능한 비용'으로 정당화하는 도구로 전락하고 있다.

AI 시스템 도입 이후, 이전까지는 폭격 대상이 아니었던 하마스 하급 조직원의 주택까지 표적으로 지정되기 시작했다. 한 이스라엘 관계자는 "표적의 대부분이 집이었다"며, "하마스 요원들이 사는 집이 가자지구 전역에 퍼져 있으므로, AI가 그 집들을 자동으로 표적으로 지정하고, 그 안에 있는 모든 사람들이 함께 죽인다"고 말했다. 이는 AI 기반 전쟁 기술이 오히려 무차별적인 폭력을 확대하고 있음을 보여준다. 민간인 피해를 줄인다는 '기술적 정밀성'의 수사는 실상 전략적 공포 조성과 대량 살상을 정당화하는 도구로 변질되고 있다.

2023년 10월 11일, IDF는 2,687개의 폭격 대상 중 1,329개를 주요 목표물로 분류했다고 발표했다.[8] 이 목록에는 도심 한가운데의 고층 건물, 주거 타워, 대학, 은행, 정부 청사 같은 민간 및 공공 건물도 포함됐다. 추가 보도에 따르면, 이스라엘의 폭격 초기, IDF는 AI 기반 표적 선정 시스템인 '라벤더Lavender'를 활용해 사살 리스트를 자동 생성했고, 최소한의 검증만을 거친 채 최대 3만 7,000개의 표적을 공격했다. 이처럼 AI가 판단한 '확률적 혐의'에 따라 수천 명의 생명이 위협받는 현실은, AI 기술이 단지 '도구'에 그치지 않고 전쟁의 윤리와 기준 자체를 바꿔놓고 있음을 보여준다.

또한 이스라엘은 '아빠는 어디에?Where's Daddy?'라는 시스템을 통해, 표적으로 지정된 인물이 집에 돌아왔는지를 실시간으로 확인한 뒤 야간에 해당 주택을 폭격했다. 이때 사용된 무기는 정밀 유도 폭탄이 아닌 '멍청한 폭탄dumb bombs'으로 분류되는 재래식 포탄이었다. 이는 민간 피해가 발생할 것이 예상된 공격이다. IDF 내부 소식통에 따르면, 이러한 AI 시스템의 결정으로 인해 수천 명의 팔레스타인 여성과 아이들이 사망했다.[9] 이는 AI 기술이 단지 정보를 정밀하게 처리하는 도구가 아니라, 국가의 전쟁 수행 능력을 폭발적으로 확장하는 수단으로 작동하고 있음을 보여준다.

AI는 이제 표적 선정 프로그램을 넘어, 이스라엘 군사 시스템 전반에 통합되고 있다. '파이어 팩토리Fire Factory'라는 또 다른 AI 프로그램은 병참 지원을 자동화한다. 언론인 앤서니 로엔스타인Antony Loewenstein은, 이스라엘군이 팔레스타인 사람들을 대상으로 실전 테스트한 군사 기술이 이후 보안 기업들을 통해 전 세계 분쟁 지역에 수출되고 있다고 지적한다.[10] 이러한 군사 AI 기술은 글로벌 생산 네트워크를 통해 구축된다. 이 과정에는 세계 각지에서 보이지 않는 수많은 노동자들이 참여하지만, 이들은 시스템의 전모를 알지 못한 채 조각난 역할만 수행한다. 앞서 다뤘듯, 이런 네트워크는 의사결정 권한을 극도로 불균등하게 배분하며, 일부 강력한 기업들이 자신들의 이익을 중심으로 전체 시스템을 조종하고 있다.

IDF는 AI 및 머신러닝 기술을 구글과 아마존의 클라우드 컴퓨팅 서비스를 통해 제공받고 있으며, 이는 논란이 많았던 프로젝트 님버스의 일환이었다.[11] 이 계약을 체결한 뒤, 구글과 아마존은 이스라엘 내 데이터 센터에 수억 달러를 투자했고, 일부 시설은 미사일 공격에 대비해 지하에 건설되었다. 이 데이터 센터의 운영을 위해서는 아이슬란드의 에이나르 같은 기술자들이 필요하고, 장기적으로는 전 세계의 수많은 노동자들이 이 시스템에 편입될 것이다. 프로젝트 님버스에 반발해, 구글 직원 수백 명은 집단 성명을 발표했다. 그들은 "이스라엘의 여러 행위는 유엔 인권 원칙을 위반하고 있으며, 이는 구글이 공식적으로 준수해야 하는 기준"이라고 지적하며,

"알파벳의 모든 사업 계약과 기부를 재검토하고, IDF와 같은 인권 침해 기관과의 모든 계약을 중단할 것"을 요구했다.[12]

IDF의 군사 시스템은 고도의 기술 역량을 갖춘 엔지니어를 필요로 한다. 이스라엘의 의무 군복무 제도는 군이 우수 인재를 정보부서에 배치하고, 이후 이들을 사이버 보안 전문가나 소프트웨어 엔지니어로 훈련시키는 기반이 됐다. 이는 과거 미국의 군산복합체가 실리콘밸리 형성에 기여했던 구조와 유사하며, 이스라엘 역시 군과 방위산업이 하이테크 스타트업 생태계의 토대가 되고 있다.[13] 군사 표적 기술, 안면 인식 시스템, 자율 드론에 쓰이는 컴퓨터 비전 기술은 방대한 이미지와 영상 데이터를 필요로 한다. 이 데이터를 선별하고 주석을 다는 일은 우간다 굴루의 아니타와 같은 아웃소싱 센터를 통해 고용된 주석 노동자들이 수행한다.

이 책은 AI 생산 네트워크가 본질적으로 식민주의적 성격을 지닌다는 점을 강조해왔다. 실제로 이 네트워크는 과거 식민 제국의 항로와 전신 케이블이 지나던 경로와 부분적으로 겹친다. 무엇보다, 가치와 자원이 주변부에서 중심부로 흐르도록 설계되어 있다. 세계 자본주의 체제의 중심에 있는 첨단 하이테크 국가들은 주변부 국가들로부터 노동력, 핵심 광물, 데이터를 수탈하며 자신들의 부와 권력을 유지하고 있다.[14] AI 생산의 글로벌 분업 체계에서도 이러한 불균형은 명확하게 드러난다. 고도로 훈련된 엔지니어들은 높은 임금과 안전한 환경에서 일하는 반면, 단순하고 저임금의 업무는 노동 규제가 느슨한 저개발국가로 아웃소싱된다.[15] 이 구조는 결국, 과거 식민주의가 만들어놓은 불평등한 발전 모델이 오늘날에도 지속되고 있음을 보여준다.

하지만 AI 네트워크는 고정된 구조가 아니며, 변화의 가능성도 충분히 있다. AI를 생산하는 방식은 피할 수 없는 운명도 아니고, 누군가의 악의적인 통제 아래 놓인 절대적 질서도 아니다. 시스템을 운영하는 것은 사람이다. 물론 이들은 시장의 구조적 압력과 네트워크 내 경쟁 구도 속에서 움직이지만, 그렇다고 해서 변화를 만들어낼 수 없는 것은 아니다. AI 네트워크는 끊임없이 움직이며, 공급망의 특정 지점에서 발생한 압력이나 행동에 따라 전체 시스템이 반응할 수 있다. 어느 한 지점에서 노동자들이 행동에 나선다면, 그 영향이 네트워크 전반에 파급될 수 있다. 변화를 위한 첫걸음은 시스템의 작동 방식을 이해하는 것이다. 어떻게 움직이고, 어디에서 조정되고, 어떤 흐름으로 가치가 이동하는지 알아야만, 그 흐름을 바꿀 수 있는 지점을 찾을 수 있다. 이해는 행동의 출발점이다.

이 책은 AI 추출 기계에 휘말린 일곱 명의 이야기를 따라가며, 그들이 겪는 현실을 보여주었다. 케냐의 머시는 할아버지가 돌아가시는 영상을 반복해서 검토해야 했고, 우간다 시골 출신의 애니타는 세계 최대 기업들이 원하는 데이터세트를 구축하는 노동자다. 런던의 리는 자신이 개발하는 기술의 윤리적 문제로 고민했고, 아이슬란드의 에이나르는 글로벌 인프라 핵심 허브에서 일하고 있다. 또한, AI로 복제된 자신의 목소리와 경쟁해야 하는 성우 로라, 급여 인상을 요구하다 파업에 나선 아마존 노동자 알렉스, 아프리카 최초의 콘텐츠 감수자 노조를 만든 케냐의 폴도 있었다. 이들 삶의 배경은 서로 다르지만, 결국 모두 같은 착취 구조 속에 놓여 있다. 이 이야기는 단지 그들만의 이야기가 아니다. 우리 모두의 이야기이기도 하다.

확률적으로 볼 때, 당신 역시 추출 기계가 착취 가능한 자원으로 여기는 전 세계의 노동자, 소비자, 시민 집단에 속해 있을 가능성이 높다. 그들의 문제는 곧 우리의 문제다. AI 시스템은 당신의 노동, 아이디어, 예술, 물, 에너지, 데이터, 그리고 당신의 국가에서 나오는 필수 광물을 원한다. 이 모든 것은 거대한 기계에 투입되어 생산, 권력, 이윤으로 전환된다. 시스템을 만든 것은 자본주의이며, 자본주의는 경제를 소수가 사적으로 소유하고 통제하는 사회 질서다. 실리콘밸리의 벤처 자본가들이 정부의 연구 자금에 의존했다는 사실은 부정할 수 없다.

그러나 기술 개발의 방향은 기본적으로 자본주의 시스템의 논리에 따라 움직였고, 결국 그 결과 또한 자본주의적인 방식으로 귀결되었다. 소수의 투자자와 경영진이 모든 결정을 내렸고, 그 영향은 지금 전 세계 모두가 감당하고 있다. 그러나 이러한 결과는 운명처럼 정해진 것이 아니다. 어떤 기술이 개발되는 과정에서 항상 같은 문제가 발생할 수밖에 없다는 전제는 잘못된 가정이다. 자본주의가 만들어내는 기술은 결코 중립적이지 않으며, 그것을 만든 시스템의 논리와 권력 구조를 그대로 반영한다.

    AI 추출 기계는 바로 이러한 시스템의 본질을 선명하게 드러낸다. 그것은 권력을 소수에게 집중시키고, 과거 식민주의의 권력 구조를 새로운 형태로 재구성한다. 동시에 노동을 단순화하고 강도를 높여, 이미 과로에 시달리는 전 세계 노동자들로부터 더 많은 이윤을 추출한다. 또, 가장 저렴한 노동력과 자원을 찾아 생산지를 세계 곳곳으로 끊임없이 이동한다. 이 모든 과정에서 우리는 자본의 투자와 이윤이라는 리듬이 반복되는 모습을 끊임없이 마주하게 된다. AI는 글로벌 자본의 도구를 넘어, 이제는 자본주의 체제의 필수적인 일부가 되었다. 그러나 우리는 다른 방향으로 기술의 활용 가능성을 상상할 수 있다. AI가 노동을 자동화하고, 희소한 자원을 보다 효율적으로 배분하며, 과학 연구를 발전시키는 데 기여하는 세상 역시 가능한 시나리오다.

    하지만 이런 미래는 몇몇의 선의로 만들어지지 않는다. 우리가 진정으로 필요로 하는 것은 더 근본적인 변화다. 이 시스템을 가능하게 해온 사회적 관계 자체를 재구성하기 위한, 전 세계적인 연대가 필요하다. 우리가 어떻게 기여할 수 있을지는 각자의 위치와 역할에 따라 달라질 것이다. 하지만 이 책이 전하고자 하는 가장 중요한 메시지는, 지금과 같은 상태를 그저 그대로 두고 볼 수는 없다는 점을 깨닫자는 것이다. 당신이 앞으로 어떤 방식으로 참여하게 될지는 아직 정해지지 않았다. 그러나 당신이 누구이고, 어디에 있으며, 어떤 이들과 연대할 수 있는지에 따라 새로운 힘이 생겨날 수 있다.

이미 전 세계 곳곳의 노동자들이 변화를 만들어내고 있다. 감시 기술 개발을 거부하는 엔지니어들, 임금 인상을 요구하며 파업에 나선 아마존 노동자들, 열악한 환경에 맞서 단결한 콘텐츠 조정자들. 우리는 이제 그들의 뒤를 따라야 한다. AI 추출 기계를 해체하고, 그 잔해를 해방의 도구로 다시 조립하는 일, 그것이 이제 우리 모두의 몫이다.

"기계 운용이 아주 끔찍해지고, 여러분의 마음을 너무 아프게 해서 더 이상 관여할 수 없을 때가 있습니다. 소극적으로도 참여할 수 없기에, 여러분은 몸으로 장비를, 바퀴를, 레버를, 그리고 온갖 기구를 막아서 기계를 멈춰 세워야 합니다. 그리고 기계를 소유하고 운용하는 이들에게 분명히 말해야 합니다. 당신들이 우리를 자유롭게 하지 않는다면, 기계도 결코 움직일 수 없을 것이라고."[16]

사비오●는 이 말을 60년 전 UC버클리에서 외쳐졌지만, 지금 이 순간 우리의 현실에도 그대로 이어진다. 우리 역시 AI 추출 기계에 투입되는 원재료가 되기를 거부한다. 우리 역시 인간의 노동력을 갈아 넣어 이윤을 뽑아내는 시스템 앞에서, 기계를 멈추겠다는 각오

● 마리오 사비오 Mario Savio, 1942~1996는 1960년대 미국 자유 언론 운동의 상징적인 인물로, UC버클리대학교에서 학생운동을 주도했다.

를 다진다. 그리고 그것을 움직이고, 소유한 이들에게 분명히 말하고자 한다.

우리가 자유롭지 않다면, 그 기계는 결코 작동하지 못할 것이라고.

감사의 말

2009년 우리는 나이로비의 디지털 아웃소싱 노동을 연구하기 위해 여러 번의 현장 연구에 나섰는데, 이 책의 아이디어 중 일부는 그 일정 중에 나왔다. 최초의 광섬유 케이블이 케냐를 전 세계의 광섬유망에 연결하고 얼마 지나지 않았을 때, 케냐의 정보통신부 사무차관인 비탕게 은데모$^{Bitange\ Ndemo}$ 교수는 나이로비 시내에 위치한 자신의 사무실로 마크를 초대했고, 세계 경제에서 케냐가 차지하는 위치에 대한 그의 생각을 들려주었다. 그와의 논의를 계기로 아프리카의 디지털 경제 이해 당사자들과 대화할 수 있는 기회가 많아졌다. 이처럼 해당 분야에서 그토록 많은 문을 열어주고 여러 관계자들을 만나도록 해준 것에 대해 비탕게에게 특별한 감사를 전하고 싶다. 그가 보여준 신뢰와 열정이 없었더라면 아프리카의 디지털 노동에 관한 연구를 계속하지 못했을 것이다.

옥스퍼드 인터넷 연구소에 근거지를 두고 2009년부터 시작한 연구는 영국학사원으로부터 시드 기금을 받아 계속할 수 있었다. 이후 경제사회연구협의회와 국제개발부의 지원을 받아 동아시아의 연결성 변화에 따른 영향을 연구했고, 결국에는 유럽연구회가 자금을 지원하고 마크가 이끈 지오넷^{Geonet}이라는 5개년 프로젝트로 이어졌다. 그 프로젝트에는 아프리카의 디지털 경제를 중점적으로 다루는 실력파 연구진이 팀을 이루었다. 이처럼 여러 프로젝트를 진행하는 동안 마크는 남반구 저개발국에 외주로 나가는 디지털 업무를 연구하며 많은 공동 연구자에게 신세를 졌다. 특히 펠릭스 아코믈리, 모하메드 아미르 안와르, 파비안 브래스만, 크리스 포스터, 아이시스 효르스, 찰스 커투어, 그레이스 마감보, 로라 만, 새너 오잔페라, 스테파노 데 사바타, 파비안 스테퍼니, 랠프 스트라우만, 팀 왜마, 미셸 와홈 등에게 감사를 전하고 싶다. 이들은 마크가 모은 연구팀에 참여했을 뿐 아니라 연구 계획, 데이터 수집 및 분석에 협력과 지원을 아끼지 않았고, 마크와 함께 이 책의 수많은 아이디어를 면밀히 검토했다.

또한 우리는 옥스퍼드 인터넷 연구소와 베를린 사회과학 센터에 기반한 페어워크 프로젝트의 일환으로서 저자들이 진행한 대화, 토론 정치 참여로부터 큰 혜택을 받았다. 그중에서도 펀다 우스텍 스필다에게 특별한 감사를 전하고 싶다. 펀다는 AI 생산망에서의 공정 업무를 연구하는 우리의 연구 프로젝트 대부분을 설계하고 실행하며 고민하는 데 도움을 주었다. 펀다의 결정적인 지원과 조언이 없었더라면 이 프로젝트, 그리고 이 책은 크게 축소되었을 것이다.

로베르토 모차치오디, 데이비드 브랜드, 맷 콜 역시 페어워크 AI 프로젝트에 참여했고, 아마존 노동자들과 세계적인 AI 이해 당사자들로부터 데이터를 수집하는 데 도움을 주었다. 롤라 브리튼은 우리를 위해 어마어마한 양의 배경 조사를 진행했다. 그녀가 연구보조원으로서 보여준 재능에 큰 감사를 전한다. 셰릴 소리아노는 마닐라의 BPO 산업에 대한 결정적인 맥락적 정보를 제공했다. 조나스 발란테와 라파엘 그로만은 우리의 첫 페어워크 AI 보고서에 귀중한 피드백을 주었는데, 이 책의 여러 부분에 대한 우리의 생각을 정리하는 데 큰 도움이 되었다.

마지막으로 페어워크 팀의 다른 모든 구성원에게 큰 감사를 전한다. 이들은 연구가 노동의 더 공정한 미래를 만드는 데 정말로 도움이 될 수 있음을 보여 주었다. 자나 아바브네, 에이샤 아피피, 이라완 아가하리, 파블로 아게라 리네시스, 이프티카르 아마드, 타리크 아메드, 샤마루크 알람, 마리아 벨렌 알보르노즈, 루이스 파블로 알론조, 오구즈 알리야나크, 헤이퍼드 아메그베, 브란카 안젤코비치, 마르코스 아라강, 마리아 아르날, 아르투로 아리아가다, 다니엘 아루바이, 새미 아탈라, 탓 초르 오응, 아마드 아와드, 라잔 아예샤, 애덤 배저, 멕하시리 발라자이, 조슈아 바루, 라딘 바유르길, 아리앤 베르토인 안탈, 알레시오 베르톨리니, 와셀 빈 샤닷, 비르겔 빙헤이, 아멜린 보르다스, 마렌 보르커트, 알바로 브리알레스, 롤라 브리튼, 조버클리, 로드리고 카렐리, 에이저 카르네로 아파자, 에두아르도 카릴로, 마리아 캐서린, 크리스 킹 치 찬, 헨리 차베스, 아나 츠카클리, 안드레아 치아리니, 안토니오 코라사니티, 파멜라 쿠스토디오, 아드리안시아 다니 다르마완, 알라잉카 데이비드웨스트, 루이사 데 비타, 알레한드라 S. Y. 디네그라 마르티네스, 브리케나 카피시지 디오니지, 하 도, 마티아스 도델, 마르타 도노프리오, 엘비사 드리시티, 비나 두발, 제임스 던윌리메이슨, 카티아 즈무카시빌리, 파블로 에가냐, 다나 엘바시비시, 바툴 엘메다르, 엘리사 에리코, 우술라 에스피노자 로드리게스, 패트릭 포어슈타인, 로셀리 피가로, 밀레나 프랑케, 샌드라 프레드먼, 파라 갈랄, 재클린 가멜레이라, 피아 가라바글리아, 차나 가르시아, 미셸 가드너, 나브니트 기다, 시코 기타우, 슬로보단 골루신, 엘로이사 곤잘레스, 라파엘 그로만, 마틴 그루버리색, 프란치스카 구티에레스 크로코, 시맵 헤이더, 카디가 핫산, 리처드 힉스, 소포 자파릿체, 마벨 로치오 헤르난데스 디아스, 루이스 호르헤 헤르난데스 플로레스, 빅토르 마누엘 헤르난데스 로페스, 누르 후다, 후인 티 은곡 투옛, 프란치스코 이바녜스, 니마 아이여, 탄자 자코비, 아타르 자밀, 압둘 바시루 지브릴, 어미라 혹샤 칼라이, 라크티마 칼리타, 리바즈 카라낫체, 제이넵 칼리다그, 루카스 카테라, 브레스나 데마 코플리쿠, 마야 코바치, 주잔나 코왈릭, 안잘리 크리샨, 마르틴 크르지브진스키, 에이멜라 커타, 일마 쿠르토비치, 모래드 쿳쿳, 토비아스 커틀러, 아르투로 라헤라산체스, 호르헤 레이튼, 애니카 린, 조르지나 루브케, 빌라하리 M, 레이얀 마법, 와심 막타비,

오스카 자미에르 말도나도, 로라 클레멘시아 만틸라레온, 클라우디아 마라, 애나 플라비아 마르케스, 마르게타 메디나, 루수단 모세슈빌리, 자말 음사미, 캐럴 무스진스키, 힐다 음와카툼불라, 베카 나츠블리슈빌리, 모우니타 니루콘다, 아나 네그로, 차우 응우옌 티 민, 시드라 니잠부딘, 클라우디아 노치올리니 레베치, 보니타 냠위라, 미첼 오골라, 올루와토비 A. 오군모쿤, 프레더릭 포비, 다비티 옴사라시빌리, 캐럴라인 A 옴와레, 너민 오룩, 크리스천 네두 오사쿠에, 발라이 파르타사라티, 프란체스카 파스칼론, 마리아 이네스 마르티네스 페냐데스, 레오나드 플랭크, 프레데릭 포비, 발레리아 풀리그나노, 잭 린추안 키우, 제이비 R. 감보아, 아난야 라이한, 안토니오 라미레스, 후안카를로스 레빌라, 암브린 리아스, 알베르토 리에스코산스, 나글라 리츠, 모이세스 K. 로하스 라모스, 페데리코 로젠바움 칼리, 셰릴 루스 소리아노, 줄리스 살바그니, 덜리 요한나 산체스 바르가스, 마리카르멘 세케라, 무랄리 샨무가블란, 아디티아 싱, 샨자 소하일, 자나키 스리니바산, 애너 스팅, 이사벨라 스트라타, 줄리 비비아나 수아레스 모랄레스, 데이비드 서트클리프, 무바시라 타바섬 호세인, 타스미나 타히르, 아이난 타즈리안, 딘 티 치엔, 키코 토바르, 펀다 우스텍 스필다, 조나스 발렌테, 귤리아 바라친, 다니엘 비주에테, 앤머시 와이리무, 징 왕, 로비 와린, 나딘 위히바, 케이티 J. 웰스, 안나 유안, 사미 주그하임. 페어워크 프로젝트는 독일연방경제개발부와 독일국제협력공사 소속 협력 파트너들의 지원 없이는 불가능했을 것이다. 독일국제협력공사에서 우리의 연구를 끝없이 지원해준 샤클로 카카로바, 커스틴 슈에틀러, 루카스 소너버그에게 특히 감사를 전하고 싶다.

마크와 캘럼은 GPAI '업무의 미래 워킹 그룹Future of Work Working Group'의 일원으로 있으면서 신세를 졌다. 미래의 일자리에서 AI가 미치는 영향을 심도 있게 생각할 수 있는 활기찬 환경을 만들어준 것에 대해 GPAI의 모두에게 감사한다.

옥스퍼드 인터넷 연구소는 우리의 연구에 지원을 아끼지 않았다. 광범위한 행정 지원에 대해 던컨 패시, 미셸 가드너, 빅토리아 내시, 카티아 패드발카바, 조애너 발로에게 감사를 전하고 싶다. 7장에서 편집을 지원해준 데이비드 서트클리프에게도 감사를 전한다. 에섹스 경영대학원도 제임스와 캘럼의 집필 과정 내내 중요한 지원을 아끼지 않았다. 특히 두 사람은 특별한 연구 환경이 갖춰지도록 끝없이 노력한 피터 블룸 교수에게 감사를 전하고 싶다. 이 책의 일부 연구는 마크가 베를린 사회과학센터에서 방문 연구원으로 있는 동안 진행되기도 했다. 센터의 주인으로서 마크를 따뜻하고 관대하게 받아주었을 뿐 아니라 업무의 세계화를 깊이 생각할 수 있도록 지적으로 활기찬 환경을 만들어준 마르틴 크르지브진스키와 그의 팀에게 큰 감사를 전한다.

이 연구 프로젝트가 진행될 수 있도록 협조적인 환경을 만들어주고 기술에 대한 새로운 사고 방식을 발전시키도록 북돋워 준 오토노미Autonomy 싱크 탱크의 모두에게 감사의 마음을 전한다.

2장에서 지능에 관한 우리의 주장에 대해 깊이 있는 피드백을 전해준 버니 호건에게도 감사를 전한다.

제임스는 자신에게 오랫동안 사랑과 지원을 아끼지 않은 야사민, 카트리오나, 피터, 마이클, 스테이시, 노아, 엘리자베스, 새라 등 가족에게 감사를 전하고 싶다. 그의 미니 딕스훈트인 바커스와 칼리의 포옹이 없었더라면 책 역시 절대 쓰이지 못했을 것이다.

마크도 감사를 전한다. 우선 어머니 진 그레이엄이다. 디지털 노동 플랫폼에서 일하는 한 사람으로서 그녀는 마크가 전 지구적인 노동 시장의 불안정성을 바로 이해하는 데 도움을 주었다. 그의 아버지인 하셰미 역시 끝없는 용기의 메시지를 전해주었다. 정말 큰 의미가 있다! 그리고 캐럴라인도 묵묵히 지지해줬다. 고마워!

캘럼 역시 감사를 전한다. 우선 어머니 주디 캔트는 그에게 전폭적인 믿음을 보냈다. 아버지 존 캔트는 5장에 의견을 보탰을 뿐 아니라 기술 체계가 실제로 어떻게 돌아가는지에 대한 식견까지 보여주었다. 아내인 에블린 고우어는 팀원으로 함께 했고 그가 꺼낸 최악의 농담에도 웃어주었다. 「노트 프롬 빌로우Notes From Below」의 공동 편집자들은 그의 연구에 지침이 되는 노동자 연구 방법을 계속해서 업그레이드해줬다.

우리가 초기 아이디어를 이 책의 원고로 바꾸는 데 신뢰와 격려, 그리고 지지를 아끼지 않은 쟁클로 앤드 네스빗의 코리사 홀렌벡, 블룸스버리의 벤 하이만, 캐넌게이트의 사이먼 토로굿과 프레저 크리치턴에게 큰 감사를 전한다.

우리가 전 세계의 노동자 집단들과 어우러져 수년 동안 연구하고 움직이며 발전시킨 아이디어들이 이 책의 근간을 이룬다. 이러한 참여 없이 우리의 현대적인 맥락에서 AI의 중요성을 이해하는 일은 불가능하다. 그렇게 하려는 것은 0의 개념을 쓰지 않고 수학을 공부하는 것과 같다.

비 내리는 거리 모퉁이부터 피켓 라인과 펍에 이르기까지, 우리는 영광스럽게도 기술 개발과 기술 배치의 현실을 매일 직접 확인하는 노동자들의 집단 지성과 관계를 맺을 수 있었다. 그들의 시간, 개방성, 통찰력은 이 책의 중요한 전제조건이 되었다. 그들이 없었다면 이 책도 없었을 것이다. 그래서 마지막으로 그들에게 감사를 전한다.

자료 출처는 PDF 파일로 확인할 수 있습니다.

옮긴이 김두완

고려대학교 불어불문학과를 졸업하고 연세대학교 커뮤니케이션대학원에서 문화연구로 석사학위를 받았다. 대중음악 전문 컨트리뷰터, 온라인 백과사전 관리자, 단행본 출판 편집자, 음악 DB 매니저 등 여러 직함을 거치면서 프리랜서-비정규직-정규직은 물론 대기업-중소기업-1인 기업까지 '다채로운' 근로 형태를 경험 중인 '프로 노동자'이기도 하다. 『도파민네이션』『뇌를 이기는 습관』『파리는 그림』『유니버설 야구협회』『모타운: 젊은 미국의 사운드』(공역) 등 번역한 책들도 못지않게 다양하다. 현재 한국대중음악상 선정위원으로 있다.

AI는 인간을 먹고 자란다

초판 1쇄 발행 2025년 5월 19일
초판 3쇄 발행 2025년 7월 25일

지은이 마크 그레이엄, 제임스 멀둔, 캘럼 캔트
옮긴이 김두완
펴낸이 유정연

이사 김귀분
책임편집 신성식 **기획편집** 조현주 유리슬아 서옥수 황서연 정유진 **디자인** 안수진 기경란
마케팅 반지영 박중혁 하유정 **제작** 임정호 **경영지원** 박소영

펴낸곳 흐름출판(주) **출판등록** 제313-2003-199호(2003년 5월 28일)
주소 서울시 마포구 월드컵북로5길 48-9(서교동)
전화 (02)325-4944 **팩스** (02)325-4945 **이메일** book@hbooks.co.kr
홈페이지 http://www.hbooks.co.kr **블로그** blog.naver.com/nextwave7
출력·인쇄·제본 (주)삼광프린팅 **용지** 월드페이퍼(주) **후가공** (주)이지앤비(특허 제10-1081185호)

ISBN 978-89-6596-714-9 03330

- 이 책은 저작권법에 따라 보호를 받는 저작물이므로 무단 전재와 복제를 금지하며, 이 책 내용의 전부 또는 일부를 사용하려면 반드시 저작권자와 흐름출판의 서면 동의를 받아야 합니다.
- 흐름출판은 독자 여러분의 투고를 기다리고 있습니다. 원고가 있으신 분은 book@hbooks.co.kr로 간단한 개요와 취지, 연락처 등을 보내주세요. 머뭇거리지 말고 문을 두드리세요.
- 파손된 책은 구입하신 서점에서 교환해드리며 책값은 뒤표지에 있습니다.